- 新质生产力研究丛书
- 北京社科基金重点课题（项目编号：24LLMLB044）阶段性研究成果

贾晶荣　王蔚　杨雨萌 ◎ 著

数字新质生产力理论与实践

SHUZI XINZHI SHENGCHANLI LILUN YU SHIJIAN

——数字经济赋能高质量发展研究

SHUZI JINGJI FUNENG GAOZHILIANG FAZHAN YANJIU

中国财经出版传媒集团

经济科学出版社

Economic Science Press

北京

图书在版编目（CIP）数据

数字新质生产力理论与实践 ：数字经济赋能高质量发展研究 / 贾品荣，王蔚，杨雨萌著. -- 北京 ：经济科学出版社，2025. 5. --（新质生产力研究丛书）.
ISBN 978 - 7 - 5218 - 7045 - 9

Ⅰ．F120.2 -39

中国国家版本馆 CIP 数据核字第 2025NV2585 号

责任编辑：李　雪　袁　澂　刘　瑾
责任校对：易　超
责任印制：邱　天

数字新质生产力理论与实践
——数字经济赋能高质量发展研究

SHUZI XINZHI SHENGCHANLI LILUN YU SHIJIAN
——SHUZI JINGJI FUNENG GAOZHILIANG FAZHAN YANJIU

贾品荣　王　蔚　杨雨萌　著

经济科学出版社出版、发行　新华书店经销
社址：北京市海淀区阜成路甲 28 号　邮编：100142
总编部电话：010 - 88191217　发行部电话：010 - 88191522
网址：www.esp.com.cn
电子邮箱：esp@esp.com.cn
天猫网店：经济科学出版社旗舰店
网址：http：//jjkxcbs.tmall.com
固安华明印业有限公司印装
710×1000　16 开　18.75 印张　243000 字
2025 年 5 月第 1 版　2025 年 5 月第 1 次印刷
ISBN 978 - 7 - 5218 - 7045 - 9　定价：96.00 元
(图书出现印装问题，本社负责调换。电话：010 - 88191545)
(版权所有　侵权必究　打击盗版　举报热线：010 - 88191661
QQ：2242791300　营销中心电话：010 - 88191537
电子邮箱：dbts@esp.com.cn)

目 录

第一章 导论 ·· 1

 第一节 研究背景及意义 ··· 1
 第二节 文献综述 ·· 4
 第三节 研究内容与结构安排 ·· 35
 第四节 研究创新点 ··· 36

第二章 数字经济高质量发展的相关理论基础 ················· 38

 第一节 数字经济高质量发展与政治经济学 ················· 38
 第二节 数字经济高质量发展与微观经济学 ················· 43
 第三节 数字经济高质量发展与宏观经济学 ················· 52
 第四节 数字经济高质量发展与产业经济学 ················· 56
 第五节 本章小结 ·· 63

第三章 数字经济高质量发展的一般理论分析框架 ········ 65

 第一节 马克思生产力理论及其适用性 ························· 65
 第二节 生产要素层面 ··· 71
 第三节 生产关系层面 ··· 73

第四节　高质量发展层面 …………………………………… 75
　　第五节　本章小结 …………………………………………… 78

第四章　数字经济的内涵和分类 …………………………………… 79

　　第一节　数字经济的内涵与特征 …………………………… 79
　　第二节　数字经济的界定 …………………………………… 85
　　第三节　数字经济的赋能作用 ……………………………… 97
　　第四节　本章小结 …………………………………………… 103

第五章　数字经济高质量发展的内涵和特征 ……………………… 105

　　第一节　内涵特征的分析方法及框架 ……………………… 105
　　第二节　数字经济高质量发展的层次结构及内涵特征 …… 107
　　第三节　本章小结 …………………………………………… 112

第六章　数字经济高质量发展的规律初探 ………………………… 113

　　第一节　微观要素层规律 …………………………………… 114
　　第二节　中观结构层规律 …………………………………… 117
　　第三节　宏观效应层规律 …………………………………… 120
　　第四节　本章小结 …………………………………………… 126

第七章　数字经济赋能高质量发展的机理研究 …………………… 127

　　第一节　数字经济赋能的理论基础 ………………………… 127
　　第二节　数字经济赋能的理论逻辑 ………………………… 131
　　第三节　本章小结 …………………………………………… 138

第八章　中国数字经济高质量发展水平及演变测度 ·············· 139

第一节　数字经济高质量发展水平指标构建 ·············· 139
第二节　数字经济高质量发展水平测度 ·················· 145
第三节　数字经济高质量发展水平的时空演进分析 ········ 152
第四节　本章小结 ·································· 166

第九章　数字经济高质量发展的影响因素及作用机制研究 ········ 167

第一节　数字经济高质量发展的影响因素相关研究 ········ 167
第二节　数字经济高质量发展的影响因素识别 ············ 168
第三节　实证分析 ···································· 170
第四节　本章小结 ···································· 178

第十章　数字经济高质量发展赋能新质生产力 ················ 180

第一节　模型构建 ···································· 180
第二节　指标选择与数据说明 ·························· 182
第三节　实证结果分析 ································ 184
第四节　本章小结 ···································· 192

第十一章　数字经济的赋能作用
　　　　　——投入产出模型构建 ························ 193

第一节　投入产出的内涵分析 ·························· 193
第二节　数字经济投入产出表的构建 ···················· 196
第三节　影响力系数和感应度系数改进测算 ·············· 202
第四节　数字经济部门波及效应分析 ···················· 211
第五节　本章小结 ···································· 213

第十二章　数字经济高质量发展模式与战略研究 …………… 214

- 第一节　典型发达国家及中国数字经济发展模式 ………… 215
- 第二节　数字经济高质量发展战略研究 …………………… 224
- 第三节　本章小结 …………………………………………… 229

第十三章　"十五五"时期：数字经济高质量发展趋势前瞻 …… 230

- 第一节　研究框架构建 ……………………………………… 230
- 第二节　数字经济高质量发展的要素整合及变化特征 …… 236
- 第三节　数字经济高质量发展的结构关系及演化趋向 …… 241
- 第四节　数字经济高质量发展的功能目标及未来导向 …… 253
- 第五节　"十五五"时期数字经济高质量发展的十大趋势及对策建议 ………………………………………… 259
- 第六节　本章小结 …………………………………………… 265

附录 …………………………………………………………… 266

参考文献 ……………………………………………………… 271

第一章

导 论

2024年我国数字经济核心产业增加值占GDP比重达10%左右。以数字化转型为标志的数字经济已成为经济社会高质量发展的核心驱动力。数字经济正成为新质生产力的一大支点，是新质生产力的核心内容。

第一节 研究背景及意义

一、研究背景

2024年中央经济工作会议强调，要"全面贯彻新发展理念，加快构建新发展格局，扎实推动高质量发展"[①]，并对科技创新引领新质生产力发展作出详细部署。作为继农业经济、工业经济之后的主要经济形态，数字经济逐渐成为重组全球要素资源、重塑全球经济结构、改变全球竞争格局的关键力量，对于引领并驱动经济高质量发展具有重要的战略意义。习近平总书记指出，"数字经济蓬勃发展，深刻改

[①] 资料来源：《中央经济工作会议在北京举行 习近平发表重要讲话》，中国政府网，https://www.gov.cn/yaowen/liebiao/202312/content_6919834.htm。

变着人类生产生活方式，对各国经济社会发展、全球治理体系、人类文明进程影响深远"[1]。

随着中国经济发展进入新常态，全力推进高质量发展是建设社会主义现代化强国的首要任务，加快发展数字经济成为当务之急。数字技术创新突破作为高质量发展的核心驱动力，在重塑产业格局、优化资源配置、提高生产效率等方面均发挥着至关重要的作用，不仅推动经济增长方式深度转变，更为构建现代化经济体系、实现高质量发展筑牢根基。数字经济的兴起充分挖掘数据要素的潜在价值，有力推动传统产业数字化转型进程，同时助力生产力提升，促使传统生产力向新质生产力过渡。

在此背景下，数字新质生产力应运而生，它是新质生产力的重要内容，以5G、人工智能、物联网等新一代数字技术为支撑，以"数据+算力+算法"为主要引擎，深度赋能其他生产要素，成为数字经济时代培育经济高质量发展新动能的先进生产力质态，充分契合新发展理念。与传统生产力相比，数字新质生产力呈现出全方位的变革与跃升，它以技术创新和数据要素双轮驱动赋能生产力变革，关注用户创新、平台创新，体现了数字技术突破、数字产业升级、数字模式革新的有机统一。数字经济赋能是数字新质生产力有别于传统生产力的重要特征，也是引领高质量发展的内在要求和重要着力点。一方面，数字经济赋能新质生产力加速数字新质生产力的形成，有助于战略性新兴产业和未来产业的培育与蓬勃发展，为经济发展提供全新动力。另一方面，数字经济赋能传统产业和实体经济，有助于加快产业数字化转型升级，建设更具国际竞争力的现代化产业体系。

由此可见，数字经济的本质是融合的经济，其融合效应、赋能效应能够重塑产业格局，优化资源配置，提高生产效率，促进区域协同发展，并且形成增长效应，成为激发经济高质量发展新动能的决定性力量。数字经济时代背景下，要实现高质量发展，就要深刻理解数字技术创新突破带来的生产力变化，以发展数字新质生产力为着力点，以数字经济赋能为手段，培育高质量发展新动能。

二、研究意义

（一）理论意义

本书的理论意义主要包含以下两方面：

一方面，为经济学相关理论注入新的活力和内涵。数字经济高质量发展突破了传统生产要素的限制，模糊产业边界，为创新活动提供了全新的平台和模式。本书在数字经济的时代背景下，从政治经济学、微观经济学、宏观经济学与产业经济学四个方面系统梳理了数字经济高质量发展的理论基础，不断丰富和拓展传统经济学理论的研究范畴，为新时代高质量发展提供了新的视角和理论依据。

另一方面，厘清了数字经济赋能高质量发展的作用机理。本书从宏观、中观、微观三个层面构建理论分析框架，为建立数字经济赋能作用的理论模型打下基础。在理论分析框架内再次结合新发展理念和数字经济发展特性，从创新、协调、绿色、开放、共享、基础六个维度构建数字经济高质量发展评价指标体系，以期为中国数字经济高质量发展测度提供合意的理论框架。

（二）现实意义

本书的现实意义主要包含以下两方面：

一是为全面了解中国数字经济高质量发展现状提供数据支撑。本书结合数字经济高质量发展的具体要义、现有数字经济指标测度的相关研究以及新时代高质量发展的特征要求，以新发展理念作为基本遵循构建中国数字经济高质量发展指标体系，并对中国 30 个省份的数字经济高质量发展水平进行测算，结果有助于了解全国及区域数字经济高质量发展现状，为各省份制定数字化战略提供有力的数据支撑。

二是为"十五五"时期数字经济高质量发展提供实践指引。本书构建数字经济高质量发展理论框架，探究数字经济赋能作用的研究机理，并结合理论基础、实证结果以及案例分析，提出"十五五"时期数字经济高质量发展的十大趋势展望，为政府部门制定数字经济高质量发展战略提供实践导向，具有一定的现实意义。

第二节　文　献　综　述

一、数字经济相关研究

（一）数字经济的概念

近年来，数字经济正以迅猛势头快速发展，并重塑商业模式和行业[2]。在大数据、5G 技术、云计算、人工智能等产业发展的支撑下，世界各国都将数字经济视为提升国家核心竞争力的重要战略方向。根据中国信息通信研究院发布的《全球数字经济白皮书（2024）》，2023 年，中、美、德、日、韩五国的数字经济总量超过 33 万亿美元，同比增长超 8%，数字经济占 GDP 比重为 60%，较 2019 年提升约 8 个百分点[3]。

数字经济起源于 20 世纪 90 年代，由加拿大经济学家唐·泰普斯科特（Don Tapscott）在 1995 年首次提出，阐述了互联网在未来会对经济和社会产生深远的影响，目前正在成为一种新兴的经济形态[4]。唐的观点为后来数字经济的研究打下了基础，然而在这部书中他并没有给出"数字经济"一词的准确定义，只是单纯用它来泛指互联网技术出现之后所产生的各种新型经济关系。1998～2000年，美国商务部连续发布《浮现中的数字经济》《浮现中的数字经济Ⅱ》《数字经济2000》，推动了数字经济概念的普及。在《浮现中的数字经济》中，数字经济一词首次被纳入其中，明确指出数字革命将成为驱动新时代发展的强力引擎。此后，关于数字经济的相关研究开始兴起，数字经济的概念在此过程中不断得到丰富和深化。

表1-1为数字经济的典型概念，可以反映出数字经济概念不同时期的变化趋势。在2000年前，互联网是对经济影响最大的数字技术，也是数字经济发展的基础，因此在这一阶段国际上对于数字经济的定义相对局限，主要围绕互联网技术进行拓展，并且着重强调由互联网带来的电子商务（e-commerce）和电子业务（e-business）。例如，曾任美国总统科技事务助理的尼尔·莱恩在1999年提出，数字经济是计算和通信技术在互联网中的融合以及由此产生的信息和技术的流动，正在刺激所有的电子商务和巨大的组织变革[5]。在2000年之后，信息通信产业发展迅猛，一系列新技术发展扩散并逐步支撑起了经济的变化，包括物联网、各类新的终端用户设备（智能手机、平板电脑、笔记本电脑、3D打印机等）、新的数字模式（云计算、数字平台、数字服务等）。因此"数字经济"概念的外延也一再扩展，着重强调数字经济与传统经济在生产要素、载体、推动力等方面的不同，试图将更多新技术的影响也包含进来。例如，澳大利亚宽带通信与数字经济部于2013年发布《推进澳大利亚数字经济：国家数字经济战略更新》，将新兴的移动互联网纳入了数字经济的范畴，把数字经济定义为"由互联网、移动网络等数字技术赋能的经济和社会活动"[6]。

表 1-1　　　　　　　　　数字经济的典型概念

作者/机构	概念
Lane（1999）[5]	计算和通信技术在互联网中的融合以及由此产生的信息和技术的流动，正在刺激所有的电子商务和巨大的组织变革
澳大利亚宽带通信与数字经济部（2013）[6]	由互联网、移动网络等数字技术赋能的经济和社会活动
Mesenbourg（2001）[7]	将数字经济定义为具有三个主要组成部分：电子商务基础设施（e-business infrastructure）、电子商务（e-business），以及电子贸易（e-commerce）
欧盟数字经济税收专家组委员会2014年度报告[8]	基于数字技术的经济（有时被称为互联网经济）
OECD（2014）[9]	将数字经济视为一种广义的数字技术集群，从生态系统视角对数字经济的范围进行了界定，数字经济是一个由数字技术驱动的、在经济社会领域发生持续数字化转型的生态系统，该生态系统至少包括大数据、物联网、人工智能和区块链
英国下议院科学技术委员会（2015）[10]	数字经济既指以数字化的形式获取商品和服务，也指利用数字技术帮助企业
杭州G20峰会（2016）[11]	以使用数字化的知识和信息作为关键生产要素、以现代化信息网络作为重要载体、以信息通信技术的有效使用作为效率提升和经济结构优化的重要推动力的一系列经济活动
Knickrehm等（2016）[12]	数字经济是指一系列广泛的"数字"投入在经济总量中所占的份额。这些数字投入包括数字技能、数字设备（硬件、软件和通信设备）以及生产中使用的中间数字产品和服务
Bukht和Heeks（2018）[13]	数字经济包括三个层次的内容：第一层为数字部门（digital sector）；第二层为窄口径的数字经济领域（digital economy）；第三层为宽口径的数字化经济领域（digitalised economy）
美国经济分析局（2018）[14]	将数字经济定义为：（1）计算机网络存在和运行所需的数字化基础设施；（2）通过该系统发生的数字交易（电子商务）；（3）数字经济用户创造和访问的内容（数字媒体）
中国信息通信研究院（2020）[15]	以数字化的知识和信息作为关键生产要素，以数字技术为核心驱动力，以现代信息网络为重要载体，通过数字技术与实体经济深度融合，不断提高数字化、网络化、智能化水平，加速重构经济发展与治理模式的新型经济形态

第一章 导　论

续表

作者/机构	概念
Barbu（2021）[16]	数字经济是指经济的数字化或向经济的各个部门提供数字技术
"十四五"数字经济发展规划（2021）	数字经济是继农业经济、工业经济之后的主要经济形态，是以数据资源为关键要素，以现代信息网络为主要载体，以信息通信技术融合应用、全要素数字化转型为重要推动力，促进公平与效率更加统一的新经济形态

随着信息技术、数字技术的不断进步以及在经济社会各个方面的应用，"数字经济"的概念被广泛接受。G20 杭州峰会发布的《二十国集团数字经济发展与合作倡议》（2016）将数字经济定义为以使用数字化的知识和信息作为关键生产要素、以现代信息网络作为重要载体、以信息通信技术的有效使用作为效率提升和经济结构优化的重要推动力的一系列经济活动。这一定义参考了前人对于数字经济的认识，准确地表达出数字经济的核心理念，得到了各国的普遍认可。

由上述变化我们可以发现，数字经济的概念不是一成不变的，而是随着数字技术的演进不断拓展，且数字经济的涵盖范围广泛，不仅包括技术本身，更包括在技术之上衍生出的各种经济活动。

专栏 1-1

新时代数字化转型政策发展历程

随着物联网、云计算、大数据、人工智能等数字技术的快速发展及其与实体产业的充分融合，数字化转型已被视为经济增长的"新引擎"。作为新质生产力的典型代表，数字经济正成为我国经济高质量发展的重要力量，也成为重组全球要素资源、重塑全球经济结构、改变全球竞争格局的关键力量。因此，大力发展数字经济是顺应新一轮科技革命与产业变革的战略抉择和实现中国式现代化的内在驱动力。党中央和国务院高度重视数字经济的发展，陆续出台了一系列促进数字经济发展的政策措施。

本书基于新时代以来我国数字经济政策的发展历程及演进特征，归纳出具有中国特色的数字经济发展经验与启示，试图为我国数字经济政策制定和完善提供理论支撑，增强对中国数字经济政策总体发展历程的理解。

初建探索阶段（2012~2014年）：为紧跟时代潮流，抓住第四次科技革命机遇，2012年国务院出台《"十二五"国家战略性新兴产业发展规划》，推动物联网、云计算、数字虚拟技术等新兴数字技术的发展。2013年国务院出台《关于推进物联网有序健康发展的指导意见》，进一步强调要推进物联网与新一代技术的融合发展。在此背景下，数字技术快速发展，为电子商务、云计算、物联网等早期数字经济相关业态提供技术准备。与此同时，数字技术开始突破应用瓶颈，向传统产业渗透融合，拓展战略性新兴产业发展空间。2013年8月，工业和信息化部出台《信息化和工业化深度融合专项行动计划（2013—2018年）》，推动信息化和工业化深度融合，全面提高工业发展的质量和效益，促进工业由大变强。这些政策为早期数字经济的发展奠定了基础，构建了数字经济政策的雏形，数字经济政策在这一时期处于初建探索期。

"互联网+"深度融合阶段（2014~2017年）：在全面深化改革背景下，2014年2月中央网络安全和信息化领导小组成立，标志着中国信息化建设真正上升到"一把手工程"，信息化领导体制也随之基本健全。此时，物联网、云计算、大数据等新一代信息技术的成熟发展，催生出新产业、新业态、新商业模式，推动数字经济不断发展壮大。相关政策倾向于如何推动数字技术和实体经济深度融合，由此中国进入"互联网+"阶段。2015年，国务院出台《关于积极推进"互联网+"行动的指导意见》，以加快推动互联网与各行业的深入融合和创新发展。随后，《关于促进和规范健康数字医疗应用发展的指导意见》《关于加快推进"互联网+政务服务"工作的指导意见》《国务院关于深化"互联网+先进制造业"发展工业互联网的指导意见》等文件陆续出台,进一步深化互联网与制造业、医疗、政务服务等多个领域的融合发展,"产业互联网"成为新阶段信息化与工业化深度融合的方法论,信息技术应用深度提升,"工业""产业"等相关关键词开始频繁出现。

"数字经济"全面发展阶段(2017年至今):2017年"数字经济"首次出现在政府工作报告当中,提出要"推动'互联网+'深入发展、促进数字经济加快成长"。此后,大数据、云计算、人工智能等数字技术日新月异,数据作为重要生产要素登上历史舞台,相关政策大量涌现,进入数字经济全面发展阶段。一方面,数字经济与实体经济紧密融合,加快推动传统产业和传统线下业态的数字化改造和转型升级。2019年,工信部等15个部门联合发布《关于推动先进制造业和现代服务业深度融合发展的实施意见》,培育融合发展新业态新模式(共享平台、柔性定制等),探索重点行业重点领域融合发展新路径,增强制造业核心竞争力,培育现代产业体系,助推高质量发展。2020年《关于支持新业态新模式健康发展激活消费市场带动扩大就业的意见》指出,"鼓励共享出行、餐饮外卖、团购、共享住宿等领域产品智能化升级和商业模式创新",有力促进了数字经济与实体经济的紧密融合。另一方面,不断加大人工智能、大数据、云计算等数字经济重点领域核心技术创新力度。国务院相继出台《"十四五"数字经济发展规划》《5G应用"扬帆"行动计划(2021—2023年)》《物联网新型基础设施建设三年行动计划(2021—2023年)》《"机器人+"应用行动实施方案》等文件,加快新兴产业发展,拓展应用场景,以科技创新助力新质生产力发展。

(二) 数字经济的测度

数字经济作为新经济的重要组成部分,其规模体量的大小决定了一个国家的经济发展水平和潜力。目前对数字经济的定量研究仍较少，且尚未达成共识。但总体上来看，主要有两条路径测度数字经济，一是用统计方法测算数字经济规模；二是通过构建指标体系对数字经济发展水平进行综合评价。

1. 数字经济规模统计

狭义上，通过识别与数字经济相关的产业，进而估算地区数字经济规模。从国际上来看，经济合作与发展组织（OECD）依据国际标准行业分类，从7类数字生产活动和5类数字服务活动核算了OECD各国的信息与通信技术（ICT）产业增加值规模[17]；美国经济分析局（BEA）根据窄口径数字经济的概念和范围，从北美产业分类体系中筛选出与数字技术直接相关的细分产业部门，侧重利用供给使用表对数字经济商品和服务规模进行估算[7]。国际货币基金组织（IMF）发布《测度数字经济》报告，采用国内生产总值（GDP）核算中的生产法测算数字部门增加值，并利用回归结果补充遗漏部分，测算结果表明，绝大多数国家的数字部门增加值低于10%[8]。从国内来看，国家统计局《数字经济及其核心产业统计分类（2021）》中将数字经济产业范围确定为数字产品制造业、数字产品服务业、数字技术应用业、数字要素驱动业、数字化效率提升业5个大类，包括32个中类、156个小类，为我国数字经济规模测算提供了统一可比的统计标准、口径和范围。

广义上，数字经济的测算范围不仅包括数字技术相关产业，还包括数字技术与传统产业融合部分的增加值。其中，融合部分的测算是当前研究面临的重点与难点。中国信息通信研究院对数字经济增加值规模的核算包括产业数字化和数字产业化两部分，其中产业数字化规模利用增长核算账户框架测算而来，数字产业化规模为信息产业增加值。康铁祥（2008）在Machlup测算方法的基础上，采用投入产出表数据，从数字产业部门和数字辅助活动两部分测算了中国数字经济规模[18]。蔡跃洲和牛新星（2021）同样将数字经济划分为"数字产业化"和"产业数字化"两部分，使用国民经济核算、增长核算和计量分析等工具，测算中国数字经济增加值规模并分析其结构特征[19]。许宪春和张美慧（2020）从数字化赋权基础设施、数字化交易、数字经济交易产品和数字化媒体四方面构建数字经济规模核算框架，以测算中国数字经济增加值[20]。韩兆安等（2021）基于马克思政治经济学理论，从社会生产角度的生产、分配、交换和消费四个维度构建数字经济测算框架，从数字经济生产、流通、交换与消费四方面测算数字经济规模[21]。

2. 数字经济发展水平综合评价

一些学者使用单一指标或单一维度作为衡量数字经济的代理变量，如互联网发展[22]、数字金融[23]、数字投入带来的经济产出[24]等；还有一些学者使用替代指标，如使用信息技术代替数字经济发展水平等。然而，这些指标对数字经济的测量仍不够完善，存在片面性，它只能部分地刻画数字经济发展，却很难刻画复杂的数字化过程，无法反映数字经济的系统性和综合性。

随着数字经济发展的不断深入，一些国家和国际组织也开始对数字经济的测度进行了探索，例如，国际电信联盟（ITU）提出了ICT发展指数，衡量和跟踪通信进程和发展，对信息化水平进行测评，衡量数字鸿沟，挖掘信息化发展潜力（见表1-2）。

表1-2　　　　　　　　国际电信联盟ICT发展指数

一级指标	二级指标
ICT基础设施	每100名居民拥有的固定电话线
	每100名居民的移动蜂窝电话用户数

续表

一级指标	二级指标
ICT 基础设施	每个互联网用户的国际互联网带宽（比特/秒）
	拥有电脑的家庭百分比
	能够上网的家庭百分比
ICT 使用	使用互联网的个人百分比
	每 100 名居民的固定（有线）宽带互联网订阅量
	每 100 名居民的活跃移动宽带用户数
ICT 技能	成人识字率
	中学毛入学率
	高等教育毛入学率

世界经济论坛（WEF）从 2002 年开始发布网络就绪指数（network readiness index，NRI），重点分析全球信息化领先国家和地区的排名、主要经验和做法，在信息化领域的国际测评中具有一定的权威性（见表 1-3）。

表 1-3　　　　　　　　世界经济论坛 NRI 指数

一级指标	二级指标
环境	市场环境；政策与法律环境；信息基础设施环境
就绪度	个人就绪度；企业就绪度；政府就绪度
应用	个人应用；企业应用；政府应用
影响	经济影响；社会影响

欧盟从 2015 年开始发布"数字经济和社会指数"（DESI），这是一个衡量数字绩效进展的指标，用来探索数字经济的潜力。该指数由欧盟根据各国人力资本、互通性、数字技术集成和数字化公共服务程

度 4 项一级指标（从 2022 年开始正式调整为 4 项一级指标，此前为 5 项一级指标）和 31 项二级指标计算得出，具有较高的科学性和可延续性（见表 1-4）。

表 1-4　　　　　　　　　　欧盟 DESI 指数

一级指标	二级指标	三级指标
人力资本	互联网使用能力	具备基本的数字能力的人数占比
		具备基本以上的数字能力的人数占比
		具备基本的数字内容创作能力的人数占比
	高级技能及发展	ICT 专家占比
		女性 ICT 专家占比
		提供 ICT 培训的企业占比
		ICT 相关专业毕业生占比
互通性	固定宽带接入情况	使用宽带的家庭占比
		带宽超过 100mbps 的家庭百分比
		带宽超过 1gbps 的家庭百分比
	固定宽带覆盖率	快速宽带（NGA）覆盖情况
		固定高容量网络（VHCN）覆盖范围
	移动宽带	5G 频谱分配率
		5G 覆盖率
		移动宽带使用率
	宽带价格	宽带价格指数
数字技术集成	数字强度	具备基本数字化程度的中小企业占比
	企业数字化情况	实现数字资源共享的企业占比
		能够使用两种或两种以上社交媒体的企业占比
		能够进行大数据分析的企业占比
		购买中高级云计算服务的企业占比
		能够使用 AI 技术的企业占比

续表

一级指标	二级指标	三级指标
数字技术集成	企业数字化情况	通过 ICT 技术开展中/高强度绿色行动企业占比
		使用电子发票的企业占比
	电子商务	能够进行网上销售的中小企业占比
		电子商务交易额
		网上跨境销售的中小企业占比
数字化公共服务	电子政务	电子政务使用者
		预填表格
		提供数字公共服务
		数据公开

OECD 出版了《衡量数字经济——一个新视角》,选择了一系列具有国际可比性的指标来衡量数字经济,并进行了长期跟踪和前瞻性研究(见表 1-5)。

表 1-5　　　　　　　OECD 数字经济指数指标体系

维度	指标
投资智能化基础设施	(1)宽带普及率;(2)移动数据通信;(3)互联网发展;(4)开发更高速度;(5)网络连接价格;(6)ICT 设备及应用;(7)跨境电子商务;(8)网络安全;(9)感知安全和隐私威胁;(10)完善网络安全和隐私证据基础
赋权社会	(1)互联网用户;(2)在线行为;(3)用户复杂性;(4)数字原住民;(5)儿童在线;(6)教育中的 ICT;(7)工作场所中的 ICT;(8)电子商务消费者;(9)内容无边界;(10)电子政务应用;(11)ICT 和健康
创新能力	(1)ICT 技术研发;(2)ICT 行业创新;(3)电子商务;(4)发挥微观数据的潜力;(5)ICT 专利;(6)ICT 设计;(7)ICT 商标;(8)知识扩散

续表

维度	指标
ICT促进经济增长与增加就业岗位	（1）ICT投资；（2）ICT商业动态；（3）ICT附加值；（4）信息产业劳动生产率；（5）测度经济服务质量；（6）电子商务；（7）ICT人力资本；（8）ICT工作岗位及ICT行业工作岗位；（9）贸易经济与全球价值链（GVC）

中国信息通信研究院发布《中国数字经济发展白皮书（2017）》，提出数字经济指数（DEI），以观测全国数字经济发展状况。DEI为景气指数类型，反映的是与基期相比的经济景气状态，包括先行指标、一致指标和滞后指标三类（见表1-6）。

表1-6　　　　　　　　　　　信通院DEI指数

先行指标	一致指标	滞后指标
1. 大数据投融资 2. 云计算服务市场规模 3. 物联网终端用户数 4. 移动互联网接入流量 5. 移动宽带用户数 6. 固定宽带接入时长 7. 固定宽带用户数 8. 固定资产投资完成额	9. ICT主营业务收入 10. ICT综合价格指数 11. 互联网投融资 12. 电子信息产业进出口总额 13. 电子商务规模 14. 互联网服务市场规模 15. "互联网+"协同制造 16. "互联网+"智慧能源 17. "互联网+"普惠金融 18. "互联网+"高效物流	19. 第一产业增加值 20. 工业增加值 21. 第三产业增加值 22. 信息消费规模

赛迪在《2017中国数字经济指数（DEDI）》白皮书中，将数字经济划分为基础型、资源型、技术型、融合型和服务型五个维度，并运用了互联网企业的用户数据，反映数字经济在服务领域的渗透情况（见表1-7）。

表 1-7　　　　　　　赛迪数字经济发展指数指标体系

一级指标	二级指标
基础型数字经济	电子信息制造业规模；信息传输业规模；软件和信息技术服务业规模；互联网普及率；固定宽带用户平均下载速率；移动电话普及率
资源型数字经济	上市大数据企业数；数据交易中心数量；政府数据开放水平；移动互联网接入流量；移动宽带用户数；固定互联网宽带接入时长；固定宽度用户数
技术型数字经济	高技术产业研发（R&D）人员折合全时当量；高技术产业 R&D 经费内部支出；高技术产业专利情况；高技术产业技术获取与技术改造支出
融合型数字经济	农业互联网平台数；有电子商务交易活动企业占比；两化融合国家级示范企业数；数字化研发设计工具普及率；关键工序数控化率；智能制造就绪率
服务型数字经济	即时通信（微信用户分布）；旅游（携程用户分布）；生活服务（新美大用户分布）；网上购物（网络零售额）；互联网金融（支付宝用户分布）；娱乐（爱奇艺用户分布）；教育（中小学互联网接入率）；互联网医疗（平安好医生用户分布）；出行（滴滴出行用户分布）；政务（我国省级.gov.cn域名分布）

财新智库发布中国数字经济指数（China digital economy index，CDEI），包括生产能力、融合程度、数字溢出能力、全社会利用能力四个部分，主要关注数字经济对整个社会效率提升的能力（见表 1-8）。

表 1-8　　　　　　　　　财新智库 CDEI 指数

一级指标	二级指标
数字经济产业指数	大数据产业
	互联网产业
	人工智能产业
数字经济融合指数	工业互联网
	智慧供应链
	共享经济
	金融科技

续表

一级指标	二级指标
数字经济溢出指数	制造业对数字经济的利用率
	制造业占比
	其他行业对数字经济的利用率（共 8 类）
	其他行业分别占比（共 8 类）
数字经济基础设施指数	数据资源管理体系
	互联网基础设施
	数字化生活应用普及程度

腾讯联合京东、滴滴等企业，自 2015 年起统计了涵盖腾讯的微信、支付、城市服务、众创空间等十余个核心平台的全样本数据，以及京东、滴滴、携程等企业的行业数据，构建了中国"互联网+"数字指数（见表 1-9）。

表 1-9　　　　腾讯"互联网+"数字指数指标体系

分指数	一级指标	二级指标
基础分指数	市场基础	包含微信的 7 个二级指标、手机 QQ 的 15 个二级指标、数字内容产品的 5 个二级指标
	技术基础	包含云计算平台的 4 个二级指标
产业分指数	分行业公众号	分行业微信公众号的 10 个特征值
	分行业移动支付	分行业移动支付的 2 个特征值
	分行业领先	在零售、餐饮住宿、旅游、交通物流、生活服务等重点行业加入京东、滴滴、携程、新美大等行业领先互联网公司的 14 个特征值
双创分指数	App 数量	目标城市新增 App 总数
	有效创业项目数	目标城市新增有效创业项目总数

续表

分指数	一级指标	二级指标
智慧民生分指数	服务项目价值分	目标城市服务项目价值＝查询类二级项目数×1＋办理类二级项目数×3
	服务项目质量星级分	目标城市服务项目的质量，一星最低，五星最高
	月活跃用户数	目标城市微信城市服务的月均去重用户数
	用户回流率	连续两个月访问同一城市的同一项服务的去重用户数/上月去重用户数
	用户满意度	由用户评价分和服务故障率加权计算得出
	重点行业丰富度	测度目标城市的公安、公积金、人社、医疗4个重点行业的服务广度和深度

　　通过梳理可以看出，与国际指标体系相比，中国现有的指标体系具有非常鲜明的特点：（1）起步较晚但发展迅速。国外一些发达经济体及国际组织早在20世纪末就开始关注数字经济相关指标的制定和研究，而国内大部分数字经济指数报告均发布于2015年之后，起步较晚，但凭借政府的政策支持、庞大的市场基础以及技术创新突破等多方面优势，中国在数字经济相关指标体系的研究和构建领域也取得了显著进展。（2）突出区域差异与协调发展。相较于国际组织的测度方法，中国数字经济指标体系侧重于对区域数字经济发展差异的衡量和分析，以反映不同地区数字经济的发展特点和差距。此外，中国数字经济指标体系会纳入部分促进区域协调发展的指标，以引导和推动数字经济在区域间的协调发展，缩小区域数字鸿沟。（3）多元化的数据来源与大数据应用。除了传统的统计数据外，中国在构建数字经济指标体系的过程中，还会结合中国特色实践，充分利用互联网平台数据、企业数据、物联网数据等多渠道数据来源，以更全面、准确地反

映数字经济的发展状况，企业主导设计的指标体系中更体现出数据来源的多样性。

二、数字经济高质量发展相关研究

面对世界科技革命和产业变革的新机遇，实现数字经济高质量发展是我国经济社会持续健康发展的重要途径[25]。《"十四五"数字经济发展规划》明确指出，"我国数字经济规模快速扩张，但发展不平衡、不充分、不规范的问题较为突出，迫切需要转变传统发展方式，走出一条规范健康可持续的高质量发展道路"。

随着数字经济规模的快速扩张，研究数字经济不仅要关注数字经济发展水平，更要关注到数字经济高质量发展的问题。然而学术界对于数字经济高质量发展的研究相对较少，且部分研究模糊了数字经济发展与数字经济高质量发展的概念，将二者混为一谈。相较于数字经济发展，数字经济高质量发展更加侧重于数字经济发展的质量、效益和长期价值，是指一个国家或区域在规模增长的基础上，以新发展理念为引领，数字产业通过创新发展、协调发展、绿色发展、开放发展、共享发展，促进区域产业的深度融合，赋能实体经济的新发展。从定义可以看出，数字经济高质量发展不仅涵盖了数字经济规模的增长和应用范围的扩大，更强调发展的全面性、协调性、可持续性以及对经济社会各领域的深度赋能和积极影响。

目前我国数字经济高质量发展仍面临着诸多制约因素，包括数字经济原始性创新研发不力、数字经济对外开放度偏低、在全球数字经济治理中的话语权不强等[26]。要想推动数字经济高质量发展，必须聚焦破解核心技术"卡脖子"难题，建设数字经济重大战略平台，打造世界级数字产业集群，提升数字技术对三大产业的融合度与渗透力[27]。同时，全面提高数字监管治理效能，形成适应建设数字经济高质量发展要求的数字监管组织框架[28]。

目前对于数字经济高质量发展水平的评价及量化研究仍然较少，有学者从经济效率、社会进步、结构优化、可持续发展的角度构建指标体系[29]。也有学者从五大发展理念的角度评价数字经济高质量发展水平[30,31]。

三、数字经济赋能实体经济相关研究

（一）数实融合的内涵

数字经济与实体经济融合是应运而生的概念，二者相互融合、相互促进，进而形成良性循环发展格局[32]，其核心在于通过先进的信息技术手段，将数字经济的新优势与实体经济的实际需求相结合，实现高效、智能、可持续的发展。一方面，实体经济需要数实融合为其降低成本、提质增效，带来创新动力，实现数字化转型升级；另一方面，数字经济的持续发展也需要数实融合带来更加丰富的应用场景与市场空间。由此可见，数实深度融合并非两个领域的简单叠加，而是双向的、动态的交互过程，数字技术的进步为实体经济提供了创新的动力，实体经济的更新换代也促进了数字技术的广泛应用和发展[33]，二者相辅相成、共同演进，逐步形成一种全新的发展模式。因此，要推动数字经济与实体经济实现全方位、全周期、全阶段的融合，加快摆脱传统增长路径、适应高质量发展要求，推动生产力实现质的飞跃，形成能够适应数字经济时代、更具创新性和融合性的新质生产力。

目前对数实融合的内涵研究主要分为以下三个层面。一是微观企业层面，由数实融合催生的新型实体企业"以数促实""以实助实"[34]，驱动企业实现数智化转型升级，打造具有国际影响力的新型实体企业[35]，再利用数字技术开展生产、经营、销售等环节的数字化实践，加速企业的数字化转型[36]。从这一层面来看，数实融合不仅是实体经济数字化，还包括数字技术和数字企业扎根和渗透实体经济[37]。二是中观产业层面，以新型实体企业为中心节点，依托数字经济实现产业高级化、合理化及产业链现代化[38]，即数字产业与实体产业的融合。在这一层面上，数字产业化和产业数字化为数字经济与实体经济融合提供了双向路径，数字产业化是数字经济自身的发展，为产业数字化提供了必要的数字技术支持和基础融合条件[39]，产业数字化重塑了传统的产业经济，加速了实体经济发展的速度[40]。三是宏观经济层面，更加强调数字经济与实体经济相互渗透、融合、改造而形成新范式的全过程[41]。随着众多新型实体企业在构建现代产业体系、做实做优做强实体经济中不断发挥重要作用，新型实体经济逐步形成[42]。在这一层面上，"数实"融合要依托"数字经济"中的数据要素、数字技术和数字平台，以及"实体经济"的运行场景、流程环节和行业部门[34]，实现数字经济对实体经济的全面赋能改造。

（二）数实融合的测度

目前学术界对于数实融合的测度主要包含以下三种方法：一是专利分析法，该方法基于专利数据，从技术驱动产业融合的视角出发，认为技术在产业融合中发挥了主导作用[36]，不同产业之间跨部门专利信息的重叠程度或专利间的引用程度代表了产业间的融合水平[43]。二是耦合协调度模型，该方法通过构建数字经济和实体经济评价指标体系，计算二者的耦合协调度作为产业融合水平的度量。如郭晗和全勤慧（2022）[44]从数字经济的数字化、网络化、智能化、平台化维度和实体经济的规模、环境、效益、潜力维度度量了数实融合水平；史丹和孙光林（2023）[32]从数字经济的基础设施、制造、产品服务、金融服务、要素驱动维度和实体经济的农业、工业、建筑业、运输和邮电业、批发和零售业、住宿和餐饮业维度测度了数实融合水平；陆敏等（2024）[45]从数字经济的互联网发展、数字金融维度和实体经济的实体经济发展水平、实体经济发展潜力维度测度了数实融合水平；边作为（2024）[46]从数字经济的数字基础设施、数字产业发展、数字技术应用、数字金融服务维度和实体经济的经济增长、发展潜力、生态绿色维度测度了数实融合水平。三是动态评价方法，基于数实融合的内涵围绕融合条件、融合效益等不同维度对数字经济与实体经济的融合发展进行研究[34,35,38,40,47]。

除了上述三种常见方法之外，还有部分学者参考圭列里等（Guerrieri et al.，2004）[48]的方法，利用投入产出表分析生产性服务业与制造业融合发展的程度[49,50]。此外，李林汉等（2022）[51]运用灰色关联度、空间关联网络和耦合协调度三种手段，探究我国数字经济与实体经济的变化关系。

（三）数实融合的路径

当前，学者们普遍认为数字经济和实体经济的融合过程较为复杂，要从多角度分析融合的路径。本书从数字技术创新、产业协调发展、政府精准施策三方面对数实融合路径进行梳理。

1. 基于数字技术创新驱动的融合路径

数字经济赋能实体经济，需要引入科技创新理念[52]，不断创造更多的数字供给，包括数字技术、数字人才等，为数实融合提供有力的融合支撑。

一是加快关键数字技术研发与应用，保障核心技术的"自立自强"和"自主可控",促进科技成果转化普及。依托我国新型举国体制和国家战略科技力量的独特优势,稳步、扎实且有步骤地推动基础科学和前沿理论研究发展[34]。同时支持产业链上下游企业技术合作攻关,深化数字技术的开放合作[38]。

二是强化数字基础设施,加速新型基础设施的推广应用。新基础设施是技术进步驱动经济范式变革的重要前提,也是新技术成果推广应用和新经济形态蓬勃发展的环境支撑[47]。由此可见数字基础设施的合理布局及深化建设至关重要,它不仅关系着数字经济发展质量,也为实体经济数字化转型注入力量。同时,还能通过消除数字鸿沟、缩减数字荒漠来支撑数实深度融合[41]。

三是加快数字人才培养引育,激发创新持续动能。数字经济时代,需要一大批既有行业知识又懂数字技术的复合型人才[53]。因此要改善人才培养体系,根据数实融合发展的实践要求设置学科专业,培养符合数字经济时代发展需要的人才队伍。同时优化数字经济人才发展环境,建立不同行业、不同领域的数字人才数据库,完善数字人才引进政策,提升数字经济专业人才精准支持力度,进一步破解数字经济与实体经济深度融合的人才瓶颈,夯实数字经济高质量发展的内生动力[54]。

2. 基于产业协调发展的融合路径

数字经济赋能实体经济,不仅需要推动数字技术与传统产业深度融合,同时也要促进新兴产业与传统产业相互赋能,实现人才、技术、资本等要素的流通与共享,推动经济整体高质量发展。

一是数字产业化。数字产业化是数字经济的重要组成部分,根据中国信息通信研究院发布的《中国数字经济发展报告(2024)》显示,2023年,我国数字产业化规模占数字经济比重为18.7%,数字产业化发展逐渐由快速扩张向提升质量转变[55]。随着数字产业化的迅速发展，新的经济形态在产业层面不断涌现[56]，基于数字产业化的数实融合开辟出多元且极具活力的发展路径。一方面，数字技术应用愈发成熟，专业化分工愈发细致，产业链和产业集群在不同区域内逐渐形成[57]。数字产业化带来的人才、技术与资源的重新整合必然会进一步促进经济增长，强化产业链协同，为数字产业化深度融入实体经济筑牢根基，全方位推动二者融合迈向新高度[58]。另一方面，平台经济蓬勃兴起，产业互联网平台横空出世，以产业互联网为纽带，促进制造业、服务业、农业等各产业之间的互联互通和协同发展。

二是产业数字化。产业数字化是关于融合的经济，它促使数字技术全面融入传统产业的各个环节，包括工业互联网、智能制造、智慧农业等新业态，都是数字经济与实体经济深度融合的直观体现。此外，产业互联网打破了传统产业的边界，为跨产业融合创新合作提供了广阔的空间。不同产业的企业可以通过产业互联网平台开展合作，共同开发新产品、新服务和新商业模式。

3. 基于政府精准施策的融合路径

数实融合基于政府精准施策开辟出清晰且有力的推进路径。一方面，政府在"数实"深度融合方面形成差异化、有的放矢的精准扶助政策，为实体经济企业提供助力。利用产业技术创新政策提高知识创新、技术创新、产业创新、产品创新等创新环节的协同性。另一方面，政府在数实融合过程中构建适配的监管体系。数实融合对于核心技术有较高的依赖性，因此要加强供应链内部网络安全，平衡创新活力与市场秩序，运用大数据精准监测市场异动，防范数据泄露、垄断行为，保障数实融合在稳健轨道上高速发展[59]。

四、数字经济赋能新质生产力相关研究

（一）新质生产力的内涵

新质生产力是一个包含政策概念、学术概念与产业概念"三位一体"的复合概念,是全球大变局加速演进下国家竞争力的核心标志[60]。2023年9月,习近平总书记在黑龙江考察期间首次提出"新质生产力",强调要"整合科技创新资源,引领发展战略性新兴产业和未来产业,加快形成新质生产力"[61]。这一概念的提出是发展经济学理论的创新,其本质仍为生产力,但是一种更高水平、摆脱传统增长路径、契合高质量发展要求的生产力,同时又具有"新质"特征,是在数字时代更具融合性且更能体现新内涵的生产力,它有别于先进生产力的概念,更加侧重生产力的质变。

新质生产力以劳动者、劳动资料、劳动对象及其优化组合的跃升为基本内涵,具有强大发展动能,能够引领创造新的社会生产时代。培育形成新质生产力的内涵机理,可以从劳动者、劳动资料、劳动对象三类要素及其优化组合四个方面展开论述。

第一,更高素质的"新型劳动者"是新质生产力发展的根本要素。劳动者是生产过程中最基本的生产要素,其综合素质水平直接关系到生产效率与质量,进而影响社会生产力"量"的发展与"质"的革新[62]。随着科技创新的不断发展,劳动者汲取知识、训练技能、提升素质的渠道与模式得到极大的丰富与完善,成为发展新质生产力所需的知识型、技能型、创新型劳动者。新型劳动者拥有更为先进的认识能力和实践能力,具备更高的创新素养和劳动能力,在生产活动中能够熟练运用高端精密仪器和智能设备,与社会生产系统的匹配程

度也持续提升，为新质生产力的持续发展注入源源不断的创新活力。

第二，更高技术含量的"新型劳动资料"是新质生产力发展的关键支撑。劳动资料是生产过程中用以改变或影响劳动对象的一切资料的总和。在数字经济时代，新型劳动资料指的是数字技术赋能的劳动手段，既包括工业机器人、工业母机等硬件形态的实体性劳动手段，也包括数据库、操作系统等软件性质的非实体性劳动手段[63]。科技创新为劳动资料的改良与升级创造了有利条件，数字技术与传统产业的融合应用更是孕育出与新质生产力相匹配的"高级、精密、尖端"设备，如3D打印、量子通信等全新的生产模式与产业业态，进一步提升供给体系的效率和质量，有力支撑新质生产力的蓬勃发展。

第三，更广范围的"新型劳动对象"是新质生产力发展的重要引擎。劳动对象是指劳动者在劳动过程中加工的对象，同时也是生产力中不可缺少的要素。数字经济时代，前沿科技催生出数据、基因、量子材料等，成为极具挖掘价值的新型劳动对象，促使新产业、新业态涌现，拓展了生产力边界。此外，在数字经济发展背景下，上下游企业的单一线性模式关系转变为多个供应商之间合作的网络状产业链关系[64]，产业组织逐渐呈现网络化、平台化、无边界化、融合化的特征[65]，以战略性新兴产业、未来产业为代表的新型劳动对象展现出对新质生产力发展的导向作用[62]。

第四，要素优化组合的跃升对新质生产力发展存在强烈的催生作用。相较于传统生产力，新质生产力以创新为主导，通过科学技术与三类要素相结合，促使科技由精神生产力转变为物质生产力[66]。新质生产力效率的发挥取决于各要素之间的协调发展，而要素之间的协同则需要经济体制机制的及时调整[63]。各类新型生产要素在数据作用下优化组合产生的质变加速了新质生产力的形成[67]。

（二）数字经济赋能新质生产力发展

2024 年中央经济工作会议明确指出，"以科技创新引领新质生产力发展，建设现代化产业体系"①。新质生产力能够促进产业结构转型升级，催生新兴产业，提高生产效率，对中国经济长期增长的意义重大。而数字经济作为一种新型经济形态，其核心特征与新质生产力高度契合，不仅能以数字技术改变传统生产方式，提高资源配置效率，还是科技创新成果转化的重要领域，因此数字经济已成为推动新质生产力发展的重要引擎。当前若想更好发展新质生产力，就不能忽视数字经济的赋能推动作用。已有文献对数字经济赋能新质生产力发展进行了系统阐述。

1. 数字经济推动要素创新性配置赋能新质生产力

在数字技术迅猛发展的浪潮下，大数据、物联网、人工智能等新技术广泛应用，不仅提升了传统要素的生产效率，还催生出新的生产要素，即数据要素[68]。海量数据蕴含着巨大的潜力和价值，帮助行业做出创造性的服务决策[69]，合理配置资源[70]，同时赋能传统生产要素，对产业进行全方位、全链条、全周期的渗透，催生新模式、新产业、新业态，带来技术和成果的爆发式增长，从"数据"革命转变为"数智"革命，使生产力具有数字化的时代属性。

数据要素具有规模经济性、可再生性、非排他性等新特征，这些特征使得数据成为新时代背景下的关键生产要素[71]。首先，数据具有强大的规模经济性，能够在经济活动中创造价值、降低成本、提高效率，为新质生产力的发展提供显著的经济效益。与传统生产要素相

---

① 资料来源：《中央经济工作会议在北京举行　习近平发表重要讲话》，中国政府网，https：//www.gov.cn/yaowen/liebiao/202312/content_6919834.htm。

比，数据要素具有边际效益递增的特性，随着数据量的增加和数据处理能力的提升，数据的价值往往呈现非线性增长，为发展新质生产力提供更大的潜能[72]。其次，数据具有可再生性，能够为新质生产力的发展提供源源不竭的生产资料。数字技术和通信网络使得数据信息成为企业的关键投入要素[73]，在重复使用数据要素的过程中，不仅不会削弱数据的原始价值，反而会经过多次利用再加工而不断增加数据价值[74]。最后，数据要素具有非排他性，能够为发展新质生产力开辟更加广阔的空间。传统的物质资源在同一时间往往只能被一个或特定几个主体排他性地占有和使用，而数据则是"非竞争的"，譬如一个人的位置历史、医疗记录和驾驶数据可以同时被许多公司使用[75]。这种非排他性使得数据要素能够在更大范围内发挥作用，实现价值的最大化和更广泛的传播，为经济社会的发展提供更广泛的支撑和推动。

2. 数字经济推动技术革命性突破赋能新质生产力

新质生产力，作为创新主导、高效能、高质量的生产力形态，正逐步取代传统的经济增长方式，而数字技术正是这一转变过程中的关键引擎[72]。与一般的科学技术相比，数字技术具有突破式创新以及快速迭代的特征[76]，并在一定程度上代表了科技创新成果的转化。此外，数字技术与传统技术的融合应用，成为发展新质生产力的动力引擎。数字技术发展速度快，影响范围广，并持续与各行各业深度融合，形成了大量新经济、新业态、新模式，正以前所未有的方式重塑经济组织方式，带动新质生产力发展。一方面，数字技术依靠其内在的创新驱动力，处于不间断的自我革新进程中，孕育出源源不断的先进生产力。另一方面，数字技术紧密联结各行各业并进行深度赋能，重塑生产组织方式、变革生产流程、提升生产效率，为经济活动提供数字化支撑，全方位推动各行业迈向高质量发展阶段[77]。

数字经济为数字技术的创新突破提供了数据资源的积累、强大的算力支持以及资金和人才的汇集,并且打破传统行业的界限,促进不同技术的跨领域技术融合,为新质生产力的发展提供更加坚实的技术支撑。

3. 数字经济推动产业深度转型升级赋能新质生产力

一般认为,数字经济主要包括数字产业化和产业数字化两个方面[78],这两方面均是新质生产力的重要内容。

第一,数字产业化以创新为驱动力优化产业结构。数字产业化过程中,技术创新是核心驱动力。数字技术的创新发展直接孕育出一系列新兴产业,这些新兴产业的出现是科技创新的直接成果,创造出全新的商业价值,为经济发展带来全新的增长点,是新质生产力的典型代表。

第二,产业数字化以融合为手段赋能产业升级。产业数字化是指利用数字技术对传统产业进行全方位、全角度、全链条的改造,使得传统产业的生产方式发生根本性的变革,它是数字经济与实体经济的融合。数实深度融合全面强化了社会再生产的协作,形成了新质生产力,这是当今时代生产力得到极大促进的重要表现[79]。推动数实深度融合,实现传统产业转型升级,是新质生产力创新驱动特征的具体实现路径[80]。此外,产业数字化还促进了产业间的协同创新,加速产品创新周期,提高整个产业竞争力,推动新质生产力在产业协同中不断发展。

专栏 1-2

新兴数字产业发展

当前,新一轮科技革命和产业变革深入发展,新兴数字产业正以前所未有的速度蓬勃发展，深刻地改变着全球经济格局与人们的生活方式，成为推动经济增长、促进产业升级、提升社会福祉的关键力量。我国高度重视新兴数字产业发展，出台一系列政策，鼓励数字技术创新，推动数字产业集群发展，从政策层面为其创造了良好的发展环境。2021年3月，《中华人民共和国国民经济和社会发展第十四个五年规划和2035年远景目标纲要》提出"加快推动数字产业化"，培育壮大人工智能、大数据、区块链、云计算、网络安全等新兴数字产业。同年12月，在《国务院关于印发"十四五"数字经济发展规划的通知》中，再次提出要协同推进数字产业化和产业数字化，赋能传统产业转型升级，培育新产业新业态新模式，为构建数字中国提供有力支撑。

1. 我国新兴数字产业发展现状

根据工信部最新发布数据，2024年我国数字产业业务收入达35万亿元，同比增长5.5%，占GDP比重提升至32%，直接从业人员2060万人，数字产业呈现积极发展态势。此外，我国工业互联网核心产业规模突破1.5万亿元，覆盖全部工业大类，带动制造业高端化、智能化、绿色化发展。5G行业应用融入76个国民经济大类，"5G+工业互联网"项目超1.7万个，形成"以建促用、以用带建"的良好局面。

信息产业发展韧性显著增强。2024年我国电子信息制造业规模以上增加值增长11.8%，较上年提高8.4个百分点；软件业完成业务收入13.7万亿元，同比增长10%；通信业业务收入1.74万亿元，同比增长3.2%；电信业务总量同比增长10%。

重点产业链实现高质量发展。原生鸿蒙系统正式发布，成为继IOS和安卓之后全球第三大移动操作系统；人工智能、人形机器人等新兴领域保持较高的投资热度，为产业发展持续注入活力；人工智能在金融政务、服务医疗、生产制造等领域加快融合应用，助力企业提质增效。

产业集聚发展进程提速。目前，我国已围绕信息通信、人工智能、新型显示、集成电路等数字领域，布局建设了一批国家级先进制造业集群，成为数字产业发展的重要引擎。

2. 新兴数字产业发展的主要特征

数字产业已成为当前发展新质生产力的重要载体,同时也是推动现代化产业体系高质量发展、增强经济发展新动能的关键引擎。作为以数字技术为核心驱动的新型产业形态,数字产业的特征既源于技术本质,也反映了数字化时代的经济规律与产业逻辑,呈现出技术高密集性、价值高倍增性和产业高融合性。

一是技术高密集性。数字产业是全球研发投入强度最高、创新最活跃、应用最广泛、辐射带动作用最大的领域,根据世界知识产权组织公布的2024年全球知识产权申报统计数据,数字通信成为已公布PCT国际专利申请的首要领域,同时也是增长率最快的领域。由此可见,数字产业是典型的技术密集型产业,其发展高度依赖前沿技术突破。此外,遵循"摩尔定律"(芯片性能每18个月翻番)和"梅特卡夫定律"(网络价值随用户数平方增长),数字产业的技术迭代速度远超传统产业,技术更新周期显著缩短。

二是价值高倍增性。数字产业的价值高倍增性本质上是"技术赋能+数据裂变+网络协同"的复合效应,首先,在数字技术的赋能下,传统产业生产技术能力显著增强,降低边际成本,实现价值链的提升。其次,数据要素的复用性和共享性打破传统要素的边际效益递减规律,带来数据资产价值的提升。最后,数据、平台、网络等赋能传统产业,催生智能化生产、网络化协同、个性化定制等新业态、新模式,放大协同价值,最终实现从"线性增长"到"指数裂变"的价值跃升,这也是数字经济区别于传统经济的核心特征之一。

三是产业高融合性。数字产业的高融合性并非简单的技术叠加或产业拼接,而是以数据流动打破信息孤岛,以平台架构重构协作模式,以算法驱动优化资源配置,最终形成"1+1>2"的乘数效应。这种融合性不仅提升传统产业效率,推动产业链转型升级,更催生了前所未有的商业模式

（如共享经济、订阅经济）和社会形态（如数字治理、远程办公），成为驱动经济社会数字化转型的核心动能。

五、数字经济赋能作用的测度相关研究

数字经济具备融合性、渗透性等特殊性质，因此在数字经济赋能作用的测度过程中，不能将其简单视作一个行业，而是要充分考虑它对于国民经济其他行业产生的直接或间接的作用。通过数字经济非竞争投入产出表的构建，更加直观地感受出数字经济对国民经济其他行业的贡献，从而有针对性地采取相应措施，以最大限度地发挥数字经济的赋能作用。

列昂惕夫在20世纪30年代中期首次提出投入产出分析[81]，以定量的方法研究社会经济系统各部门之间投入与产出的相互依存关系。一个国家或地区的投入产出表可以分为竞争型投入产出表和非竞争型投入产出表，二者的主要区别在于对进口数据的处理方式不同[82]。非竞争型投入产出表将中间投入部分区分为国内产品和进口产品，假定进口产品和国内产品的性能不同，不能互相替代，即存在非竞争性，在编制时需要在中间使用象限和最终使用象限将进口产品和国内产品区分开[83]。

一般而言，非竞争型投入产出表在纵向（投入来源）上与传统投入产出表类似，包括中间投入（国内产品中间投入和进口产品中间投入）、增加值（劳动者报酬、生产税净额、固定资产折旧和营业盈余）等部分。而在横向（使用方向）上，将每一个部门的中间使用部分分为国内产品的中间使用和进口产品的中间使用（见表1-10）。

表 1-10　　　　　　　　非竞争型投入产出模型表式结构

投入	中间需求	最终需求				总产出及总进口
	生产部门 1, 2, ···, n	消费支出	固定资本形成	存货变动	出口	
国内产品中间投入	1 2 ⋮ n	Z_{ij}^D	f_i^D			X_i
进口产品中间投入	1 2 ⋮ n	Z_{ij}^M	f_i^M			m_i
最初投入	V_j					
总投入	X_j					

编制非竞争型投入产出表是进行增加值贸易流量核算的重要方法[84]。早期一些学者从国家层面进行非竞争型投入产出分析[85,86]，假设一国中间使用、国内需求和出口都具有相同的进口中间产品比重，以此开展增加值贸易流量核算。此后，许多学者考虑了不同国家间中间产品流动所产生的影响，基于各国非竞争型投入产出表编制了多区域投入产出表，并逐渐进行扩充和发展[87~90]。

国内产品部分可以通过竞争型投入产出表部分减去进口矩阵，因此编制非竞争型投入产出表的关键就在于对进口产品的处理。但是由于非竞争型投入产出表的编制需要十分详细的进口品流向数据[82]，因此这类数据通常难以获得，基于数据可得性学者们采用了不同的编制方法。当前分离进口产品的方法主要有以下两种：一是按比例分配的方法拆解进口产品，按照各部门中间使用、消费和资本形成的比例把进口产品也拆分为这三部分[91~97]。二是基于进口商品的使用去向、国际收支平衡表和海关贸易等数据资料，采用商品流量法和专家咨询法，以确定各种进口商品在各中间使用部门及最终使用部门中的分配去向，如齐舒畅等编制的2002年中国非竞争型投入产出表[98]，该做法对数据资料的要求过高，因而可参考性较低。目前来看，方法一对于数据资料的要求较低，因此更被国内学者接受。

六、文献评述

世界经济形态正经历从工业经济向数字经济的转型，数字化与智能化已成为未来社会发展的核心，数字经济高质量发展水平也将成为影响一个国家或地区经济高质量发展的重要驱动因素之一。通过对国内外相关文献梳理可以发现，虽然数字经济的提出时间较早，但是和赋能理论一样，均是近几年才开始被广泛应用于经济学领域。有关国际组织、政府统计机构和学者做了大量工作，取得了丰富的研究成果，但是现有研究还存在以下待完善之处：

一是现实发展快于理论发展，目前大多数研究对数字经济赋能高质量发展的理论基础和机理研究仍不够全面，与中国特色社会主义政治经济学系统化理论结合得不够充分。

二是对数字经济高质量发展水平的评价及量化研究较少，且未能体现数字经济特性。目前学术界关于数字经济的内涵探讨已取得丰富的研究成果，但有关数字经济高质量发展的测度评价方法仍有待深入探索，不利于推动数字经济高质量发展政策的制定。此外，数字经济高质量发展不仅要与新发展理念相契合，也要考虑数字经济的本质及内涵，体现数字经济的独特性。

三是赋能作用的测度方法仍显单一。目前关于数字经济赋能作用的测度大多是通过构建赋能的两个主体的指标体系，进而确定解释变量与被解释变量，最后运用计量经济模型来探究，鲜有文献通过投入产出表对我国数字经济的赋能作用进行测度。

第三节　研究内容与结构安排

本书的研究内容具体包含五大部分，共十三个章节。

第一部分为本书的导论部分，该部分围绕数字经济高质量发展、数字经济赋能作用等方面介绍全书的研究背景，并围绕数字经济展开相关研究的梳理总结，具体包括数字经济、数字经济高质量发展、数字经济赋能实体经济、数字经济赋能新质生产力、数字经济赋能作用测度等方面的相关研究。在此基础上，进一步明确了本书的研究意义、研究框架以及创新点。

第二部分为本书的理论研究部分，包括第二至第七章，即数字经济高质量发展及数字经济赋能的理论基础和机理研究。该部分内容主要从以下几个方面展开：一是数字经济高质量发展的理论基础及分析框架；二是数字经济的内涵、分类及赋能作用；三是数字经济高质量发展的内涵特征及规律初探；四是数字经济赋能的机理研究。

第三部分为本书的实证研究部分，包括第八到第十一章。该部分内容主要从以下几个方面展开：一是数字经济高质量发展水平的测度及影响因素分析；二是数字经济高质量发展赋能新质生产力的机理研究；三是数字经济赋能作用的投入产出模型构建及实证研究。

第四部分为本书的对策研究及展望部分，包括第十二、第十三章。该部分内容从典型发达国家及中国数字经济发展模式入手，对数字经济高质量发展模式进行探究。最后面向"十五五"时期，提出数字经济高质量发展趋势前瞻。

本书的研究框架如图 1-1 所示。

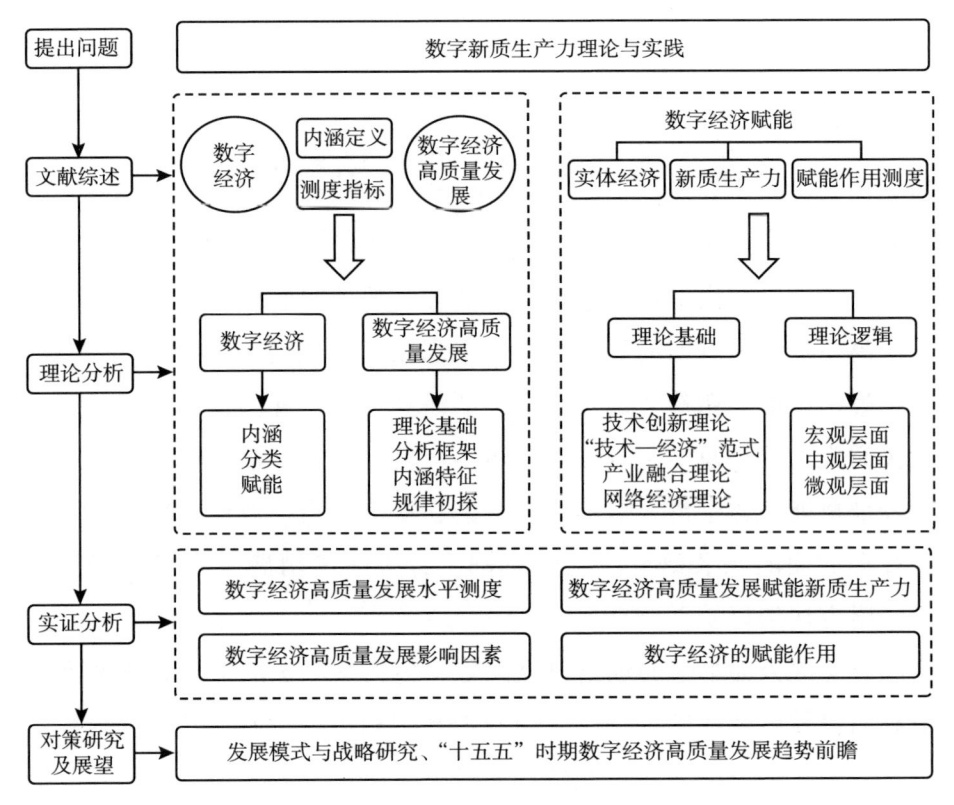

图 1-1 技术路线

第四节 研究创新点

本书的创新之处主要体现在以下三个方面：

第一，本书创新性地构建了数字经济赋能高质量发展的理论分析框架。目前学术界对于数字经济赋能高质量发展的理论研究仍不够全面，本书基于数字经济内涵与发展特性，从政治经济学、微观经济学、宏观经济学和产业经济学四方面入手，系统梳理了数字经济高质量发展的相关理论基础，构建理论分析框架，并在理论框架内探究其内涵和发展规律。

第二，本书结合新发展理念与数字经济高质量发展的具体要义，构建更加全面的评价指标体系。目前对于数字经济高质量发展的评价指标体系构建研究尚显不足，本书以新发展理念作为基本遵循，结合新时代高质量发展的特征要求，从基础、创新、协调、开放、共享以及绿色六个维度衡量中国数字经济高质量发展水平，以期为中国数字经济高质量发展测度提供合意的理论框架。

第三，本书完善了赋能作用的实证视角和测度方法。一方面，目前研究大多聚集数字经济赋能新质生产力方面，尚缺乏数字经济高质量发展赋能新质生产力的路径研究，本书以此为切入点，探究二者之间存在的线性及非线性关系。另一方面，目前对于数字经济赋能作用的测度方法仍显单一，且大多忽视全球化市场带来的进口量增多对数字经济总投入的影响，本书以投入产出表为基础，从传统产业的增加值视角去探讨数字经济对传统产业的赋能作用。

第二章

数字经济高质量发展的相关理论基础

理论研究对于准确把握事物的内在逻辑、发展规律及未来趋势至关重要。因此，若想深入探究数字经济高质量发展及赋能作用，则需要对其背后蕴含的经济学理论进行精准剖析。围绕主要研究内容，本章结合政治经济学、微观经济学、宏观经济学和产业经济学中的相关理论展开系统论述，不仅为数字经济高质量发展及其相关研究提供理论依据，同时也在数字经济时代为传统经济学理论注入新活力、新内涵。

第一节 数字经济高质量发展与政治经济学

一、生产要素理论

生产要素是经济学领域的基本范畴，是经济学家用来表示经济资源的术语，即人们开展社会生产活动不可或缺的资源、环境以及其他必备条件。简单来说，生产要素是获得"产出"所必需的"投入"，如果一个要素的投入相对于它的需求来说是稀缺的，那么它就被视为生产要素。人们对生产要素理论的认识随着时代发展而不断变化，最早可以追溯到威廉·配第在1662年提出的"土地是财富之母,劳动是财富之父",他创造性地指出土地和劳动是创造财富的两大关键要素,这一观点奠定了生产要素二元论基础。在此基础上,亚当·斯密在《国富论》中将其拓展为劳动、土地、资本三要素论,认为三者相互协作推动经济增长。随后,在不同的经济社会发展阶段和历史时期,生产要素的构成不断演变,例如马歇尔将组织作为一个独立的生产要素从资本要素中分离出来,即劳动、土地、资本、企业家才能的"四要素论"[99];索洛、罗默等学者将技术进步引入后的"五要素论";我国学者徐寿波在20世纪80年代首次提出人力、财力、物力、自然力、运力和时力的"生产要素六元论"[100]。通过生产要素的演化历程可以看出,生产要素的发展并未停留在对经济现象的直观描述,而是逐渐走向了以生产财富与分配财富为导向的,分析物与物关系的阶段[101]。

随着数字经济的快速发展,以大数据、人工智能、物联网等为代表的新技术逐渐成熟并进入广泛运用阶段,数据要素逐渐成为独立的基础性生产要素,开始渗透到生产、分配、流通、消费和社会服务管理等各个领域,深刻改变着生产方式、生活方式和社会治理方式。2017年,习近平总书记明确指出:"要加快构建数字中国,构建以数据为关键要素的数字经济。"[102]2019年9月,党的十九届四中全会通过的《中共中央关于坚持和完善中国特色社会主义制度、推进国家治理体系和治理能力现代化若干重大问题的决定》提出:"(要)健全劳动、资本、土地、知识、技术、管理、数据等生产要素由市场评价贡献、按贡献决定报酬的机制。"至此,数据要素正式以生产要素的身份登上历史舞台,国家对数据要素地位的强调和重视,也为全面推动数字经济高质量发展的相关研究创造了有利的条件。

数字经济高质量发展以生产要素理论为支撑,同时又促使生产要素理论不断创新和完善。首先，在数字经济发展的过程中，传统生产要素被赋予了新内涵，数字技术的发展使得土地利用效率提升，劳动者数字化技能增强，资本流向数字经济相关产业，这些传统要素的数字化转型为数字经济高质量发展起到支撑作用。其次，在数字经济时代，生产要素理论得到新的拓展，数据成为关键生产要素，通过对数据的挖掘、分析和应用，企业能够更好地了解市场需求、优化生产流程、提升产品质量。同时，数据要素的创新应用，创造了新的商业模式和经济增长点，进而带来数字经济的高质量发展。最后，传统经济模式下生产要素的配置往往受到地域和时间的限制，而数字经济打破了这种限制，使得生产要素能够在全球范围内进行优化配置和创新发展，为数字经济高质量发展带来源源不断的新动力。

二、价值理论

价值作为经济活动的核心概念，承载着对商品交换、财富创造、资源分配等诸多现象本质的探寻，贯穿于经济分析的各个层面。自政治经济学诞生起，价值理论就始终是其核心理论之一，旨在解释商品交换价值的本质和源泉，以及商品价格的决定因素。它探讨了在商品经济中，不同商品能够相互交换的基础，以及价值如何在经济系统中产生、衡量和分配。正如庞巴维克所说"价值学说可以看作是全部政治经济理论学说的中心"。无数经济学家从不同视角、运用不同方法构建价值理论，这些理论致力于解释与优化当代复杂多变的市场经济运行，深刻影响着经济政策制定、社会发展走向。

古典政治经济学时期，亚当·斯密价值理论的核心内容在于"商品的价值包含使用价值与交换价值两个部分，其中使用价值指商品对于人类日常生活的实际用途，劳动是衡量一切商品交换价值的真实尺度"。受到这一观点的影响，李嘉图在其代表性著作《政治经济学及赋税原理》中建立起自己的价值理论，核心内容在于"商品的价值或其所能交换的任何其他商品的量，取决于其生产所必需的相对劳动量"。19世纪中，马克思再次完善了李嘉图的劳动价值理论，提出了商品二重性和劳动二重性，商品是使用价值和价值的统一体，使用价值是商品的自然属性，价值是商品的社会属性，这是商品的二重性；使用价值由具体劳动创造，价值由抽象劳动创造，这是劳动的二重性。此外，生产商品的社会必要劳动时间决定价值量，而价值量正是商品进行交换的基础。马克思虽然不是价值理论的创始人，但是由他完善后的理论体系对商品价值形成的本质和经济规律做出了深刻的阐释，更具科学性，为政治经济学领域的后续研究指引了方向。

价值理论为数字经济高质量发展提供了基础分析框架，从传统的劳动价值论到边际效用价值论等，都在不同层面影响着数字经济的高质量发展。

首先，在劳动价值论的视角下，为了与数字生产方式相适应，数字劳动应运而生，并得以快速发展。劳动不再仅仅以物质形式存在，而是转向高技能、高知识含量的复杂劳动，包括软件系统开发、数据处理以及平台维护等，数字劳动逐渐成为价值创造的重要源泉。此外，劳动价值论强调劳动生产率的重要性，数字技术的广泛应用极大提高了劳动生产率，让劳动者能够将更多精力投入到创造性的数字劳动中，推动数字经济产品和服务向更高质量发展。

其次，在边际效用价值论的视角下，消费者对商品的边际效用决定了其愿意支付的价格。而数字产品（如在线教育课程、云存储服务等）的边际成本较低，且随着用户数量的增加，边际效用可能会发生变化。因此，企业可以通过分析用户对数字产品的边际效用，合理分配资源并制定灵活的定价策略，提高数字资源的利用效率，推动数字经济高质量发展。

最后，价值理论能够推动数字经济创新，实现可持续发展价值。价值理论为数字经济创新提供了激励机制，无论是对数字劳动价值的认可，还是对数字产品边际效用的考量，都鼓励企业和劳动者进行创新。这种创新价值能够在市场中得到体现，从而激励更多的企业和劳动者投入到数字技术创新中，推动数字经济的技术进步。此外，数字经济若想实现高质量发展，不仅要追求经济利益，还要考虑社会和环境价值，价值理论可以引导企业和社会将资源投入到这些具有长期社会和环境价值的数字经济领域，实现数字经济的高质量、可持续发展。

数字时代的价值理论相比于传统价值理论具备一系列新特点，但其实际上并未脱离马克思价值论的思想，只有随着实践的发展而发展的理论才能永葆青春活力，因此对数字时代价值理论的分析仍需立足于马克思政治经济学的方法论内核，马克思价值论仍是推动数字经济高质量发展的重要理论基础。

三、分配理论

价值分配的前提是价值创造，因此任何分配理论都必须以一定的价值理论为基础。在劳动价值论的基础上，马克思在《资本论》一书中进一步考察了劳动力价值与剩余价值的关系，利用商品等价交换的原则，解决了劳动与资本之间的矛盾，分析了新创造价值的分配。具体而言，分配理论包括两个层面上的分配，一是生产资料或生产条件的分配，二是个人收入的分配。这两个层面上的分配相互联系，生产条件的分配决定了个人收入分配的结果。

不同于传统工业经济以"社会化大生产"作为经济增长的内在驱

动力，数字经济时代强调数据要素的重要地位，以数据高效的流通交易作为核心经济增长动能推动着经济社会发展[103]。目前学者们对于数字经济的发展能否促进价值分配公平化仍然存在不同的观点，一部分学者认为，数据虽然可以为企业带来巨大的价值，但是数据的生产和分配与传统生产要素不同，它往往是用户在使用数字服务过程中无意识产生的，而数据的所有权和收益分配却由平台或企业掌握，这就使得个人用户作为一种受众劳动被纳入数字资本主义体系中进行无偿的价值创造，与传统的要素分配理论形成冲突。由此可见，数字经济的发展为政治经济学中的分配理论带来了深刻变革，传统的分配理论在解释数字经济中的新现象时面临困境和局限。数字经济的新特征，如数据作为生产要素、新型劳动形式、平台经济的兴起以及全球数字鸿沟等，都对传统的分配理论提出了新的挑战和问题。因此，我们需要在传统分配理论的基础上，结合数字经济的特点进行创新和发展，基于数字技术应用和数据要素两个维度对分配理论进行重构，以更好地解释和解决数字经济中的分配问题，使得分配理论能够更有效地促进资源的可持续利用，保障数字经济的长期稳定发展。

第二节 数字经济高质量发展与微观经济学

一、供求关系理论

供给和需求是市场经济的两个方面，也是经济学理论体系的出发点，在所有经济制度和经济关系中均存在，且扮演着十分重要的角色。供求理论是由供求关系衍生而来的理论,是西方主流经济学新古典学派的基础,该理论假设供需与价格相关,会自动达到平衡。微观层面的供求关系理论,即对供给和需求内涵和外延的界定及其与市场价值、市场价格、市场竞争之间的相互关系分析。当市场需求与市场供给相等时达到均衡,此时的价格称为均衡价格,对应的数量称为均衡数量,在均衡状态下,需求量等于供给量,市场出清,既没有过剩也没有短缺。如果市场价格高于均衡价格,供给量大于需求量,会出现供过于求的情况,导致价格下降;反之,如果市场价格低于均衡价格,需求量大于供给量,会出现供不应求的情况,导致价格上升。

随着互联网技术的快速发展,互联网经济学逐渐兴起,且互联网市场具有一些独特的特征,如网络效应、信息不对称、平台经济等,这些特征对供求关系和市场均衡产生了深远的影响。例如,互联网平台的出现改变了传统的供求匹配方式,提高了市场效率,但也带来了一些新的问题,如垄断、数据隐私等。从供给与需求双重视角来看,数字经济在重塑生产、消费模式,推动产业变革与创新,拓展经济发展新路径等方面发挥着关键且相辅相成的作用,深刻改变着经济运行的方方面面。

(一) 新供给视角下的数字经济

马克思指出,供给是"处在市场上的产品,或者能提供给市场的产品"[104],因此,新供给视角下的数字经济主要包括数字化生产要素的供给、数据产品与服务的供给、数据技术的供给以及数字化平台的供给。

数字化生产要素的供给:一方面在于数据资源。随着互联网和物联网的普及,数据成为与土地、劳动力、资本、技术并列的新生产要素，也是驱动经济增长的关键要素。海量、多源的数据被收集、整理与分析，转化为有价值的信息，驱动企业决策优化。另一方面在于数字人才。数字经济的发展需要大量具备数字技术和创新能力的专业人才，高校、企业、研究机构等纷纷开展各种形式的教育和培训活动，为数字经济市场提供源源不断的人才供给。

数据产品与服务的供给：数字经济时代，新产品的生产逐渐由传统的土地、劳动力等实体资本投入转向数据、信息技术等无形资本投入。一方面，各类软件与应用程序层出不穷，满足不同领域的工作、娱乐和生活需求；另一方面，大数据与数据分析服务逐渐完善，利用先进的数据分析技术和算法，为企业提供数据挖掘、市场预测、用户画像、精准营销等服务，帮助企业更好地了解市场和客户需求，优化决策和运营。

数字技术的供给：一是数字基础设施的建设。包括5G网络、光纤宽带网络、卫星通信网络等，为数字经济的发展提供了高速、稳定的网络连接。二是先进的人工智能技术。人工智能芯片、算法框架、机器学习平台等人工智能技术的供给，使得企业能够在图像识别、语音识别、自然语言处理、智能机器人等领域进行应用开发和创新，提高生产效率、优化客户服务、提升产品智能化水平。三是区块链技术。区块链技术的出现为数字经济带来了去中心化、不可篡改、安全可信的技术解决方案，推动了数字货币、供应链金融、溯源系统、数字版权保护等领域的应用发展。

数字化平台的供给：一是电子商务平台。如淘宝、京东等，为企业和个人提供了在线销售和购物的场所，打破了传统的地域限制和时间限制，降低了交易成本，提高了交易效率，促进了商品和服务的流通，形成了庞大的电子商务生态系统，带动了物流、支付、营销等相关产业的发展。二是工业互联网平台。连接工业生产中的设备、系统和企业，实现生产过程的智能化管理、设备的远程监控和故障诊断、供应链的协同优化等功能。三是数字金融平台。包括第三方支付平台、数字货币平台等，为用户提供便捷的支付结算、投资理财等金融服务，创新了金融业务模式，提高了金融服务的可得性和效率，推动了金融与实体经济的深度融合。

（二）新需求视角下的数字经济

需求与供给是相对应的概念，指有支付能力的、能够实现交换价值的需要。因此，需求视角下的数字经济主要包括消费领域的数字需求、企业生产运营中的数字需求以及政府公共服务的数字需求。

消费领域的数字需求：随着生活水平提升，消费者不再满足于标准化的产品，而是追求个性化需求，促使企业调整生产策略，转向大规模定制模式。此外，消费者具备支付能力并愿意为各种优质的数字产品和服务付费，以满足自身在娱乐、学习、社交等方面的需求，这些需求推动了数字内容产业和互联网服务行业的繁荣发展。

企业生产运营中的数字需求：企业为了提高生产效率、降低成本、增强市场竞争力，产生了对数字化转型的强烈需求。此外，在数字经济时代，企业需要不断创新和研发新的数字技术和产品，以满足市场的需求并保持竞争优势。这就产生了对研发投入的需求，包括对人才的培养和引进、对科研设备的购置、对创新项目的资金支持等，通过创新和研发，企业能够推出更具竞争力的数字产品和服务，实现交换价值的最大化。

政府公共服务的数字需求：政府为了提高行政效率、优化公共服务、加强社会治理，需要建设数字化政府平台，实现政务服务的在线化、智能化。此外为了提升城市的运行效率、改善居民生活质量、促进经济发展，需要建设智慧城市，包括智能交通系统、智慧能源系统、智慧安防系统、数字城市管理平台等,实现资源的优化配置,确保环境的可持续发展,提升居民生活的便捷舒适。

二、消费者行为理论

数字化消费是指消费者利用互联网、大数据、人工智能等数字技术和平台进行的消费活动,其最突出的特征在于需求的精准识别以及供给的个性化、多样化服务,供需之间的互动更加频繁且紧密,从而颠覆性地改变了消费者行为和预期,拓展消费者行为理论。具体体现在以下三个方面:

首先,数字经济丰富了现有效用理论中的效用来源。在传统的消费者行为理论中,效用主要来自商品的实际使用价值,而在数字经济时代,除了产品本身的功能效用外,消费者还能从个性化定制、便捷的购物体验、互动的社交元素等多方面获得额外效用。此外,数字经济为消费者提供了更多的信息和更便捷的比较渠道,使得消费者更全面地了解商品和服务的各个方面,从而更准确地评估其效用。同时,消费者还可以参考其他用户的评价,使效用评估更加复杂和多元化。

其次,数字经济扩展了现有消费者选择理论中消费者选择行为的分析基础。传统理论认为消费者选择行为的本质是消费者在预算约束内,选择一个消费组合来最大化自己的总效用。然而,数字经济的发展带来了更多的消费选择和更优惠的价格,使得消费者的传统决策模式被互联网大数据和算法推荐所代替,大数据思维正逐渐支配消费者原有的主观判断[105]。

最后,丰富了消费者剩余内涵。传统的消费者剩余是指消费者在购买一定数量的某种商品时愿意支付的最高总价格和实际支付的总价格之间的差额。在数字经济时代,消费者剩余的内涵更加丰富,除了传统的价格与支付意愿之间的差额所带来的剩余外，消费者还能从免费的数字产品和服务中获得消费者剩余，如免费的在线新闻、社交媒体平台、开源软件等，这些免费产品和服务虽然没有直接的货币支付，但消费者通过使用它们获得了一定的效用和价值，也应视为消费者剩余的一部分。

三、生产决策理论

生产决策理论是微观经济学的重要组成部分，它主要研究生产者在生产过程中如何做出最优决策，以实现利润最大化或成本最小化等目标，其核心在于成本与收益的权衡。

2021年11月24日，刘鹤同志在《人民日报》撰文指出，"现阶段，我国生产函数正在发生变化，经济发展的要素条件、组合方式、配置效率发生改变"[106]。因此，结合这一重要论述，并参考徐翔[107~110]等人的研究，本书在生产函数中引入数据要素，以考虑数据要素对总产出的影响。

传统的柯布-道格拉斯生产函数可以表述为：

$$Y_t = A_t F(K_t, L_t) \qquad (2-1)$$

其中，Y代表总产出，A代表全要素生产率，L代表劳动力，K代表资本。在此基础上，加入数据要素D，新生产函数即为：

$$Y_t = A_t F(K_t, L_t, D_t) \qquad (2-2)$$

两边取对数即为：

$$\ln Y_t = \ln A_t + \ln F(K_t, L_t, D_t) \qquad (2-3)$$

两边对时间t求导，即为：

$$\frac{\dot{Y}_t}{Y_t} = \frac{\dot{A}_t}{A_t} + \frac{F_K K_t}{F(K_t, L_t, D_t)} \frac{\dot{K}_t}{K_t} + \frac{F_L L_t}{F(K_t, L_t, D_t)} \frac{\dot{L}_t}{L_t} + \frac{F_D D_t}{F(K_t, L_t, D_t)} \frac{\dot{D}_t}{D_t}$$

$$= \frac{\dot{A}_t}{A_t} + s_k \frac{\dot{K}_t}{K_t} + s_L \frac{\dot{L}_t}{L_t} + s_D \frac{\dot{D}_t}{D_t} \qquad (2-4)$$

其中，s_k、s_L、s_D分别为资本投入、劳动投入、数据要素投入对经济增长的贡献率。

从式（2-4）可以看出，在新古典生产函数中引入数据要素后，经济增长贡献率可以分解为两部分：技术进步率部分和投入要素积累部分。而投入要素积累部分又分为资本积累率、劳动积累率和数据要素积累率。数据要素积累在经济增长中的贡献是数字经济时代经济增长的新特征，主要表现在两个方面：一是数据要素质量提高，带动总产出增长；二是数据技术水平提升，带动数据相关产业的全要素生产率水平提升，进而提升整体生产率水平。

四、市场行为理论

市场行为理论是微观经济学的重要理论框架，研究企业在市场中的各种行为决策，包括价格策略、产品策略、促销策略和渠道策略等，主要目的在于满足消费者需求的同时，实现企业的利润最大化或者其他经营目标。市场行为理论提供了一个系统性的视角。对于企业和决策者而言，市场行为理论帮助分析消费者选择、竞争对手的策略，更准确地预测市场的行为和趋势；对于研究者而言，市场行为理论有助于深入了解市场中的信息不对称、不完全竞争等经济问题的根源，并提出解决方案；对于政府而言，市场行为理论能够辅助市场监管，确保市场的公平竞争和资源的有效配置。

在数字经济背景下，市场行为理论的应用同样至关重要。首先，数字经济时代，消费者面临海量的信息和多样化的产品选择，消费行为表现出新的特征和逻辑。因此市场行为理论的应用可以分析消费者如何收集和筛选信息，如何评估数字产品的价值和风险，帮助数字企业更好地进行产品定位和营销。其次，数字经济时代的市场结构具有更复杂和更灵活的特征，因此市场行为理论的应用是数字企业战略规划的重要依据。例如，阿里巴巴集团在数字经济时代就展现出了分层式的垄断竞争新模式，即业务广泛，涵盖不同领域，同时在不同的层面上又存在不同程度的竞争和垄断。此外，随着数字技术的快速发展，新的企业可能会凭借创新的商业模式或技术优势进入市场，这也涉及市场进入壁垒的分析。最后，数字经济时代为市场监管带来了新的挑战，如数据安全、隐私保护、消费者权益等，市场行为理论的应用为监管数字经济提供了思路。例如，在数字金融市场，由于信息不对称可能导致金融风险，监管机构可以利用信号传递和信息甄别机制，要求金融机构进行信息披露，防止金融诈骗等行为，保障数字经济市场的健康稳定发展。

数字经济的崛起使得市场行为发生了很大变化，未来的相关研究仍需在传统理论的基础上结合新的时代特点，持续探索数字经济高质量发展过程中消费者行为和市场竞争的新模式。

五、外部性理论

外部性理论是微观经济学的一个重要领域，指一方的行为或活动对另一方的福利或成本产生影响，而这种影响没有得到市场价格的反映或补偿。1890年，马歇尔在《经济学原理》中首次提出"外部经济"，认为外部性是指厂商付出成本但却未在市场收益体现的部分。[111] 1924年，庇古进一步深入研究，认为外部性是私人回报与社会回报之间的差异，并根据影响的好坏将外部性理论分为正外部性和负外部性。20世纪60年代，科斯于《社会成本问题》一书中提出，

第二章　数字经济高质量发展的相关理论基础

在某些条件下，经济的外部性（或非效率）可以通过当事人的谈判而得到纠正，从而达到社会效益最大化，由此产生了著名的"科斯定理"。[112]

传统的外部性理论基于市场失灵的假设，认为在经济活动中，如果出现正外部性和负外部性状况，表明资源没有达到有效配置，无法实现帕累托最优，容易出现市场失灵的状况。而在数字经济时代，外部性理论需要进一步拓展到数字领域，如虚拟商品、数字服务、数据等方面的外部性研究。

数字经济中的正外部性应用具体包括：（1）知识共享与创新扩散。互联网平台的兴起使得知识共享更为便捷，这种知识共享产生了正外部性，每个开发者的贡献不仅对自己有利，还能让其他开发者受益，进而推动技术的快速发展。（2）网络效应的积极利用。网络效应是数字平台上最常见和最重要的一种正外部性，指一个产品或服务的价值随着其用户数量的增加而增加。企业可以通过优化产品功能、提供优质的用户体验等方式吸引更多用户，进一步增强网络效应，形成良性循环。

数字经济中的负外部性应用具体包括：（1）数据隐私与安全问题。数据是数字经济时代最重要的生产要素，但如果在收集和使用过程中由于管理不善导致数据泄露，就会造成用户隐私泄露，存在安全风险。（2）数字鸿沟问题。数字经济的发展可能会导致数字鸿沟的加剧，例如，部分人群（如老年人、贫困地区居民等）由于缺乏数字设备、网络接入条件或数字技能而无法享受数字经济带来的便利，这也是负外部性的表现。（3）信息不对称问题。虽然信息技术的发展为消费者提供了大量信息，但在面对海量信息时，消费者很难筛选出真正有用和准确的内容，此外网络上存在大量虚假信息，这些都加剧了信息不对称问题。

第三节 数字经济高质量发展与宏观经济学

一、核算理论

(一) 国民账户体系 (system of national accounts, SNA)

SNA 是由联合国、欧洲联盟委员会、经济合作与发展组织、国际货币基金组织以及世界银行制定和发布的统计框架。它基于经济学原理,由一套按照逻辑严密、协调一致而完整的宏观经济账户、资产负债表和表式组成,是对一个经济体内发生的复杂的经济活动及其结果的全面核算。

SNA 的基本概念、逻辑框架及核算规则等均具有普适性,因此,根据 SNA 统一编制的经济数据不会因为各国的产业结构、经济发展阶段及具体经济环境的不同而发生改变。截至目前,国民账户体系已推出四个版本,即 SNA1953、SNA1968、SNA1993 和 SNA2008,每个版本都是对前一版的补充和完善。SNA2008 是当前最新的国民经济核算体系,能够满足处于不同经济发展阶段的各个国家的需要,为经济统计领域提供标准的总体框架。在 SNA2008 的基础上,我国也对国民经济核算体系作了相应的修订及丰富完善,发布并实施了《中国国民经济核算体系 (2016)》。

(二) 投入产出理论

投入产出理论由华西里·列昂惕夫 (Wassily Leontief) 在 20 世纪

30年代中期首次提出[81],是经济学中应用最广泛的方法之一[113],以定量分析的手段研究社会经济系统各部门之间投入与产出的相互依存关系,是经济学、管理科学与数学紧密结合的数量分析模型。1962年英国经济学家斯通(Stone)编写了投入产出核算矩阵,1968年,联合国国民经济账户(SNA)首次将投入产出核算纳入国民经济核算体系,至此,投入产出核算的核算架构和核算方法开始与SNA的整体架构密切相关。

近几十年来,在使用投入产出表方面有两个重要的发展。一是,世界上越来越多的国家和地区都在构建投入产出表。这些国家层面的投入产出表在演变过程中,一方面汇编区域和多区域的投入产出表,为分析不同区域之间的相互联系提供基础;另一方面构建非竞争性的进口型投入产出表。二是,随着越来越多的国家参与到全球化进程中,产业联系已远远超出了国界,传统的国家级投入产出表已经难以捕捉到全球产业链和价值链的细节。国际投入产出表应运而生。例如,世界投入产出数据库(WIOD)涵盖了1995~2011年的27个欧盟国家和世界上其他13个主要国家,试图分析全球化对贸易模式、环境压力和社会经济发展的影响。

(三) 数字经济的核算

学术界正在不断尝试将数字经济纳入国民经济核算框架之中,但是数据资产计算复杂,且其价值也会受到数据质量、时效性、应用场景等多方面影响,很难用传统方法衡量其价值。此外,免费数字服务、共享经济等带来的价值如何合理地纳入国民经济核算体系也是一个亟待解决的问题。一些学者认为数字经济带来的免费内容、共享形态已经渗透到传统经济当中,因此数字经济增加值已经被GDP所捕捉,只是人们在现行的国际核算框架中很难直观地观察到数字经济发展的证据[114]。

SNA 是为全面描述经济体运行的基本状况提供数据，不可能满足每一个特定问题的核算要求，因此许多学者提出在 SNA 框架下重新界定数字经济的概念与产业分类[115]。在此背景下数字卫星账户应运而生，并从宏观经济视角衡量数字经济的规模。数字卫星账户由数字供给表、数字使用表、数字经济投资矩阵表、数字经济就业信息表和数字经济生产信息补充表等组成，是对国民经济活动中数字经济领域进行的延伸扩展，从生产、消费、投资、就业、超出 SNA 生产边界的产品生产信息等方面对数字经济发展情况进行全面统计，以此作为国民经济核算体系中心框架的有益补充[116]。在 SNA 核算原则的指引下，以艾哈迈德和里巴尔斯基（Ahmad & Ribarsky，2018）、米歇尔（Mitchell，2018）为代表的 OECD 学者积极探索，初步设计出基于数字经济业态分类的国民经济核算供给—使用表，从而为国家层面的数字经济核算提供了可操作、可比较的框架体系[117,118]。

未来数字经济对 SNA 的完善方向主要在于数据资产的核算纳入，可以从数据的生产、收集、存储、加工和使用等环节入手，评估每个环节的数据价值。同时，还可以参考数据市场的交易价格来确定数据资产的价值范围，将其合理地计入国民财富和国内生产总值等指标中。

二、经济增长理论

工业经济时代，宏观经济增长的价值基础来自工业标准化生产，并以此为事实基础诞生了经济增长理论[119]。从经济增长理论的发展历程可以看出，前期的古典经济增长理论和索洛模型关注的是劳动、资本等传统要素投入以及外生技术进步对增长的作用，而后期的内生增长理论则强调知识、技术创新、人力资本等内生变量在推动经济增长过程中的关键作用。数字经济时代，数据成为重要的生产要素，而主要依靠无形资本投入的数字经济增长正在颠覆传统的经济增长理论，进一步拓展了经济增长理论中规模报酬递增的假设和传统经济增长理论的边界。

首先，传统经济中规模报酬递增主要依赖于生产要素投入数量的增加，而数字经济的发展主要依靠互联网等数字技术平台，具有很强的网络外部性，使得数字产品或服务的价值随着用户规模的扩大而呈指数级增长，能够更轻易地实现规模报酬递增。

其次，数据作为数字时代的核心要素，其收集、整理和应用具有边际成本递减和收益递增的特点。例如，电商企业在收集用户数据的初期，需要投入一定的成本用于建立数据收集系统，但后期使用这些数据时，由于数据的复制和利用成本很低，且可以通过算法不断挖掘出新的价值，因此每增加一个单位的数据所带来的收益可能会不断增加，而边际成本却在不断降低。这突破了传统经济增长理论中要素边际报酬递减的假设，拓展了规模报酬递增的边界。

最后，传统经济增长理论在分析市场结构和竞争时，往往基于本地或区域市场，而数字经济打破了地理和时间的限制，企业可以通过互联网面向全球市场，极大地扩展了市场范围。同时，数字经济的竞争格局更加复杂，平台经济模式下，双边市场的竞争不仅取决于产品价格，还取决于平台的用户规模、数据质量等因素。这些改变了传统经济增长理论对市场和竞争的认知边界，促使经济增长理论在更广阔的市场和竞争环境下研究经济增长的机制。

三、数据治理

随着数字经济时代的到来，社会数字化水平不断提升，带来数据规模的扩大和数据治理难度的提升。为了更加有效地进行数据治理，国内外组织纷纷对数据治理理论进行探讨，制定数据治理标准，以确保数据的质量、安全性、完整性和可用性。数据治理理论也成为学界研究热点和大数据技术产业发展热点。

数据治理是指对数据资产的管理活动，包括数据的规划、监控、维护和优化等一系列流程。从概念上来看有狭义和广义之分。狭义的数据治理专注于对数据资源本身的分析，是指对数据质量、安全的管理，以保证数据资产的高质量、安全及持续改进。广义的数据治理包括数据管理和数据价值"变现"，具体包括数据架构、主数据、数据指标等一系列数据管理活动的集合。

全球数据爆发增长、海量聚集，数据流增长速度远超全球商品流、贸易流和资金流的增长速度，数据治理渗透至经济发展、社会治理、国家管理、人民生活的各个场景[120]。现行的数据治理体系仍面临诸多挑战性问题，如互联网垄断监管、金融数字业务监管、数据跨境流动、数据安全和隐私保护等。需要构建更加有力的数据治理体系，增强数字经济的合规性和可持续发展能力，为数字经济高质量发展制定行之有效的管理标准。

第四节 数字经济高质量发展与产业经济学

一、产业演变理论

（一）产业渐变与产业突变

产业渐变和产业突变理论是产业演变理论的两种表现形式。前者描述了产业随着时间推移，在技术、市场、组织等多种因素综合作用下，从诞生、成长、成熟到衰退或者转型升级的持续变化历程；而后者关注的是由于技术创新、政策变化、消费者需求急剧转变等因素导致的产业结构在短时间内发生剧烈、非连续性的变化。

产业结构、市场需求等因素在产业渐变过程中逐渐变化，当变化累积到一定程度或受到外部刺激时，就会引发产业突变。产业突变发生后，产业并不会停止变化，而是会在新的基础上根据突变后的技术、市场和政策等因素，开始新的产业渐变。由此可见，产业渐变为产业突变提供了必要的积累，产业突变又促使新基础下的产业渐变，两者共同作用，推动产业的不断演化和发展。以通信产业为例，从早期的有线通信到移动电话通信是一个渐进的演变阶段，而智能手机的出现则是一次产业突变，它不仅是技术上的简单进步，更整合了通信、互联网、多媒体等多种功能，彻底改变了通信产业的格局，使得通信产业的价值链、市场竞争等方面都发生了巨大的变化。在经历了快速变化后，智能手机产业逐渐进入调整稳定阶段，企业之间的竞争格局基本确定，智能手机产业在新技术和市场基础上继续发展，行业标准不断完善，在新格局下继续开始新的渐变过程。

（二）产业演变模式与数字经济高质量发展相契合

（1）数字经济在产业渐变过程中逐渐转变为主导性产业。在产业渐变早期阶段，数字技术出现并开始在传统产业中渗透应用，消费者对信息获取和产品便捷性的需求逐渐增加，带来对数字产品和服务的市场需求；在产业渐变的中期阶段，数字技术与传统产业融合加深并催生一系列新商业模式，这些模式在产业渐变过程中逐渐被传统产业所接受和应用；在产业渐变的后期阶段，数字经济成为主导性产业的趋势显现。数字产业自身规模迅速扩张，传统产业中的资源，如资金、人才等，也逐渐向数字经济领域流动，数字经济通过重塑产业链，逐渐确立其主导地位。

（2）数字经济以其颠覆性力量引发产业的突变式演变。从技术层面来看，近年来数字技术出现跨越性突破，人工智能、区块链等数字技术的应用，引发产业突变。从市场需求来看，创新型数字商业模式涌现，消费者对线上消费、数字化教学、远程办公等需求爆发，带来产业突变。从政策法规的角度来看，随着各国政府对数据隐私和安全的监管力度逐渐加大，引发数字经济产业的竞争格局发生突变。此外，一些国家对数字服务税的政策调整也会引发产业突变，促使企业调整其全球业务布局，如调整数据中心的位置、重新规划市场拓展策略等，对数字经济产业的全球分布和竞争态势产生突变性的影响。

二、产业结构理论

产业结构理论的思想可以追溯到17世纪，英国古典政治经济学家威廉·配第通过对当时英国、荷兰等国家的经济状况分析，发现制造业比农业、商业比制造业能获取更多的收入，这种产业之间相对收入的差异会促使劳动力从低收入产业向高收入产业转移，被视为产业结构理论的思想萌芽。20世纪三四十年代，克拉克在此基础上提出了三次产业分类法，并指出随着经济的发展，劳动力会依次从第一产业向第二产业、第三产业转移，这一规律被称为"配第－克拉克定理"，标志着产业结构理论的初步形成。20世纪中叶以来，产业结构理论得到了进一步的发展，库兹涅茨提出了产业结构变动的一般趋势，即随着经济的发展，第一产业实现的国民收入在整个国民收入中的比重不断下降，第二产业和第三产业的比重则不断上升。

当前我国正处于经济结构调整优化、转型升级的关键时期，因此研究数字经济与产业结构之间关系的重要性不言而喻。数字经济从数字产业化和产业数字化两个方向刺激新兴产业发展、推动传统产业转型升级，并不断重塑产业结构的形态。在数字产业化方面，诸如大数据、人工智能、云计算、区块链等新兴数字技术领域不断发展壮大，逐渐形成独立且极具潜力的新兴产业，新兴产业会逐渐超越传统产业成为产业体系中的主导产业，并通过产业关联、技术扩散等效应带动传统产业转型升级，从而使产业结构向更高水平升级。而产业数字化则侧重于传统产业的变革，为产业升级提供新的路径。传统产业结构理论强调产业升级是循序渐进的过程，如从劳动密集型到资本密集型再到技术密集型。然而，产业数字化使产业能够借助数字技术实现跳跃式升级。例如，传统农业通过引入精准农业技术、农产品电商平台等数字产业化成果，直接从传统种植模式升级为智能化、市场化程度较高的现代农业，跳过了大规模工业化改造阶段。这促使产业结构理论重新审视产业升级路径，将数字技术创新作为重要的驱动因素，研究产业如何利用数字技术跨越传统升级阶段。

三、产业组织理论

英国经济学家马歇尔首次把"组织"作为生产的"第四要素"引入经济学，他的研究揭示了规模经济和垄断弊病之间的矛盾，这一矛盾被称为"马歇尔冲突"。此后，围绕这一矛盾的探讨推动了产业组织理论的形成与发展，理论框架下的研究大多是为了解决或缓解马歇尔冲突。20世纪30年代，以哈佛大学为中心形成了产业组织理论的哈佛学派，并提出了SCP研究范式，即"市场结构—市场行为—市场绩效"的分析研究框架，该框架认为市场结构决定企业行为，企业行为决定市场绩效，为了获得理想市场绩效，需要通过政府的产业组织政策来调整和改善不合理的市场结构。20世纪末，让·梯诺尔将博弈论和信息经济学的基本方法和分析框架引入产业组织理论的研究领域[121]，促成了新产业组织理论的兴起，不再是对市场份额和市场结构的分析，而是对企业复杂行为的具体分析，更具说服力[122]。

  数字经济时代，产业组织理论研究也迎来重塑期：首先，产业组织理论强调的是市场行为与互动。在数字经济时代，数据成为新通用资产，为企业提供信息优势，算法对数据进行高效处理与分析，精准把握市场需求，数据和算法的结合成为企业竞争制胜的关键法宝。其次，与工业经济时代竞争性和垄断性构成替代关系不同，数字市场中的竞争格局发生变化，出现"分层式垄断竞争"的市场结构。不同层级的企业凭借独特的资源、技术或商业模式，在各自领域形成垄断势力，但这种垄断并非完全排斥竞争，各层级的垄断企业之间既相互竞争又相互依存，形成共存但不颠覆的垄断竞争格局，这也推动了市场的持续创新与发展。最后，数字化技术使产业价值链变得更加复杂和动态。传统产业价值链是线性的，即按照固定的顺序从原材料供应、生产加工到销售等环节逐步推进，然而数字技术的出现使得数据在各个环节自由流动并充分发挥价值，如通过数据反馈，销售端能实时影响生产端的决策，各个环节间不再是简单的线性排列，而是形成复杂的网络状结构。同时，企业可以实时监测市场需求和竞争态势，迅速调整价值链环节，使得产业价值链更加动态。

  然而需要注意的是，过去几年我国在数字经济领域同样经历了"大数据杀熟""信息茧房""算法歧视"等问题，因此必须建立新的规制框架和标准以适应各种基于数字技术手段的新行为。新规制的重点在于数据、算法和应用程序等数字技术，建立新规制需要融合法律、经济、科技、创新等专业知识，做到及时到位又避免冒进，同时平衡好公众利益与产业利益、竞争结构与创新动力之间的关系[123]。

第二章 数字经济高质量发展的相关理论基础

专栏 2-1

数字经济时代下的产业组织变革

在传统经济模式下,土地、劳动力和资本是核心生产要素,而随着信息通信技术和数字技术的蓬勃发展,数据成为新型生产要素并参与到经济活动中,朝着以数据、算法为驱动的新型生产要素组合演进,产业组织形态出现了前所未有的深刻变革,这种变革不仅重塑了企业边界与价值创造模式,更催生出跨行业、跨地域的协同创新生态系统。

1. 平台经济推动产业组织模式创新

在数字技术革命的浪潮中,平台经济作为数字经济和实体经济深度融合的重要载体,正深刻改变着产业组织的底层逻辑。一方面,互联网平台新主体快速涌现;另一方面,平台经济突破了传统企业边界,成为协调和配置资源的基本经济组织,催生了从"链式竞争"到"生态共生"的产业组织范式跃迁。这种变革不仅重塑了企业价值创造模式,更以数据要素为纽带,构建起跨行业、跨地域的协同创新网络,成为驱动经济高质量发展的新引擎。由此可见,平台经济作为数字时代的创新组织范式,不仅推动传统产业组织的系统性迭代,更通过数据要素重构与生态化协同,引发了经济形态的结构性变革。

此外,平台经济通过数字化技术整合社会资源,构建起供需匹配的高效网络,催生共享经济、零工经济等新经济形态,改变传统雇佣关系和生产组织模式,有利于提高全社会资源配置效率、发展新质生产力。一方面通过物联网与区块链实现闲置资产的使用权共享(如滴滴、Airbnb 等),将固定资产转化为可交易的数字资产;另一方面依托算法平台重构劳动雇佣关系(如美团、亚马逊等),使劳动者从传统雇佣制转向灵活合作模式。这种变革推动生产组织从集中式管控向分布式协同演进,企业通过平台动态调用外部资源(如海尔卡奥斯连接生态企业),实现按需生产与柔性制造,最终形成以数据要素为纽带、多方共创价值的新型经济范式。

2. 价值网络重构产业组织协同模式创新

在数字经济深度渗透的当下,产业竞争的核心已从单一企业的效率比拼转向价值网络的协同效能竞争。价值网络以数据流动为纽带、以数字技术为支撑,打破工业时代线性价值链的固化边界,构建起"多方参与、跨界融合、动态演进"的新型协同体系,这种重构不仅重塑了产业组织的协作机制,更催生了商业模式、竞争规则与治理框架的系统性创新。

一方面,数据要素的跨领域流动引发产业边界模糊化,形成"技术+场景"的复合创新模式,这种融合创新不再局限于技术应用,而是通过产业组织间的战略联盟、股权联结等方式,构建深度协同的价值共同体。另一方面,数字技术赋能用户从"价值被动接受者"转变为"共创参与者"。企业通过用户社区、开放式创新平台汇聚需求反馈,实现产品设计的精准化。这种"产消合一"模式重塑供需关系,使价值创造从企业单边主导转向用户深度参与的协同演化。此外,数字经济在打破地理壁垒的同时,也催生"全球布局+本地响应"的新型组织架构。跨国企业通过全球数据平台整合资源,实现技术研发的全球化分工与市场策略的本地化适配。

3. 典型案例:特斯拉——汽车制造业的数字化颠覆者

特斯拉打破传统汽车制造产业组织模式,从创立之初就将数字化、智能化作为核心发展方向,将数字技术深度融入汽车研发、生产和销售环节,致力于打造具备高度智能科技属性的出行产品,以颠覆人们对汽车的传统认知。

在产品研发阶段,特斯拉利用数字孪生技术模拟汽车性能,优化设计方案,缩短研发周期。例如,在设计 Model S 车型时,利用虚拟仿真精确优化车身线条,使其风阻系数低至 0.24,极大提升了车辆的续航能力,同时减少了大量物理样机制作和实际测试的成本与时间,加速了产品研发周期。同时,特斯拉率先提出"软件定义汽车"的理念,将车辆的软件系统视为核心竞争力之一。在生产制作环节,特斯拉引入自动化生产线和工业

第二章　数字经济高质量发展的相关理论基础

互联网技术，建设高度自动化的智能工厂（Gigafactory），采用大量的工业机器人、自动化生产线以及智能物流系统，实现生产过程的实时监控和精准控制，提升生产效率和产品质量。在产品销售环节，特斯拉采用线上直销与数字化营销模式，通过线上平台和线下体验店直接触到消费者，深入了解客户的使用习惯、车辆运行数据以及反馈意见，从而实现个性化的客户服务，进行产品迭代升级。同时，利用社交媒体、搜索引擎营销、内容营销等数字化营销手段，打造强大的品牌影响力，吸引全球消费者的关注。此外，特斯拉还布局车联网和自动驾驶技术，构建汽车后市场服务生态，从单纯的汽车制造商转变为移动出行服务商，推动汽车行业整体向数字化、智能化方向深度变革，对全球汽车产业格局产生了深远影响。

（案例资料来源：龙易购科技平台）

第五节　本章小结

本章结合政治经济学、微观经济学、宏观经济学和产业经济学中的相关理论展开系统论述，为数字经济高质量发展及其相关研究提供理论依据。

从政治经济学视角看，数字经济高质量发展需回应生产关系与数字生产力的适配性问题。从微观经济学视角看，聚焦平台经济下的市场结构演化与竞争行为，用户隐私保护、多边市场网络效应等对传统供需理论的突破，揭示企业数字化转型中的边际成本趋零、长尾效应等新规律。从宏观经济学视角看，则关注数字经济对全要素生产率、经济增长动能转换的驱动机制。从产业经济学视角看，强调数字技术对产业组织形态的重构，包括产业链数字化协同、产业集群虚拟化集聚以及产业边界模糊化趋势（如"数字+"跨界融合）。四大理论体系的交叉融合，为理解数字经济高质量发展的内在逻辑提供了多维分析工具，同时也为构建数字时代的经济学新范式奠定了基础。

第三章

数字经济高质量发展的一般理论分析框架

党的十九大报告指出,"中国经济已从高速增长迈向高质量发展新阶段"。此论断首次正式确立了经济高质量发展的核心观念,标志着我国经济发展战略从以往的"数量"扩张为主,逐步调整为更加注重"质量"的提升[124]。学界对于数字经济和高质量发展的讨论早已有之且数量繁多。其中,既有关于何为数字经济、何为经济高质量发展的学理性讨论,亦有关于如何推动数字经济发展、经济社会结构转型的经验性思考;既有对典型产业的现状分析,也有对省域数字经济发展成长过程的历时性追踪。然而,对数字经济高质量发展的一般理论分析框架则处于一种薄弱状态,迫切需要我们深入探讨数字经济高质量发展的理论体系,建立数字经济高质量发展的理论框架,以更好地发挥数字经济在经济高质量发展中的关键作用。

第一节 马克思生产力理论及其适用性

一、马克思生产力要素理论及其适用性

首先,劳动者创造使用价值,是生产力中最活跃的要素,通过物质生产奠定社会基础[125]。劳动者运用劳动资料作用于劳动对象,是

物质生产的前提。劳动者构成"生产力决定论"的重要前提，个人生产力构成集体力、社会力。在数字经济时代，劳动者的角色和技能需求发生了显著变化。随着自动化和人工智能技术的发展，部分传统岗位被机器取代，但同时，数字经济也催生了大量新兴职业，如数据分析师、人工智能工程师、数字营销专家等。这要求劳动者具备更高的专业技能和数字化素养，以适应新的工作环境和需求。此外，数字经济强调创新和协作，劳动者需要不断提升自己的学习能力和团队协作能力，以应对快速变化的市场和技术环境。同时，数字经济的全球化特征也要求劳动者具备跨文化交流和合作的能力。

其次，劳动对象是劳动者作用于其上的物质资料，是生产力关键要素，分为自然物质和加工原材料。数字经济推动了劳动资料的智能化和自动化升级。传统的机械性劳动资料逐渐被智能化设备所取代，如智能机器人、自动化生产线等。这些智能化劳动资料不仅提高了生产效率，还降低了人力成本，推动了生产力的快速发展。同时，数字经济也促进了劳动资料的数字化和网络化。通过互联网和物联网技术，劳动资料可以实现远程监控和管理，提高了生产过程的透明度和可控性。此外，数字化劳动资料还可以实现数据的实时采集和分析，为企业的决策提供有力支持。

最后，劳动资料是传递劳动者活动的中介，其水平决定生产力水平。劳动资料是测量劳动力发展和社会关系的指示器[126]。机械性劳动资料是衡量生产力发展水平的尺度，是改造自然的物质力量表现，是划分经济社会形态的标志。在数字经济时代，劳动对象也呈现出数字化和网络化的趋势。随着信息技术的发展，越来越多的产品和服务被数字化，如电子书、数字音乐、云计算服务等。这些数字化劳动对象不仅方便了消费者的使用和获取，也为企业创造了新的商业模式和盈利点。综上可知，数字经济通过劳动对象的智能化与劳动资料的数字化，重构了"劳动者—劳动资料—劳动对象"的协同关系，推动生产力从"物质能量驱动"向"数据智能驱动"演进，这既是对传统生产力理论的时代拓展，也为理解数字经济如何通过生产要素重构赋能高质量发展提供了理论切入点。

二、马克思生产力关系理论及其适用性

马克思视生产力与生产关系为不可分割的整体。生产关系反映社会生产过程中个人经济活动的联系和关系总和，是客观存在的物质社会关系，必须作为生产力发展形式才能与一定阶段物质生产力相适合。若生产关系不适应物质生产力发展，将以革命方式被新生产关系取代。广义生产关系包括生产、分配、消费、交换关系四环节的辩证关系。数字经济时代，在生产环节，数字化、智能化的生产方式使得生产效率大幅提升[127]；在分配环节，数据成为新的分配要素，影响着利益格局；在消费环节，个性化、定制化的消费模式成为主流；在交换环节，电子商务平台、数字货币等新型交换方式不断涌现。生产关系的核心基础——生产资料所有制关系，在数字经济中也发生了深刻变化，如数据作为一种新的生产资料，其所有权、使用权、收益权的归属问题成为新的议题。

三、马克思生产力功能理论及其适用性

马克思生产力功能理论指出，生产力表现为双重的关系，即自然关系和社会关系。生产力表现双重关系，即自然关系和社会关系[128]。现实生活世界和历史是自然关系和社会关系的双重奏。生产的开端同时也是社会关系的起源，分工和私有制最初在家庭领域出现，后发展出更复杂的分工和所有制形式。生产力具有物质技术力量和社会劳动

力量的二重性质,是决定人类社会发展的决定性力量。社会关系是基础性的物质存在,是人类社会发展的前提。在数字经济中,这一理论依然适用。一方面,数字经济通过技术手段改变了人与自然的关系,使人类能够更好地利用自然资源,提高生产效率;另一方面,数字经济也改变了人与人的社会关系,使得社会分工更加细化,协作更加紧密。同时,数字经济还带来了新的社会问题,如数字鸿沟、数据隐私保护等,这些问题需要通过调整生产关系来解决。

综上可知,马克思生产力理论与数字经济发展的本质特征和功能价值高度契合。马克思生产力理论认为,生产力的发展是推动社会进步的根本动力,数字经济作为先进生产力质态的代表,其快速发展正是生产力发展的具体体现。数字经济的创新驱动、技术革新和要素配置创新等特征,都与马克思生产力理论中关于生产力要素发展的观点相契合[129]。与此同时,数字经济不仅推动了生产力的质变,还促进了生产关系的变革。在数字经济时代,数据成为新的生产要素,其配置方式和使用方式都发生了深刻变化。这种变化不仅影响了生产过程中的利益关系,还推动了社会治理体系的创新和完善。马克思生产力理论强调人的全面发展是生产力发展的目标所向[130]。在数字经济时代,劳动者需要不断学习和掌握新技术、新知识,以适应数字化生产的需求。同时,数字经济也为劳动者提供了更多的就业机会和创业机会,为其全面发展提供了更广阔的空间和平台。

数字经济高质量发展的根基在于其内生的体系结构,以及由此构建起的数字经济生态体系,这将对经济发展、民众生活、社会治理及国家治理等经济社会的诸多层面产生深远影响,重塑经济社会发展的基础形态,有力推动中国经济向高质量阶段迈进。通过充分挖掘数据资源、数字技术工具及数字基础设施等数字经济核心要素的协同效应,不仅能加速数字产业的进化升级,促进数字技术向传统产业的深

第三章 数字经济高质量发展的一般理论分析框架

度融合、广泛渗透、全面改造及创新引领,还能构建有利于数字经济迭代升级与创新发展的优良环境,增强数字时代下有效市场与积极作为政府的优势互补,进而加速数字经济社会的转型与升级步伐。纵观当前数字经济的实际发展状况,其架构大致可划分为三个层级,即微观要素层、中观结构层、宏观效应层(见图3-1)。微观要素层是数字经济高质量发展的基础,主要由技术要素、创新要素、市场要素、数据要素等内容构成。其中,技术要素具体包括大数据、云计算、区块链、物联网、人工智能等;创新要素包括高层次创新人才、高校、企业、研发机构等;市场要素包括数据资金、数据交易平台、第三方服务机构等;数据要素包括高质量语料库、算力支撑和核心算法等。中观结构层则包括数字产业集群、共性技术平台等,良好的中观结构能够为集群或者平台内的企业发展提供产业基础和创新资源,满足不同行业的企业在生产、管理、销售等方面的数字化转型需求,促使数字技术不断创新和完善,加速数字经济技术成果的转化和落地。宏观效应层则代表数字经济高质量发展的最终目标价值导向,必须符合高质量发展的需求,让社会各界共享高质量发展的成果。

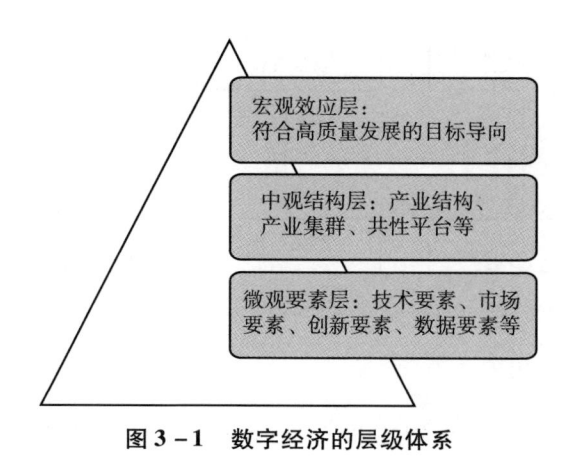

图3-1 数字经济的层级体系

此外，考虑到数字经济高质量发展并非静态单向的实现过程，其分析框架的构建需要将其演化过程呈现，以便于理解数字经济高质量发展生成机理和实现机制（见图3-2）。马克思主义政治经济学对经济发展理论的阐述，一贯强调由"量"转"质"的经济发展趋势具有必然性[131]。人类社会发展的核心驱动力在于生产力与生产关系之间的矛盾运动。经济发展实质上是一个持续解放并提升生产力的进程，在此进程中，新的生产关系或经济体制将不断发挥效用，其最终结果直接体现在经济增长、财富累积及社会的进步上。结合马克思政治经济学的增长观点，对数字经济高质量发展实现过程的分析，应将

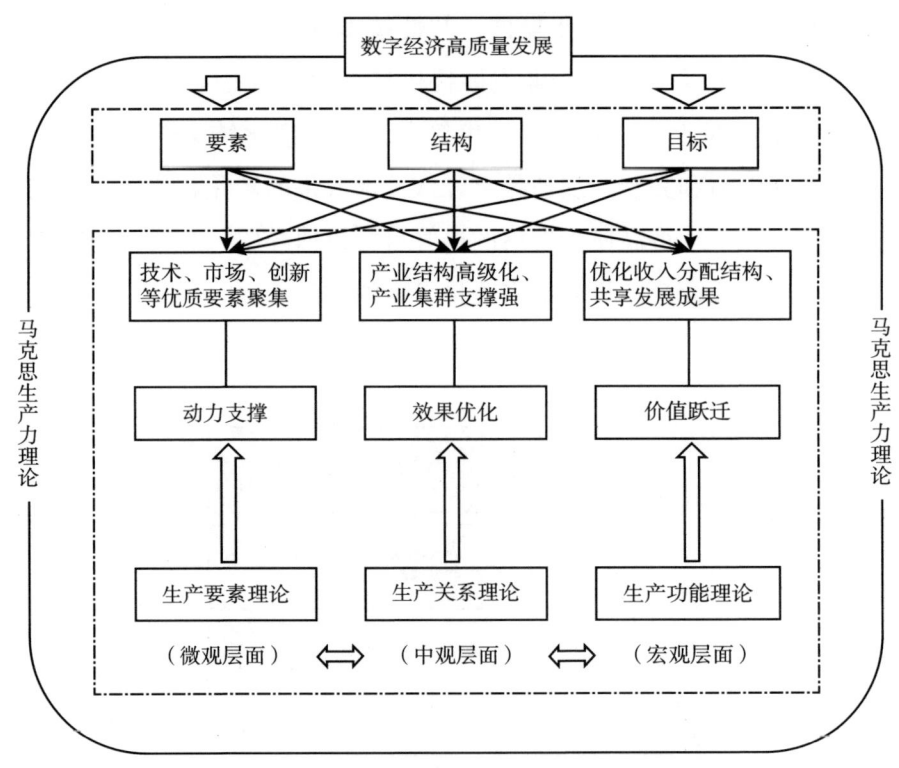

图3-2 数字经济高质量发展的一般理论分析框架

以下三个方面的内容纳入：一是生产要素革新导致的动力变革，二是结构优化带来的产业升级，三是应考虑时期效应的价值目标导向，契合我国社会主义发展不同阶段对高质量发展的需求变化。即数字经济高质量发展是一个反复迭代升级的过程，通过优质要素源源不断提供新动力，发挥产业集群和共性平台的支撑效应不断推进产业结构高级化，为高质量发展的目标导向和价值实现提供坚实支撑，同时在这一框架内，高质量发展的成果亦会为要素聚集和结构优化回馈资源。下面将结合分析框架，从生产要素、生产关系和高质量发展三大层面进行详细阐释。

第二节 生产要素层面

一、核心要素分析

一是数字经济的高质量发展需要劳动者的核心技能聚焦于数字技术的理解、掌握及运用、数据要素的挖掘、处理及解析等[132]。劳动者对数字技术的深刻理解、熟练掌握及高效运用，不仅是适应数字经济时代变革的基石，更是推动产业革新与升级的核心驱动力。从基础的计算机操作、编程语言掌握，到高级的算法设计、人工智能应用，数字技术的广泛渗透要求劳动者必须持续学习，紧跟技术前沿。同时，数据要素作为数字经济的新引擎，其挖掘、处理及解析能力也成为衡量劳动者专业技能的重要标尺。在大数据时代背景下，劳动者需具备从海量、复杂的数据中提炼有价值信息的能力，通过数据分析洞察市场趋势、预测消费者行为，为企业的战略决策提供科学依据。这种基于数据的决策方式，相比传统经验判断，更为精准、高效，有助于企业在激烈的市场竞争中保持领先地位。此外，数字技术在劳动者工作中的重要性还体现在促进创新与创造方面。数字技术为劳动者提供了前所未有的创意空间与实现手段，使得创新不再局限于传统领域，而是渗透到产品设计、服务优化、流程改造等各个环节。劳动者可以借助数字技术，打破传统思维束缚，创造出更具竞争力的产品或服务，推动企业乃至整个行业的转型升级。

二是数字经济的发展伴随着更为广泛的劳动对象的范畴与种类，其高质量发展的实现需要更多实践场景的支撑。回溯历史，农业社会时期，劳动主要聚焦于土地耕作与自然资源的开发利用；工业革命后，劳动范畴扩展至工厂与机械化生产；步入信息时代，劳动进一步渗透至网络空间。随着虚拟现实（VR）与增强现实（AR）技术的蓬勃发展，劳动对象正逐步迈向元宇宙（即数字世界）的广阔舞台。相应地，劳动对象的本质亦从传统物质产品转变为数字产品与服务，诸如手机应用程序、人工智能模型等，其开发、维护以及持续优化已成为劳动实践的核心构成。

三是新型基础设施、新型应用场景、新型作业平台等劳动资料，成为推动数字经济高质量发展的关键要素。例如，新型工具资料包括搭载先进技术的软硬件设施，例如电子设计自动化（EDA）设计软件与光刻机等，通过技术创新显著提升了生产效率与智能化水平。此外，新型作业平台（如智能工厂、数字化办公系统、云计算服务平台等）通过整合前沿信息技术，实现了远程协作、数据分析以及自动化流程的优化，进而大幅提升了劳动效率与创新能力。

二、动力变革机制

一是数字经济发展能够重塑经济系统的要素投入架构。通过引入数据流、信息流等高级生产要素，并大幅提高其在生产过程中的投入比例，数字经济不仅丰富了生产要素的多样性，还显著优化了传统要素如资本、土地、劳动力等的投入效果。这一变革从根本上解除了传统要素稀缺性对生产流程的长期制约，为经济的高效运行和可持续发展奠定了坚实基础[133]。

二是数字经济凭借其独特的渗透性和融合特性，能够显著提升各生产要素之间的协同水平，通过智能匹配和动态调整，改进了要素的组合策略与分配机制。这种改进不仅促进了要素间的互补协同，还推动了资源的集约共享和高效循环利用，形成了一种全新的生产要素配置格局。在这一格局下，各生产要素能够充分发挥其最大效用，共同推动经济的高质量发展。在此过程中，数字要素还催生了新型的价值增值模式。这些模式以数据为核心，通过挖掘和分析数据的潜在价值，实现既有生产要素配置下的产出效率最大化，从而提高了整个经济系统的运行效率和竞争力。

三是数字经济凭借其强大的跨时空连接能力，打破了生产要素在时间与空间上的使用界限。通过这种连接能力实现了生产设备、服务、应用场景与用户之间的无缝衔接与即时互动，加速了人、机器、物体等多主体间要素的充分沟通与高效整合。这一变革不仅有效减轻了突发事件对传统要素利用效率的不利影响，还拓宽了要素组合的应用领域和场景。同时，数字要素还显著提升了要素组合的使用频率和效率，带来了显著的产能倍增效果，为经济的持续繁荣和可持续发展注入了强大动力。

第三节 生产关系层面

一、关键结构分析

一是数字经济的高质量发展需要以产业高级化为标志。产业结构高级化，又称产业结构高度化，是指产业结构从低度水准向高度水准发展，以新技术的发明和应用为基础，意味着产业结构的发展越来越渗入技术因素。随着产业结构向高技术、高附加值产业的演进，经济增长将更加依赖于技术进步和人力资本等高级生产要素，而非简单的资源投入和劳动力数量增加。同时，产业结构高级化有助于增强经济的抗风险能力。随着产业结构的优化升级，经济体系将更加灵活和多元化，能够更好地应对外部冲击和风险[134]。高技术、高附加值产业通常具有较强的创新能力和市场适应能力，能够在市场变化中迅速调整策略，保持竞争优势。

二是数字经济的高质量发展需要以优质产业集群为支撑。优质产业集群内的企业拥有丰富的创新资源和创新能力，能够推动数字技术的研发和应用，通过资源整合和产业协同，促进传统产业向数字化、智能化方向转型，优化产业结构，提高产业附加值。优质产业集群内的企业之间形成紧密的合作关系，共同面对市场竞争，提高整个产业的竞争力。同时，优质产业集群还能够吸引更多的优质企业和人才加入，进一步壮大产业规模，且优质产业集群通常位于经济发达或具有发展潜力的地区，它们的发展能够带动周边地区的经济发展，促进区域经济的协调发展。

二、优化调整机制

一是数字经济是促使企业挣脱"微笑曲线"中部局限的重要手段。在传统产业价值链中，中小企业往往处于低附加值的制造环节，而高附加值的研发和销售环节则被少数大企业所掌控。然而，数字经济打破了这一局限。以智能手机产业为例，一些中小企业通过专注于芯片设计、软件开发等细分领域，成功融入了全球智能手机产业链，并获得了较高的附加值。这些中小企业利用数字技术进行产品创新和优化，提高了产品的性能和品质，从而赢得了市场的认可和消费者的青睐。同时，数字经济还推动了企业与用户之间的直接链接，使企业能够更准确地了解用户需求和市场变化，进而调整产品策略和市场策略。这种双向互动不仅提高了企业的市场响应速度，还增强了企业的竞争力。

二是数字经济依托平台和集群，消解了产业链间的隔阂，构建"网络协同"的产业链生态系统。以汽车制造业为例，该行业通过建设数字化供应链平台，实现了从零部件采购到整车销售的全链条数字化管理。通过引入物联网、大数据等技术，企业能够实时监控零部件库存、生产进度和物流状态，确保供应链的顺畅运行。这种数字化管理不仅提高了生产效率和质量，还降低了运营成本和时间成本。同时，数字化供应链平台还促进了产业链上下游企业之间的协同合作，推动企业共同研发新技术、新产品，推动了整个行业的创新发展。此外，数字经济还推动了跨行业、跨领域的合作与创新，形成了更加开放、包容的产业链生态系统。

第四节 高质量发展层面

一、目标导向分析

高质量发展不仅要求经济保持持续健康发展的态势，确保经济增长的稳定性和可持续性，还要求这一发展成果能够广泛、公平地惠及全体人民，让每一个人都能享受到经济发展带来的红利。为了确保发展成果能够惠及不同地区，数字经济需要加强对偏远地区、农村地区和欠发达地区的支持，通过数字技术的普及和应用，缩小城乡数字鸿沟，促进区域经济的协调发展。同时，数字经济还需要关注不同行业的发展需求，推动传统产业与数字技术的深度融合，促进产业转型升级，提升整体经济的竞争力和创新力。此外，数字经济还必须关注不同群体的利益诉求，特别是弱势群体和边缘群体的需求。通过提供多样化的数字产品和服务，降低数字技术的使用门槛，让更多人能够享受到数字化带来的便利和机遇。同时，还需要加强数字教育和技能培训，提升全民的数字素养和技能水平，为数字经济的持续健康发展提供有力的人才保障。综上，数字经济作为推动高质量发展的重要力量，必须注重普惠共享，确保发展成果能够惠及不同地区、不同行业和不同群体。这不仅是数字经济发展的内在要求，也是实现社会公平与正义、增进人民福祉的必由之路。

二、目标实现机制

一是数字经济能够优化收入分配结构。随着数字经济的蓬勃发展，数据的重要性日益显著。数据虽不直接创造价值，但其与劳动者、劳动资料紧密结合，深度融入价值创造过程，助力劳动创造更多价值，显著提升了生产效率。因此，数据作为生产要素参与分配具有深远意义，数据要素所有者应依据其数据所有权获得相应的价值收益。同时，数字经济催生了众多新产业、新业态和新模式，提供了大量新型就业岗位。这些不断涌现的新职业，以高度的包容性和灵活性丰富了就业市场，成为缓解就业市场波动、推动高质量充分就业的重要途径。具体而言，数字经济中的各方主要通过两种途径参与收入分配：一种是数据作为新兴生产要素，与其他生产要素一同投入生产，

第三章 数字经济高质量发展的一般理论分析框架

各要素根据其在生产过程中的贡献度参与分配,数据要素所有者据此获得相应报酬[135]。党的十九届四中全会首次将数据纳入生产要素范畴,并提出要健全各生产要素由市场评价贡献、按贡献决定报酬的机制,这是我国在分配理论领域的重大突破,也是马克思主义分配理论中国化的创新实践。国家正积极探索数据要素产权问题,不断完善数据产权制度,加快构建数据基础制度体系,以保障数据权利人的合法权益。另一种是数字经济创造了大量新岗位,新就业形态下的劳动者根据其付出的劳动获取报酬。新就业形态的兴起增强了劳动者职业选择的自主性和积极性,为促进充分就业和劳动者全面发展提供了有利条件。为保障新就业形态劳动者的权益,国家根据其劳动特点制定了相关法律法规,并不断探索与之相适应的社会保障模式。在数字经济领域,分配制度既保障了数据要素所有者的利益,激发了各参与方的积极性,又充分认可了新就业形态劳动者劳动所创造的价值,进一步深化了劳动价值论。

二是数字经济普惠性推动了高质量发展成果的共享。数字经济以其广泛的覆盖性、高效的连接性和便捷的服务性,展现了显著的普惠性特征,打破了传统经济模式的地理限制和时间约束,使得信息和资源能够跨越时空进行高效配置。这种普惠性不仅体现在对消费者的服务上,更体现在对中小企业、偏远地区以及弱势群体的赋能上。数字经济通过信息技术手段,缩小了城乡、区域之间的数字鸿沟,使得偏远地区也能够享受到高质量的数字服务。例如,通过远程教育、远程医疗等服务,偏远地区的人们能够获得更好的教育资源和医疗资源,从而提高其生活质量。数字经济为中小企业提供了更多的发展机遇和平台,使其能够利用数字技术降低成本、提高效率、拓展市场。例如,通过电子商务平台,中小企业可以打破地域限制,将产品销售到全国各地甚至全球,从而增加其市场份额和利润。数字经济通过智能技术、大数据分析等手段，为弱势群体提供更加精准、个性化的服务，增强其获得感和幸福感。例如，通过智能助老、智能助残等服务，帮助弱势群体更好地融入社会、享受生活。数字经济的普惠性不仅促进了经济的高质量发展，还推动了社会公平和正义的实现。它使得更多的人能够享受到经济发展的成果，提高了人民的生活水平和幸福感。

未来，随着数字技术的不断发展和普及，数字经济的普惠性将进一步增强，为更多人带来福祉和机遇。

第五节　本章小结

本章基于马克思主义政治经济学，构建了数字经济高质量发展的理论分析框架。研究发现，马克思生产力理论在数字经济时代展现出显著适用性：生产力要素层面，劳动者技能向数字技术转型，劳动对象向数字化产品扩展，劳动资料依托智能化工具升级，数据要素成为核心生产资料；生产关系层面，数字化生产重构了四环节关系，数据所有权问题催生新型所有制形式；生产力功能层面，数字经济通过技术赋能与生产关系调适，推动社会分工深化与生产力跃升。研究进一步提出"要素—结构—效应"三维框架：微观要素层、中观结构层、宏观效应层形成动态循环系统。分析表明，数字经济通过要素革新驱动动力变革、结构优化促进产业升级、目标导向实现成果共享的三重机制，揭示了生产力与生产关系矛盾运动在数字时代的演进逻辑，为理解数字经济高质量发展规律提供了理论支撑，也为构建治理体系奠定了学理基础。

第四章
数字经济的内涵和分类

在新一轮科技革命和产业变革加速演进的时代背景下,数字经济作为一种全新的经济形态,正以前所未有的速度和深度融入全球经济发展的各个领域,成为推动经济增长、促进创新、提升竞争力的关键力量。深入剖析数字经济的内涵,准确把握其分类,明确其赋能作用,有助于我们深化对这一新兴经济形态的认知,明晰其内在运行逻辑与发展规律,对于充分释放数字经济潜能、推动数字经济高质量发展具有不可忽视的重要意义。

第一节 数字经济的内涵与特征

一、数字经济的内涵

"数字经济"的概念起源于20世纪90年代,由唐·泰普斯科特(Don Tapscott)在《数字经济:网络智能时代的前景与风险》(*The Digital Economy: Promise and Peril in the Age of Networked Intelligence*)一书中首次提出[136],用数字经济来较宽泛地形容以互联网为基础的一些新型经济关系。根据文献综述部分对定义的梳理,可以看出数字经济产生的时代和趋势,在20世纪90年代,经济变化主要与互联网的出现有关,因此早期关于数字经济的定义侧重于关注互联网[5]。而在2000年后,一系列新的信息和通信技术(ICTs)逐渐支撑起经济的新变化,数字经济的定义也增加了新技术的影响,从这些新技术中产生了一系列的数字能力[13]。目前,数字经济正在蓬勃发展,并已成为推动各国经济增长的强大力量[137],通过发展数字经济,经济体系逐渐扩大,这是支持国家各个领域发展的必要条件[138]。

对于数字经济的内涵,我们可以从数据要素、信息载体、数字技术、新经济模式四个方面进行理解。

(一) 数据要素是数字经济发展的核心资源

生产要素是指用于生产商品和提供服务的各种资源,是维系社会经济建设和运行所必需的要素。数字经济背景下,生产力内涵不断扩展,生产要素范畴进一步扩大,数据已经成为与土地、劳动力、资本、技术并列的新型生产要素,在经济发展和价值创造过程中发挥着重要作用。它不仅促进了知识创新的过程,还丰富了信息来源,有效用于提升生产管理决策[139],在现代生产要素体系中的地位日益凸显。

作为一种无形的生产要素,数据具有无边际成本、可复制性、可共享和无限性等特点,这使得它具备独特优势,可以在生产过程中广泛应用,且不像传统生产要素由于存在稀缺性而受限,从而极大拓展了生产的可能性边界,为经济活动的多元化和创新化提供了广阔的空间。此外,它还可与传统生产要素相互融合,优化传统生产要素的配置效率,提高劳动生产率,提升资本利用效率,以及拓展土地等资源的利用方式,重塑生产函数,为经济增长提供新动能。

(二) 网络信息系统是数字经济发展的信息载体

网络信息系统是数据要素存储、传输和处理的关键基础设施,在数字经济中占据基础性的地位，它能够确保数字化信息的有序组织和管理，并且通过对不同来源、不同格式、不同用途的信息进行分类、索引和存储，使得信息能够以一种结构化、易检索的方式存在，有助于提高信息的利用效率，为数字经济活动提供稳定、可靠的信息来源。

网络信息系统是促进数字化信息传输、共享与协同的关键媒介，不仅打破了时间、空间限制，也打破了部门之间、企业之间、企业与政府之间以及企业与消费者之间的信息壁垒，实现信息的自由流通和共享，为数据交互提供基础。同时，网络信息系统也是数据流通与整合的关键通道。企业在日常经营过程中会产生大量的数据，这些数据通过网络被收集并传输到数字平台进行整合和分析。例如，大数据公司通过网络收集来自不同电商平台的用户购买数据，对其进行整合和挖掘，为企业提供市场趋势分析、消费者画像等有价值的服务。

（三）技术创新是数字经济发展的动力源泉

每一场工业革命都起源于大规模的创新活动，当今世界正经历以人工智能、大数据、物联网、云计算等数字技术为核心的第四次工业革命[140]，数字技术不仅成为当前产业发展的重点，更是新质生产力的重要构成，成为经济发展和社会变革的核心动力。技术创新不仅包括新技术的出现，也包括对现有技术要素的重新整合，因此第四次工业革命不仅是数字技术本身的变革，也是数字技术与传统技术融合并全方位渗透到经济社会发展各领域的过程[141]，深刻推动着生产、生活方式和治理方式的变革。

人工智能、大数据、物联网等新兴技术出现并持续突破，促进生产力提升，通过优化生产流程、提高资源配置效率和创新商业模式，成为经济社会快速发展的驱动力。同时数字技术又是经济转型的核心力量，它有助于经济结构的调整，引导资源向新兴数字产业聚集，催生新的经济增长点。这种转型能够增强经济的韧性和可持续性，使经济体系更好地适应全球竞争和科技进步的大环境，推动经济从粗放式增长向高质量发展转变。

（四）数实融合是数字经济发展的主引擎

数实融合产生的新经济模式是数字经济在实体经济各领域的具象化展现，以数据作为主要生产要素，以数字创新突破为核心驱动力，以数字技术的深度渗透为显著特征，不断催生出新的商业模式创新，通过数据要素的高效利用来创造价值，进而推动整个经济体系向更高层次的创新型经济转变。

数实融合产生的新经济模式体现了数字经济的系统性变革。从产业结构角度看，这些新模式推动了传统产业的数字化转型，促使产业结构向高端化、智能化、绿色化方向发展。传统产业在数字技术的改造下，逐渐从劳动密集型或资本密集型向技术密集型和知识密集型转变，提高了产业的附加值和竞争力。从经济运行机制角度看，新经济模式改变了市场主体之间的交易方式、竞争方式和合作方式。数字平台的出现使交易更加便捷、透明，使市场竞争更加激烈和多元化，使企业之间的合作从传统的线性供应链合作向网状的产业生态合作转变，这种系统性的变革是数字经济对实体经济全方位渗透和改造的结果，也是数字经济作为一种新经济形态的重要表现形式。

二、数字经济的特征

（一）数字经济与传统经济的本质区别在于自身"数字化、虚拟化、网络化"的特征

数字化：数字经济的核心基础是数字化，以数字化的知识和信息

作为关键生产要素[142]。数字经济通过新一代信息技术的发展,将现实生活中的图像、声音、文字转化为数字信号,从而降低信息获取成本,保证信息储存安全,提升信息传递效率。根据前文梳理的数字经济概念发展历程,从早期的互联网化到信息化再到数字化,数字经济的数字化更多的是业务数据化和数据业务化。随着智能传感器、移动互联网、物联网等技术的发展,人与人、人与物、物与物的互联互通得以实现,数据的产生速度、产生规模出现了爆发式增长[143]。数据日益成为重要的战略资产,同时数据与其他生产要素的结合为经济增长提供新的动能[144]。数据驱动型创新正在向科技研发、经济社会等各个领域扩展,成为国家创新发展的关键形式和重要方向。

虚拟化:虚拟化的数据是驱动数字经济发展的关键要素[145]。如同农业经济时代的土地和劳动力、工业经济时代的资本一样,数据是数字经济时代的生产要素,而且是最为关键的生产要素[146]。它们不像传统的实物商品那样具有直观的物理形态,而是一种虚拟性的生产要素,不能单独创造价值,需要依附实体经济存在[147]。数字经济的虚拟化特征带来信息快速传递的重要优势,且能够催生出众多创新商业模式,如共享经济等,它突破了时间和空间的限制,降低企业经营成本,大幅提升生产效率,加速知识积累,推动经济发展。

网络化:数字经济的重要支撑就是网络化[142]。数字经济通过数字技术将生产要素转化为数字信息,网络化则将这些数字信息进行统筹配置,加速各类生产要素的紧密融合,提升资源配置的合理性。作为全球数字经济发展的重要载体,互联网使数字化后的信息和知识得以更广泛的传播[144]。且根据"梅特卡夫定律"(Metcalfe's Law),随着联网的用户和设备增加,网络效应凸显,数字经济价值呈指数型增长。

（二）数字经济具有"高效性、高融合性"的特征

融合式发展是数字经济的一个重要特征[64]。在工业经济时代，分工模式主要是产业间分工，这种模式决定了农业、工业以及服务业之间的界限分明，彼此相互渗透较少[148]。然而，在数字经济时代，迅速发展的信息技术、网络技术，具有极高的渗透性，使得信息服务业迅速向一二产业扩张，出现了三大产业相互融合的趋势[149]。数字信息产品以互联网为载体，利用数字技术与传统产业融合，推动线上平台与线下流程的精准契合，也是数字经济发挥生产要素禀赋能力最为显著的特性[150]。根据《全球数字经济白皮书（2024）》显示，2023年中国、美国、日本、韩国、德国5个国家的产业数字化占数字经济比重已高达86.8%[3]。产业数字化深入推进，带动传统产业产出增长、效率提升，成为国民经济发展的重要支撑力量。此外，随着数字经济技术的发展和突破，传统劳动力将被更加精细的专业化分工替代，提升劳动力素质和相关生产技术，进而提高生产效率，具备高效的特征。

（三）数字经济带来供需边界"模糊性"特征

传统经济活动严格划分了供给侧和需求侧，一个经济行为的供给方和需求方界限非常清晰。但是，随着数字经济的发展，供给方和需求方的界限日益模糊，逐渐成为融合的"产消者"。在数字经济背景下，数字技术赋能产消者更高的自主性，能在更宽广的市场范围内开展生产服务活动[151]。比如乐高公司最新推出的在线3D创作平台，允许用户在线创作并共享给别人，乐高公司可根据其中优秀的创意生产出相关的产品并将其售出。

(四) 数字经济发展具有"新型化"特征

在工业时代以后，经济活动建立在公路、铁路和机场为主的物理基础设施之上，但是在数字技术出现后，互联网和云计算成为必需的基础设施。新型数字基础设施的普及应用是数字经济发展的基础和前提[146]。当前，数字技术与信息网络高度集成，与铁路、公路、机场等国家重大基础设施深度融合，与水、电、气等生活设施广泛交互，涵盖了传感终端、5G网络、大数据中心、工业互联网等，也包括利用物联网、边缘计算、人工智能等新一代信息技术，对交通、能源、生态、工业等传统基础设施进行数字化、网络化、智能化改造升级。在完备的信息网络系统的基础上，数据资源经过存储、传输和分析，循环往复、互联互通，形成庞大的"数据资源价值链"，由此实现了数字经济的蓬勃发展。

(五) 数字经济具有"低耗能、低排放"的环保特征

数据要素作为数字经济的核心驱动力，具有自然资源消耗低、污染排放低的环保特征。在参与经济活动时，数据要素打破了传统的高耗能、高污染的经济增长方式，有效地体现了绿色发展的理念，这也符合在效率测量中使用更少的成本来创造更多产出的概念。

第二节 数字经济的界定

基于数字经济的概念界定与理解，部分国家、国际组织以及研究机构开始对数字经济的分类展开讨论，旨在为数字经济的规模测算奠定基础[152]。本节将进一步研究数字经济的产业范围，通过比较分析

OECD 和美国经济分析局（BEA）对于数字经济的统计分类以及参考《国民经济行业分类（2017）》，结合我国的数字经济发展情况对数字经济的分类提出几点建议，然后在此基础上对数字经济进行产业范围的界定。

一、数字经济统计分类的国际比较

（一）OECD 的数字经济统计分类

随着数字化进程的加速，传统的统计分类难以准确衡量数字经济的规模和范围，因此，世界经合组织（OECD）致力于建立一套科学合理的数字经济统计分类体系，以应对数字技术快速发展对经济社会产生的广泛影响。

2016 年 OECD 成立了"数字经济咨询小组"（advisory group on measuring GDP in a digital economy，AG），旨在提高宏观经济背景下数字经济的测度进程。2017 年，AG 小组首次提出"数字经济卫星账户"（digital economy satellite account，DESA）的研究构想，并引入"数字化产品"和"数字服务"的概念[153]。2018 年 9 月，在第 16 届政府统计大会上，阿曼达和里巴尔斯基（Ahmad & Ribarsky）[118]按其核心经济活动将企业划分为 6 个不同的类别。（1）数字驱动产业：类似于国际标准产业分类（international standard industrial classification）中定义的 ICT 产业，即通过电子手段实现信息处理和通信的功能，包括 ICT 制造业、ICT 服务业和 ICT 贸易业。（2）数字中介平台：可通过中介的服务性质进一步加以区分。（3）电子商务。（4）数字内容：包括基于网络的搜索引擎及社交平台（如 YouTube、Facebook 等）、提供基础内容的数字业务（如 Netflix 等）。（5）依赖中介平台的数字产业：依赖数字中介平台生产的产业，分为法人单位和非法人单位。（6）其他数字产业：为了保证数字产业的完整性，其他数字产业中包含前五大类别中未涉及的所有其他数字产业。

（二）BEA的数字经济统计分类

BEA于2018年3月首次发布美国数字经济核算结果，并分别于2019年4月、2020年8月、2021年6月发布数字经济的修订估计，在此过程中，BEA的数字经济统计分类也进行了相应的更新与修订。BEA在制定ICT行业统计分类时，参考了OECD的数字经济衡量方法，将数字经济分为三大类（见表4-1）：（1）计算机网络存在和运行所需的数字化基础设施；（2）使用该系统进行的数字交易（即"电子商务"）；（3）数字经济用户创建和访问的内容（即"数字媒体"）。

表4-1　　　　　　　　　BEA数字经济产业分类

大类	小类	注释
数字化基础设施	计算机硬件	构成计算机系统的物理元件，包括但不限于显示屏、硬盘、半导体、无线通信设备和视听设备产品
	计算机软件	个人电脑和商用服务器等设备使用的程序和其他操作信息。包括商业软件和公司内部开发使用的软件
	通信设备与服务	通过电缆、电报、电话、广播或卫星进行远距离数字信息传输所需的设备和服务
	建筑物	数字经济生产者提供数字经济产品和服务的建筑物的建设
	物联网	支持互联网的设备，如通过嵌入式硬件可以连接到网络并互相交流的电器、机器等
	支持服务	数据基础设施的支持服务，包括数据咨询服务以及计算机维修服务

续表

大类	小类	注释
电子商务	B2B 电子商务	利用互联网或其他电子手段进行的企业与企业之间的交易
	B2C 电子商务	利用互联网或其他电子手段进行的企业与消费者之间的交易
	P2P 电子商务	"共享"经济,又称为平台电子商务,基于数字应用程序进行的消费者之间的商品和服务的交易
数字媒体	直接销售数字媒体	企业将数字产品直接出售给消费者
	免费数字媒体	企业向消费者提供的免费数字媒体服务,如油管(YouTube)和脸书(Facebook),通常这些企业会通过广告获利
	大数据	一些企业把生产大数据集作为他们的业务之一,利用数字媒体收集消费者偏好与行为,进而依托出售这些信息而获利

资料来源:根据美国经济分析局官方网站(https://www.bea.gov/)整理。

(三)中国的相关统计分类

为准确核算数字经济发展的规模、结构、速度等,国家统计局发布《数字经济及其核心产业统计分类(2021)》,从产业数字化和数字产业化两个方面来确定数字经济的基本范围,并将数字经济产业范围确定为数字产品制造业、数字产品服务业、数字技术应用业、数字要素驱动业、数字化效率提升业5个大类。其中,前4大类对应《国民经济行业分类》(GB/T 4754–2017)中的26个大类、68个中类、126个小类,属于数字产业化部分,旨在为产业数字化发展提供数字技术、产品、服务、基础设施和解决方案,是数字经济核心产业,也是数字经济发展的基础。第5大类对应《国民经济行业分类》(GB/T 4754–2017)中的91个大类、431个中类、1256个小类,是数字经济与实体经济的融合,属于产业数字化部分,旨在应用数字技术和数据资源驱动传统产业的产出增加和效率提升。

此外,中国地方统计机构也逐步开始对数字经济产业的统计分类进行研究,如浙江省统计局制定的《浙江省数字经济核心产业统计分类目录》,从现有产业分类中直接提取出数字化程度较高的行业,对于测算数字经济规模具有较强的可操作性。

二、数字经济的分类建议

结合现有文献中所列举对于数字经济的产业范围的界定,根据可实用性原则,本书对数字经济的分类提出以下几点建议。

(1) 数字经济行业分类标准的制定应与国际接轨,以确保结果的国际可比性。

随着数字经济在全球范围内蓬勃兴起,世界各国普遍认为数字经济是未来经济的发展方向。G20峰会关于数字经济的概念得到与会各国的认同,为世界经济创新注入了新的动力。目前世界各国纷纷对数字经济的测度展开研究,但是与国际上一些开展数字经济核算较为成熟的国家及国际组织相比,中国数字经济的实践核算还处于积极探索阶段。为了在全球数字经济竞争与合作中准确衡量各国的发展水平、比较优势以及产业规模,中国要及时跟踪国际前沿进展,保证核算体系的科学性、可行性,确保核算结果的国际可比性。

(2) 数字经济行业的分类需从本国国情出发,确保分类标准切实可行。

不同国家在经济结构、发展阶段、技术手段以及社会环境等方面均存在较大差异,对数字经济发展的影响也各不相同,因此数字经济行业分类标准的制定需与本国实际情况相结合,这是确保分类标准科学合理且切实可行的关键所在。中国虽处于发展中国家阶段,但在数字经济领域已步入世界前列，在此形势下，对数字经济进行科学、严谨的界定有助于清晰呈现中国数字经济的创新性发展路径与显著优势，推动中国数字经济模式在国际舞台上得到广泛认同，进而为全球数字经济发展贡献中国智慧与中国方案。

（3）加强跨部门合作与行业参与，拓展数据资料来源。

随着新产业、新业态、新模式的不断涌现，数字经济正在逐步扩宽产品的边界，为保证能及时有效地建立最新的数字经济发展核算体系，数字经济统计分类体系也需不断更新。因此，要建立由统计部门、经济管理部门（如国家发改委、工信部等）、科技部门等多部门组成的联合工作小组，明确各部门在分类标准制定过程中的职责，避免职责不清导致的工作重复或推诿。同时，广泛征求行业意见，开展行业调查，根据反馈意见对分类标准进行优化。

三、数字经济的分类方案

结合国内外组织机构对数字经济相关产业的分类标准，本书从数字化赋能、数字化交易和数字化内容三方面给出数字经济界定产业范围的方案。

（一）数字化赋能

在 OECD 及 BEA 的数字经济分类方案中，"数字化赋能"均为关键构成内容，它体现了数字技术推动各行业升级与转型的过程，在此基础上，本书新增数字技术的开发维护、数字赋能设备维修及贸易三方面。具体分类及与《国民经济行业分类（2017）》对应情况如表 4-2、表 4-3 所示。

第四章 数字经济的内涵和分类

表 4-2　　　　　　　　　　数字化赋能的分类列举

BEA	OECD	本方案
计算机硬件	ICT 设备	计算机、通信和其他电子设备制造业
软件	计算机软件	信息传输、软件和信息技术服务业
通信设备和服务	数据库	互联网的接入、安全、数据和其他服务
支持服务	云服务	数字技术的开发维护
建筑设施*	数据资产	数字赋能设备维修
物联网*		数字赋能设备贸易

注：*代表该行业部分包含数字经济。

表 4-3　　　　　数字化赋能与《国民经济行业分类（2017）》对应

一级分类	二级分类	三级分类	相应的国民经济行业分类
数字化赋能	计算机、通信和其他电子设备制造业	计算机制造	计算机整机制造（3911）
			计算机零部件制造（3912）
			计算机外围设备制造（3913）
			工业控制计算机及系统制造（3914）
			信息安全设备制造（3915）
			其他计算机制造（3919）
		通信及雷达设备制造	通信系统设备制造（3921）
			通信终端设备制造（3922）
			雷达及配套设备制造（3940）
		数字媒体设备制造	广播电视节目制作及发射设备制造（3931）
			广播电视接收设备制造（3932）
			广播电视专用配件制造（3933）
			专业音响设备制造（3934）
			应用电视设备及其他广播电视设备制造（3939）
			电视机制造（3951）

91

续表

一级分类	二级分类	三级分类	相应的国民经济行业分类
数字化赋能	计算机、通信和其他电子设备制造业	数字媒体设备制造	音响设备制造（3952）
			影视录放设备制造（3953）
		电子元器件及设备制造	半导体器件专用设备制造（3562）
			电子元器件与机电组件设备制造（3563）
			电力电子元器件制造（3824）
			光伏设备及元器件制造（3825）
			电气信号设备装置制造（3891）
			电子真空器件制造（3971）
			半导体分立器件制造（3972）
			集成电路制造（3973）
			显示器件制造（3974）
			半导体照明器件制造（3975）
			光电子器件制造（3976）
			电阻电容电感元件制造（3981）
			电子电路制造（3982）
			敏感元件及传感器制造（3983）
			电声器件及零件制造（3984）
			电子专用材料制造（3985）
			其他电子器件制造（3979）
			其他电子元件制造（3989）
			其他电子设备制造（3990）
	信息传输、软件和信息技术服务业	电信、广播电视和卫星传输服务	有线广播电视传输服务（6321）
			无线广播电视传输服务（6322）
			固定电信服务（6311）
			固定电信服务（6312）
			其他电信服务（6319）
			广播电视卫星传输服务（6331）
			其他卫星传输服务（6339）

第四章　数字经济的内涵和分类

续表

一级分类	二级分类	三级分类	相应的国民经济行业分类
数字化赋能	信息传输、软件和信息技术服务业	软件开发	基础软件开发（6511）
			支撑软件开发（6512）
			应用软件开发（6513）
			其他软件开发（6519）
		信息技术服务	集成电路设计（6520）
			信息系统集成服务（6531）
			物联网技术服务（6532）
			运行维护服务（6540）
			信息处理和存储支持服务（6550）
			信息技术咨询服务（6560）
		其他信息技术服务业	呼叫中心（6591）
			其他未列明信息技术服务业（6599）
	互联网的接入、安全、数据和其他服务	互联网相关服务	互联网接入及相关服务（6410）
		互联网安全服务	互联网安全服务（6440）
		互联网数据服务	互联网数据服务（6450）
		其他互联网相关服务	其他互联网相关服务（6490）
	数字技术的开发维护	数字技术研究	信息科学与系统科学研究（7310）*
			计算机、网络与通信技术服务（7320）*
			其他数字技术研究（新增）
		数字技术维护	数字技术维护（7520＋7530＋7540＋7590）*
	数字赋能设备维修	计算机和办公设备维修	计算机和辅助设备维修（8121）
			通信设备修理（8122）
			其他数字化办公设备维修（8129）*
		家用数字产品维修	家用数字产品维修（8131）
	数字赋能设备贸易	数字赋能设备零售	计算机、软件及辅助设备零售（5273）
			通信设备零售（5274）
			音像制品、电子和数字出版物零售（5244）
			其他数字赋能设备零售（5279）*

续表

一级分类	二级分类	三级分类	相应的国民经济行业分类
数字化赋能	数字赋能设备贸易	数字赋能设备租赁	计算机及通信设备经营租赁（7114）
			数字娱乐设备租赁（7121）*
			文化用品出租（7123）*
			其他数字赋能设备租赁（新增）
		数字赋能设备批发	计算机、软件及辅助设备批发（5176）
			通信设备批发（5177）
			广播影视设备批发（5178）
			其他数字赋能设备批发（5179）

注：*代表该行业部分包含数字经济。

（二）数字化交易

本书定义的数字化交易大类，与美国经济分析局（BEA）界定的电子商务口径较为接近。BEA定义电子商务为使用计算机系统进行的数据交易，包括B2B电子商务、B2C电子商务和P2P电子商务3个大类。商务部将电子商务定义为通过互联网等信息网络销售商品或者提供服务的经营活动。这一定义明确了电子商务的核心是基于互联网的商业经营行为。在《国民经济行业分类（2017）》中，电子商务被归类于互联网批发（6191）和互联网零售（6292），这体现了电子商务作为一种新型的商品流通方式，与传统批发和零售行业紧密相连，但又借助互联网技术实现了创新发展（见表4-4）。

表4-4 数字化交易与《国民经济行业分类（2017）》对应

一级分类	二级分类	三级分类	相应的国民经济行业分类
数字化交易	互联网平台	互联网生产服务平台	互联网生产服务平台（6431）
		互联网生活服务平台	互联网生活服务平台（6432）

第四章 数字经济的内涵和分类

续表

一级分类	二级分类	三级分类	相应的国民经济行业分类
数字化交易	互联网平台	互联网科技创新平台	互联网科技创新平台（6433）
		互联网公共服务平台	互联网公共服务平台（6434）
		其他互联网平台	其他互联网平台（6439）
	基于平台的数字化交易	互联网批发和零售	互联网批发（5193）
			互联网零售（5292）
			互联网拍卖（5182/5183）*
			互联网贸易代理（5181）*
			其他互联网批发和零售（新增）
		互联网住宿和餐饮	互联网住宿（61）*
			互联网餐饮配送（6241）*
			互联网外卖送餐服务（6242）*
		互联网金融	非金融机构网上支付服务（6930）*
			互联网募集投资基金（6739）*
			互联网证券经纪交易服务（6712）*
			互联网期货市场服务（674）*
			互联网银行结算（662）*
			互联网基金销售（6790）*
			互联网信用卡交易处理与结算服务（6999）*
			互联网金融信息服务及其他互联网金融业（6940）*
		互联网交通运输和邮政	互联网旅客票务处理（5822）*
			互联网约车（544）*
			互联网邮政（60）*
		互联网房地产业	互联网房地产中介服务（7030）*
			互联网房地产租赁经营（7040）*
		互联网商务服务业	互联网商务咨询（724）*
			互联网票务代理服务（7298）*

95

续表

一级分类	二级分类	三级分类	相应的国民经济行业分类
数字化交易	基于平台的数字化交易	互联网教育	互联网学前教育（8310）*
			互联网初等教育（8321+8322）*
			互联网中等教育（8331+8332+8333+8334+8335+8336）*
			互联网高等教育（8341+8342）*
			互联网特殊教育（8350）*
			互联网技能培训和教育辅助（8391+8392+8393+8394）*
			其他互联网教育（8399）*
		互联网医疗	互联网医院（841）*
			互联网卫生服务（843）*
			其他互联网卫生活动（843）*

注：*代表该行业部分包含数字经济。

（三）数字化内容

本书定义的数字化内容大类，与OECD定义的数字内容与媒体产业以及BEA定义的数字媒体口径较为接近。OECD（2011）指出，数字内容对应于大众传播媒体和相关媒体活动中发布的面向人类的有组织的信息，这类产品对消费者的价值不在于它的有形质量，而在于它的信息、教育、文化或娱乐内容[154]。BEA则将数字媒体定义为人们在数字设备上创建、访问、存储或查看的内容。在此基础上，为了区别数字化赋能中信息传输的相关内容，特用数字化内容来表示，具体见表4-5。

表4-5 数字化内容与《国民经济行业分类（2017）》对应

一级分类	二级分类	三级分类	相应的国民经济行业分类
数字化内容	广播、电视、影视、录音数字内容服务	广播	广播（8710）
		电视	电视（8720）
		影视节目制作	影视节目制作（8730）
		广播电视集成播控	广播电视集成播控（8740）
		电影和广播电视节目发行	电影和广播电视节目发行（8750）
		电影放映	电影放映（8760）
	动漫、游戏数字内容服务	动漫、游戏数字内容服务	动漫、游戏数字内容服务（6572）
		互联网游戏服务	互联网游戏服务（6422）
	音乐内容相关服务	音像制品出版	音像制品出版（8624）
		录音制作	录音制作（8770）
	其他数字内容服务	互联网广告	互联网广告服务（7251）
		三维（3D）打印技术推广服务	三维（3D）打印技术推广服务（7517）
		地理遥感信息服务	地理遥感信息服务（6571）
		遥感测绘服务	遥感测绘服务（7441）
		其他数字内容服务	其他数字内容服务（6579）
	在线内容相关服务	数字出版	数字出版（8626）
		电子出版物出版	电子出版物出版（8625）
		互联网搜索服务	互联网搜索服务（6421）
		互联网数据服务	互联网数据服务（6450）
		互联网其他信息服务	互联网其他信息服务（6429）*

注：*代表该行业部分包含数字经济。

第三节 数字经济的赋能作用

在当前全面贯彻新发展理念的政策背景下，大数据、人工智能、物联网等新兴数字技术快速渗入经济社会各个层面，为经济社会活动带来了颠覆性变革，数字赋能新经济、新业态、新模式已成为高质量发展的重要引擎，受到了社会各界的广泛关注。因此，研究数字经济的赋能机制，测度数字经济的赋能作用成为研究数字经济必不可少的环节。

数字经济赋能是一项重要的发展战略，也是数字经济时代背景下对赋能理论的丰富与拓展，学术界越来越认识到其对经济和治理的影响[155]。数字经济赋能的核心在于收集信息、处理数据，并利用数字技术进行决策，利用数字系统独特的信息搜索和数据处理能力来增强竞争力[156]。因此，数字经济赋能的本质是"数字技术"和"数字经济模式"赋能，为传统产业、企业、社会活动等各个领域赋予新动能，推动其转型升级、创新发展以及效率提升的过程。

尽管许多学者从不同维度定义数字经济赋能，但仍未形成一个统一的定论。一部分学者认为在数字经济赋能中，大数据成为关键的驱动力。数字经济赋能通过大数据、人工智能和物联网等先进的数字技术增强个人、组织和社会的经济、社会和环境能力[157,158]，其核心在于将数字技术融入社会各个层面，并利用信息技术促进社会系统更具创新性和高效地运行[159]。数字技术的应用不仅提高了企业的生产力，而且为技术创新提供了更广泛的应用场景。数字经济赋能作为技术创新的赋能者，为行业提供了更广阔的创新空间。在数字经济赋能的指导下，企业可以更容易地应用创新技术来升级其产品和服务，从而推动整个行业走向绿色和低碳化。数字经济赋能引入的技术工具，如广泛的数据分析和人工智能算法，为企业提供更全面、更准确的数据支持，有助于优化生产流程，提高资源利用效率，从而推动行业的技术创新。数字经济赋能使企业更倾向于集中协同技术创新。通过提高技术创新的集中度，数字经济赋能支持行业内的技术合作和共享。企业

第四章 数字经济的内涵和分类

可以共同研发新技术，分享创新，并在数字经济赋能方面形成共同的技术标准和体系[160]。

还有学者认为，数字经济赋能不仅是技术的传播和应用，也是推动社会变革的力量，旨在通过推动创新、提高效率和改善服务，为社会创造更可持续的发展，并在经济、社会和环境层面实现更大的社会价值[161]。数字经济赋能是推动工业创新和促进可持续发展的主要催化剂[162]，为企业和社会创造更高的价值[163]，是推动经济发展和可持续发展的强大驱动力[164]。在数字经济赋能的指引下，企业之间建立更紧密的合作关系，通过共享研发成果、协同解决技术难题，提升全行业的技术水平。

此外，基于大数据、人工智能、移动互联网等新技术驱动的平台经济成为数字经济发展的重要方向，平台企业作为强大的数据资源和分析服务中心，为企业提供技术支持（即共享数据），实现企业间的快速匹配[165]。数字系统对消费和运营数据的动态处理有助于它们自身的精确标记和智能管理[166]，使企业掌握消费者偏好并利用数据更准确地预测市场需求[167,168]。同时，数字经济赋能能够提高企业治理效率[169]，降低成本[170]，并且监控管理行为，调节决策过程中的主观性，以提高决策的效率和准确性[171]。

专栏4-1

赋能与重构：轻工业数字化转型

党的十八大以来，以习近平同志为核心的党中央高度重视数字经济与实体经济融合发展。2024年5月，国务院常务会议审议通过《制造业数字化转型行动方案》，指出制造业数字化转型是推进新型工业化、建设现代化产业体系的重要举措，要根据制造业多样化个性化需求，分行业分领域挖掘典型场景。

轻工业是我国国民经济的传统优势产业和重要民生产业，既涉及家电、家具等离散型制造企业，又包含造纸、日用化学品等流程型制造企业，行业属性、生产方式、数字化改造基础差异较大，因此其数字化转型既是产业升级的必答题，也是民生福祉的加速器。为进一步落实全国新型工业化推进大会部署和《制造业数字化转型行动方案》，深化实施数字化助力消费品工业"三品"行动，工信部、教育部、市场监管总局联合印发《轻工业数字化转型实施方案》，加快推动数字技术全面赋能轻工业发展，为推进新型工业化和现代化产业体系建设提供坚实物质技术基础。

方案提出两步走发展目标：到2027年，重点轻工企业数字化研发设计工具普及率达到90%左右，关键工序数控化率达到75%左右，打造100个左右典型场景，培育60家左右标杆企业，制修订50项左右国家和行业标准，形成一批数字化转型成果。到2030年，规模以上企业普遍实施数字化改造，形成"智改数转网联"数字生态，高端化、智能化、绿色化水平显著提升。

1. 中国轻工业数字化转型"领跑者"案例1：海信集团

海信集团成立于1969年，业务涵盖多媒体、家电、IT智能信息系统和现代服务业等多个领域，其中以彩电为核心的B2C产业始终处在全球行业前列。目前，海信在青岛、顺德、捷克、南非、墨西哥等地拥有29个国内外工业园区和生产基地，在青岛、深圳、美国、德国等地设有20所研发机构，家电板块与科技板块相得益彰，正在实现由"传统家电公司"向"高科技公司"的转型。海信的数字化转型紧紧围绕着联接人、机、料、法、环，打通端到端流程，技术协同上下游合作伙伴，利用数据和先进数字化实现信息流、物流和资金流的集成一体化、智能化，支撑运营效率快速提升。

海信早在2014年便开始建设数据仓库，到2018年基本完成平台能力的升级和整合，目前已具备批量实时采集、处理数据的能力，并应用AI算法能力，支撑各类数据的应用场景。此外，在数据应用阶段，海信围绕用户场景开发"数据订阅"机制，搭建"数据超市"，每张报表都像超市产品一样标注好，并附上指标分析维度、适合场景等信息，用户只需要一键订阅，就可实现"数据找人"。经过多年的建设，海信在数据的治理、分析、应用等方面逐渐走向成熟，数据平台也愈加完善，在各个领域均实现数据驱动管理，使企业数据发挥应有价值。

2. 中国轻工业数字化转型"领跑者"案例2：云南白药集团

云南白药集团创建于1902年，是享誉中外的中华老字号品牌，如今正在全面探索互联网、大数据等新一代信息技术在企业的深度应用，以数字化转型助推百年医药品牌的新征程。

云南白药集团的数字化探索大体分为三步：第一步，生产经营信息化。从2000年开始，云南白药逐步上线企业资源计划系统（ERP）、生产自控系统（DCS）、生产管理系统（MES）、仓储管理系统（WMS）等信息系统并切实地推广应用，解决生产、运营过程中的信息孤岛问题，实现生产、质量、能源、设备、仓储等业务的无缝连接和协同运行，成为公司基础运营的有效保障。第二步，智能制造。借助物联网、大数据、云计算等先进技术，对大量数据进行分析、建模，实现供应链协同，缩短产品生产周期，以应对市场竞争环境的复杂性和多变性。第三步，数字化智能服务。以满足消费者、客户、合作伙伴个性化需求为目标，依托新技术介入多样化的应用场景，收集、分析应用场景数据，指导产品生产、研发、升级、销售、服务，实现从"大规模生产"到"个性化定制"。

从数字化种植、数字化生产到数字化物流、数字化终端，涵盖选种、种植、生产、检测、仓储、配送、交易、服务等环节，为消费者、客户、合作伙伴提供不断更新的个性化产品和智能服务，为企业创造出更多的商业拓展空间，以数字化带动企业持续发展。

（案例资料来源：中国轻工业信息网）

专栏 4-2

数字经济赋能服务业：激发新型消费潜力

2025 年政府工作报告将"大力提振消费、提高投资效益，全方位扩大国内需求"列为重点任务之首，并且提出"创新和丰富消费场景，加快数字、绿色、智能等新型消费发展"。作为新型消费的重要组成部分和核心驱动力，数字消费蓬勃发展，成为扩内需、稳增长、促转型的重要动力，为我国经济增长持续注入新动能。在政策推动、模式创新等多重因素推动下，我国数字消费市场活力纷呈，平台企业助力消费提质升级。根据工信部发布数据显示，2024 年我国数字消费规模突破 6 万亿元；实物商品网上零售额比上年增长 6.5%，比社会消费品零售总额增速高 3 个百分点，占社会消费品零售总额比重达 26.8%。

数字经济打破了服务消费的时空边界，构建"线上线下融合、虚实场景联动"的新型消费生态，2022 年 1 月，《国务院关于印发"十四五"数字经济发展规划的通知》中就提到，支持实体消费场所建设数字化消费新场景，提升场景消费体验。2023 年，商务部、国家发改委、工信部等 12 个部门联合印发《关于加快生活服务数字化赋能的指导意见》，提出构建"数字+生活服务"生态体系，促进线上线下消费协同发展，通过数字经济赋能推动生活性服务业高质量发展。这不仅能够满足消费者个性化需求，同时也有助于新技术推广应用、新业态衍生发展、新模式融合创新。例如，无人便利店、AR 沉浸式体验等线下场景以及 VR 试衣间、直播间卖货等线上场景，增强了用户体验，满足个性化、场景化的定制需求。

数字经济的蓬勃发展，也改变了服务业传统的经营管理方式，催生出一批新兴服务业态。例如，线上医疗可以提供远程会诊等服务，缓解了医疗资源分布不均的问题；在线教育提供个性化成长方案，有助于实现因材施教的教育理念；远程办公、异地办理等简化了流程、优化了体验，提高了办事效率。进一步打造多元的数字化应用场景,营造开放、健康、安全的数字生态,才能在深度融合中充分激发服务业企业创新创造潜能,提升服务业发展能级和竞争力。

数字平台激发服务业发展动能

数字经济显著推动服务业发展和新动能变革,推动服务业创新发展和内部结构优化。网上商店等数字平台已成为居民满足消费需求的最重要渠道之一,有效激发了生产性和生活性服务业的发展动能。数字平台通过大数据、人工智能等技术深度赋能服务业态,突破传统服务的时空限制。例如,智能算法实现供需精准匹配,使网约车、在线医疗等高频服务覆盖数亿用户,大幅度提升服务响应速度。此外,平台经济打破了服务供给的规模瓶颈,既激活大众市场又挖掘长尾需求。如网络购物、线上教育等标准化服务依托平台实现亿级用户触达,而研学游、有声剧等低频服务通过精准算法匹配,快速形成规模经济。根据《数字中国发展报告》,截至2023年底,网约车、网上外卖、互联网医疗用户规模分别达5.3亿人、5.4亿人、4.1亿人,持续助力扩大内需。

未来一个时期,应着眼消费在国民经济循环中的总体定位,把握数字消费时代特征与基本规律,积极推进重大制度改革,加快落实重大任务举措,部署谋划重大项目工程,着力打通新型消费与新质生产力的转化路径,将数字消费培育成为数字经济的重要增长点。

第四节 本章小结

数字经济的内涵与分类体现其多维度、动态演进的特性,而其赋能作用则贯穿经济、社会、治理各领域。本章首先从数据要素、信息载体、数字技术、新经济模式四个方面深入剖析数字经济的内涵并总结其特征；其次基于数字经济的内涵界定与理解，对数字经济的分类展开讨论，通过对比 OECD 的技术生态系统框架、美国 BEA 的市场化分类与中国"四化"政策导向型体系，揭示不同经济体对数字经济边界界定的差异化逻辑；最后梳理总结数字经济的赋能机制，为后续数字经济赋能作用的测度奠定理论基础。

第五章
数字经济高质量发展的内涵和特征

随着我国社会主要矛盾的深刻转化,经济社会发展已迈入以新发展理念为导航的高质量发展新时代。数字经济,凭借其内在的独特属性,与新发展理念的核心要求不谋而合,成为践行这一理念的先锋力量。目前学界对数字经济高质量发展内涵特征的深入剖析,正是基于这一时代基点,紧紧围绕新发展理念,构建起相应的理论体系。然而,数字经济高质量发展的内涵特征还应是一个具有国际视野和全球影响力的概念。在国际舞台上,数字经济高质量需要经过实力的较量与检验,展现出我国数字经济发展水平强大的国际竞争力、影响力、吸引力和辐射力,不仅是我国国家实力日益崛起的象征,更是对全球数字经济格局塑造与重构的重要贡献。为及时回应以新质生产力发展视角审视数字经济高质量发展的战略需求,提供系统性理论研究框架,解决因数字经济高质量发展内涵特征理解问题导致的实践难题,本章采用概念结构分析法对数字经济高质量发展的内涵特征展开详细阐释。

第一节 内涵特征的分析方法及框架

通过中国知网(CNKI)检索包含"数字经济高质量发展"的期刊文献,把来源范围限定在CSSCI期刊,时间范围限定2020年至

2024年，共检索到766篇文献，利用Cite Space对上述文献的关键词进行分析，重点关注上述文献的"关键词共现图"（见图5-1）。其中关键词共现图展示数字经济高质量发展研究的变化趋势。结合Cite Space的分析结果和文献资料发现，近年来国内关于数字经济高质量发展研究有以下特征：一是近年来，国内学者主要围绕数字经济对制造业、农业、服务业等传统产业转型升级的影响，以及数字经济在生态经济、区域经济发展中的作用等方面展开研究。二是实践层面的热点聚焦于探讨数字经济如何具体作用于企业的生产、管理、销售等环节，如何通过数字化手段提升产业效率和质量。然而，在理论方面，数字经济高质量发展目前尚未形成体系化的理论，缺乏系统性和整体性的研究框架。虽然较多学者和机构在该领域进行了一定的研究和探索，但缺乏系统性的指导原则和理论体系，亟须弥补相应的理论缺位问题。

图5-1 数字经济高质量发展关键词共现

加里·戈茨提出了概念结构分析法,认为概念涵盖理论与经验双重分析,准确的概念会勾勒对象行为关键特征[172]。他倡导融合因果论、本体论和实在论的概念观,其中本体论探讨现象根本要素,因果论确认本体属性在因果机制中的核心作用,实在论涵盖现象的经验考察。戈茨的方法与之前研究不同之处在于纳入对概念的经验维度分析,强调只有将三者紧密结合,才能全面深入剖析概念内涵,从本质延伸至经验层面。戈茨的概念结构分析法对解析数字经济高质量发展有借鉴意义。该方法从本质层、影响层、指标层三个维度剖析概念内涵。本质层探讨概念的本质属性和特征;影响层是理论与经验分析的桥梁,展现概念的机理作用;指标层进行经验分析,通过具体指标和数据量化概念内涵。社会科学概念与自然科学概念不同,需兼顾其时空特性。戈茨指出,基本层次与第二层次强调跨情境的共同特性,指标层次则需考量跨民族和时空的差异性,对概念进行具体化界定和分析。实施指标层次分析需深入剖析概念所依存的国内外环境和历史生成。

第二节 数字经济高质量发展的层次结构及内涵特征

一、本质层：数字经济高质量发展的内涵界定

数字经济高质量发展的本质层是概念分析的"基本层次",旨在通过分析其概念内涵揭示其区别于其他概念的属性。在学术研究和实践运用中,存在着数字经济高质量发展与数字技术高质量发展、数字

产业高质量发展的概念混淆情况，为在本质上对数字经济高质量发展进行界定，对此展开辨析。

2024年中央政府工作报告提出，制定支持数字经济高质量发展政策。本书提出数字经济高质量发展的定义。数字经济高质量发展是指一个国家或区域在规模增长的基础上，以新发展理念为引领，数字产业通过创新发展、协调发展、绿色发展、开放发展、共享发展，促进区域产业的深度融合，赋能实体经济的新发展。数字技术高质量发展则侧重于数字技术的创新、升级和广泛应用。这包括大数据、云计算、物联网、区块链、人工智能等前沿技术的研发、推广和应用。数字技术的高质量发展不仅要求技术本身的先进性和创新性，还要求技术能够与实际产业需求紧密结合，提升产业的生产效率、降低成本、增强竞争力。数字技术作为数字经济的核心驱动力，其高质量发展是推动数字经济高质量发展的基础和关键。数字产业高质量发展则是指数字产业本身的发展质量和效益的提升。数字产业包括数字产品制造、数字服务提供、数字基础设施建设等多个领域。数字产业的高质量发展要求产业结构的优化升级、产业链条的完善延伸、产业创新能力的持续增强。同时，数字产业的高质量发展还需要注重产业的绿色发展、可持续发展和社会责任的履行。

三者之间的侧重点、覆盖范围均不同但存在逻辑联系。首先，数字经济高质量发展侧重于数字技术与实体经济的深度融合，推动经济社会的整体发展；数字技术高质量发展侧重于数字技术的创新和应用；数字产业高质量发展则侧重于数字产业本身的发展质量和效益。其次，覆盖范围方面，数字经济高质量发展涉及整个经济社会的发展，是一个综合性的概念，反映数字化的经济；数字技术高质量发展主要关注数字技术的研发、推广和应用；数字产业高质量发展则聚焦于数字产业本身的发展。最后，逻辑联系层面，数字技术的高质量发展是数字经济高质量发展的基础和关键，能够推动数字产业的高质量发展；数字产业的高质量发展又能够为数字技术的研发和应用提供广阔的市场和需求，进一步推动数字技术的创新和发展；而数字经济的高质量发展则能够带动整个经济社会的转型升级，为数字技术和数字产业的高质量发展创造良好的环境和条件，三者都致力于推动经济社会的高质量发展，实现创新、协调、绿色、开放、共享的新发展理念。

二、影响层：数字经济高质量发展的机理作用

结合新质生产力的发展需求以及创新、协调、绿色、开放、共享的新发展理念，数字经济高质量发展的机理作用可以详细阐述为以下五方面[173]。

机理一：数字产业成为新质生产力的核心构成要素。数字经济蕴含着无穷的创造力，驱动着传统经济体系不断迭代升级。数字产业化进程的加速，为原有生产力体系的优化与革新提供了强大助力。在这个过程中，新理论、新思维、新技术、新管理模式如雨后春笋般涌现，为国民经济注入了持续不断的活力。数字产业本身作为战略性新兴产业的重要组成部分，其发展对于提升国家整体竞争力具有重要意义。同时，产业数字化作为数字经济与传统经济的桥梁，促进了两者的融合共生，引领了产业的优化升级，有力加速了传统产业的数字化进程，为新质生产力的形成提供了有力支撑。

机理二：创新驱动在数字经济中占据举足轻重的位置。创新是数字经济发展的不竭动力，它能够促进数字经济中的创新要素、主体、环节有效对接，催生出新兴业态、模式、产品，推动发展方式的转变和产业结构的优化，进而提升经济体系的整体效率。创新还能够拓宽数据要素的获取渠道，加速要素的流动与重组，不断形成新的要素配

置，孕育出新的发展模式。值得注意的是，创新不仅关乎数字产业自身的进步，更意味着数字技术能够赋能传统产业创新发展，从而推动经济体系系统性变革与升级。在数字经济发展中，创新思维始终贯穿其中，而人才则是创新的关键所在。

机理三：数字经济展现出显著的引领带动作用。每个新时代的开启，往往由一两个产业率先引领，成为先导产业。在新经济时代初期，这些先导产业较其他产业更早地进行变革，创新性更强，发展速度更快，对其他产业的影响也更为深远，从而带动整个经济社会创新与转型。回顾历史，两次工业革命中，交通运输和电力率先变革，其影响波及整个经济社会，使世界焕然一新。如今，数字经济已经成为时代的先导产业。从2012年至2023年，我国数字经济规模从11.2万亿元跃升至53.9万亿元，占GDP比重由20.9%提升至42.8%。数字经济对经济社会发展的引领作用日益突出，已经成为稳增长、促转型的关键动力。

机理四：数字经济促进产业之间的深度融合发展。在互联网与物联网的广泛渗透下，三大产业普遍采用了数字化管理，部分产业甚至实现了数字化运营，这催生了产业间的融合现象。传统产业在融合的同时，也与新兴产业新旧交融，其根源在于信息资源不再局限于行业内，数据打破了行业界限，改变了产业的运作模式。产业融合带来的产出已经成为推动经济发展的主导力量。数据资源的多样性与可持续性为新兴产业提供了坚实的支撑。数据资源可以共享、复制、重复利用，并且能够显著提高产出，为经济发展注入了强劲动力。数据资源与其他生产要素的结合，催生了多种新兴产业。特别是数据资源与传统生产要素的融合，提升了高端生产要素的比重，推动了产品结构的重塑，为产业高质量发展奠定了坚实基础。

机理五：数字经济助力实体经济实现高质量发展。工业领域的数字化转型是各产业数字化转型的核心环节。在工业制造领域，数字化转型提升了制造业的精准度。产品制造精度是衡量科技含量的重要指标，也是历次工业革命的外在表现。如今，从芯片制造到航空航天器材，对精度的要求已经精确到纳米级甚至更高，远超传统数控机床的加工能力。数字化工业机器人成为时代的新宠，提升了原有工艺水平。此外，数字化转型还体现在产品模块化上，通过模块化设计降低生产成本，这一切都基于产品的数字化模型构建及模块精度的确保得以实现。数字经济的助力，让实体经济在高质量发展的道路上迈出了坚实的步伐。

三、指标层：数字经济高质量发展的评价指标

根据戈茨的理论，指标层的设计和运用是为了将抽象的概念转化为具体、可衡量的指标，使得这些概念能够在实际操作中得到应用和实践。同时，指标层还能够揭示和展现同一概念在不同文化环境和时空背景下所表现出的差异性和多样性，从而为我们更深入地理解和分析概念提供有力的工具。本书从产业基础维度、创新发展维度、协调发展维度、开放发展维度、共享发展维度和绿色发展维度构建数字经济高质量发展评价指标。

产业基础是数字经济发展的重要支撑。产业基础反映数字产业发展规模状况。

创新发展是数字经济高质量发展的内生动力。创新发展反映数字技术创新能力和未来的发展潜力。

协调发展是数字经济高质量发展的重要手段。数字经济要实现高质量发展，需破解传统经济发展中产业结构不合理的难题，让数字经济的发展成果普惠各地区、各行业，进而更好地推动城乡数字经济协

同发展。

开放发展是数字经济高质量发展的必由之路。开放有助于大数据、人工智能、互联网等迭代频繁的数字技术的跨区交流合作、实现共赢发展，反映大数据、人工智能、互联网等迭代频繁的数字技术的跨区交流合作、实现共赢发展。

共享发展是数字经济高质量发展的重要内容。数字基础设施的建设与完善广泛程度与发展的成熟度直接决定了数字经济发展的水平与效率。通过数字经济在个人和企业中的融合应用和产业收益状况反映数字经济发展的水平与效率，强调全民共享数字经济发展成果。

绿色发展是数字经济高质量发展的根本要求。数字经济的发展通过降低能源消耗、二氧化碳排放来体现绿色发展。

第三节　本章小结

本章围绕数字经济高质量发展的内涵与特征展开系统性研究，立足新发展理念与时代需求，构建国际视野下的理论框架。通过文献计量分析揭示国内研究热点与理论缺位，引入戈茨概念结构分析法，从本质层、影响层、指标层三层递进阐释。本质层辨析数字经济与相关技术、产业高质量发展的逻辑关联；影响层提出数字产业核心地位、创新驱动、引领带动、融合发展和赋能实体五大作用；指标层设计涵盖产业基础、创新、协调、开放、共享及绿色发展的量化体系。研究不仅回应理论缺位，更强调通过提升国际竞争力重塑全球数字经济格局，为高质量发展提供战略支撑与实践指导。

第六章

数字经济高质量发展的规律初探

习近平总书记在纪念毛泽东同志诞辰130周年座谈会上指出："我们要坚持把马克思主义基本原理同中国具体实际相结合、同中华优秀传统文化相结合，深入探索中国式现代化建设规律。"[174]这一重要论述为我们推动各项事业发展提供了根本遵循和行动指南。2023年，我国数字经济占GDP比重达42.8%[55]，成为国民经济的重要支撑和重要动力，数字经济作为中国式现代化建设的关键力量之一，其高质量发展规律的探索无疑是深化中国式现代化建设规律的重要组成部分，本章围绕这一议题进行探讨。

前文已就数字经济及数字经济高质量发展的概念内涵和核心要义进行了研究，并形成了一般性分析框架。然而，数字经济高质量是一项相对稳定而复杂的系统工程[175]，且不同发展阶段、不同层级维度具有不同的侧重点，单从理论框架层面进行探索，难以呈现其阶段特征和未来趋势。故而，本章将结合前文数字经济高质量发展的理论框架，结合"微观要素—中观结构—宏观效应"的研究思路，采用"过程逻辑—实践维度"的分析方法，探究数字经济高质量发展的规律，阐释其发展历程及未来导向。

第一节　微观要素层规律

微观要素层，作为数字经济高质量发展的坚固基石，更是驱动其向更高层次迈进的强大引擎。微观层级由四大核心要素构建而成，即技术要素、创新要素、市场要素与数据要素。技术要素，在微观要素层中发挥着"智慧核心"的角色。涵盖了人工智能、云计算、区块链等前沿科技领域的先进技术，通过技术要素的聚集和迭代更新，不断突破传统界限，为各行各业带来颠覆性的变革，使数字经济的脉搏更加强劲有力。创新要素，则是微观要素层中的"活力之源"，促使新的商业模式、新产品、新业态不断涌现，创新要素为数字经济注入了源源不断的动力，使其保持持续蓬勃的发展态势。市场要素，是微观要素层的"核心载体"，是推动数字经济持续健康发展、促进资源有效配置和激发市场活力的关键环节，数字经济打破了传统市场的地域限制，使得市场规模得以扩大。市场要素通过促进商品和服务的流通，进一步扩大了市场规模，为经济增长提供了新动力。数据要素，则是微观要素层中的"资源宝库"。在数字经济时代，数据已成为最为宝贵的资源之一，犹如工业时代的石油，成为驱动数字经济发展的核心动力。通过深入挖掘、分析和利用数据资源，企业能够洞察市场趋势，优化决策流程，提升运营效率，从而在激烈的市场竞争中脱颖而出，占据有利地位。技术要素、创新要素、市场要素和数据要素这四大核心要素相互交织、相互支撑，共同构筑了数字经济高质量发展的微观层。

从微观要素层回溯数字经济发展，经历了以下三个阶段。

（1）萌芽与起步阶段（20世纪40年代至90年代初）：以美国

研制出第一台通用计算机埃尼阿克为标志,电子计算机的出现为数字经济的萌芽奠定了基础。这一阶段,计算机体积不断缩小、价格下降、计算速度提高,为后续的信息化发展提供了可能。互联网作为数字经济的先驱技术,其发展奠基于20世纪70年代的微处理技术和80年代的个人电脑革命。90年代末,得益于服务提供商的数字化转型基础设施建设和芯片技术的持续进步,互联网大规模商用进程加速,推动了以互联网应用为特征的网络化发展,开启了数字经济篇章。

(2)商业化应用与快速发展阶段(20世纪90年代至21世纪10年代):1993年,万维网免费开放后迅速普及,互联网用户数量激增,网络基础设施不断完善,计算机技术与通信技术进一步融合,催生了大数据、云计算等新一代信息技术,为数字经济的发展提供了新的动力。

(3)成熟与深度融合阶段(21世纪10年代至今):新一代信息技术得到广泛应用,数字产业生态逐渐形成,产业链上下游企业协同发展。数字经济与实体经济深度融合:数字政府、数字社会建设取得显著成效,数字化成为推动社会进步的重要力量。同时,数字经济与实体经济深度融合,催生了新产业、新业态、新模式。在这一阶段,技术创新加速,市场进一步成熟,5G、物联网、区块链等前沿技术不断创新和应用,为数字经济的发展提供了新的机遇[176]。

综合三个阶段的特征,微观要素层主要呈现以下规律。

一是数据要素规模指数级增长、流通增速快:随着信息技术的普及和物联网、云计算等技术的发展,数据的产生和收集变得前所未有的容易。各行各业都在不断积累数据,数据规模呈现爆炸式增长。例如,中国数据要素市场规模近年来快速增长。2023年我国数据要素市场规模达1273亿元,预计到2028年这一数字将涨至9000亿元[177]。

数据规模的扩张，不仅为数据要素行业提供了丰富的资源基础，也对数据存储、处理和分析能力提出了更高要求。在金融、医疗、零售等领域，数据要素已经成为企业竞争的核心资源。高质量、高价值的数据流通需求更加强烈。随着数据要素市场的建立和完善，数据的流通速度也在加快。数据要素在产业链内外的流通成为必不可少的一环，促进了数据要素价值的进一步释放。隐私计算、加密计算等技术的出现，为数据要素的安全流通提供了有力保障，推动了数据要素市场的健康发展。

二是专利密集、创新驱动特征明晰，发展势头强劲。近年来，随着数字经济领域科技创新的不断加速和知识产权保护的日益加强，根据国家知识产权局公布的数据，截至2022年底，中国数字经济核心产业的发明专利有效量已经达到了160万件，2016年至2022年期间，其授权量的年均增速高达18.1%[178]。这一增速是同期中国发明专利授权总量年均增速的1.5倍，充分说明了数字经济核心产业在创新方面的活力和潜力。根据国家统计局发布的数据，2023年全国专利密集型产业增加值高达16.8713万亿元，这一数字在GDP中的占比达到了13.04%[179]。这一比例不仅体现了专利密集、创新驱动在中国经济中的重要地位，也彰显了其对经济增长的贡献度。可以说，专利密集、创新驱动已经成为推动中国经济高质量发展的重要力量。在专利密集、创新驱动中，信息通信技术服务业以及信息通信技术制造业等领域表现尤为突出。这些领域不仅是科技创新的前沿阵地，也是数字经济发展的核心产业。未来，随着科技创新的不断深入和知识产权保护的进一步加强，专利密集、创新驱动有望继续保持持续增长的态势，为中国数字经济的持续健康发展提供有力支撑。

第六章　数字经济高质量发展的规律初探

第二节　中观结构层规律

中观结构层作为数字经济发展的核心支撑，涵盖了数字产业集群、共性技术平台等。良好的中观结构层能够为企业提供坚实的产业基础，汇聚丰富的创新资源，助力企业在激烈的市场竞争中稳步前行。更重要的是，优质的中观结构层能够灵活应对不同行业企业在生产、管理、销售等多方面的数字化转型需求，为企业的全面升级和转型发展提供有力支撑，让企业在数字时代的浪潮中乘风破浪，稳健前行。

数字经济的中观层级，与传统工业经济相比具有鲜明差异性。一方面，中观层的集群和平台在人的行为模式、定价机制、匹配效能以及盈利途径上引发了颠覆性的变革；另一方面，数字经济的中观层级构筑了一个数字空间与实体世界深度融合的体系，促使平台、企业、用户、政府及诸多相关主体共同构成了虚实共生的有机整体。以电子商务平台为例，其通过整合生产流程、商贸活动、支付体系、仓储管控、物流调配、快递输送以及广告推广等多个相关联行业，不仅催生了诸如社交电商、直播销售、社区团购、即时零售等新型商业形态，还极大地转变了消费者的购物方式和习惯。譬如，工业互联网平台，在航空、石化、钢铁、家电、纺织、机械等众多产业领域，全面整合了从产品设计研发到生产制造加工，再到设备运维管理、运营服务保障、物流运输配送及售后支持服务等全链条的数据信息资源，呈现出跨界融合运营、价值协同共创以及产业与应用深度交融等层次分明的显著特性。

数字产业集群和数字平台通常历经萌芽、成长至成熟三阶段，不同阶段特征如下：萌芽阶段，企业少、产业链不完善、知名度低；成长阶段，企业数量激增、产业链渐趋完善、创新氛围浓厚；成熟阶段，企业数量稳定、产业链高度完善、创新水平高强、市场竞争力强，且注重可持续发展和社会责任。例如，首尔—仁川电子信息产业集群由美日半导体厂商投资建设组装基地而开始起步[180]，20 世纪 80 年代，以美国、日本等为核心的发达国家开始陆续向韩国大规模转移半导体产业，20 世纪 90 年代后，韩国政府推出了扶持半导体产业的十年规划，并形成了"政府+大财团"的发展模式。在领军企业的带领下，韩国半导体产业实现了快速反超，并成为全球半导体产业的重要力量，以三星、海力士、LG 等为代表的龙头企业，不断加大研发投入，推动了韩国电子信息产业的技术创新和发展，该集群围绕半导体等核心业务，开展适度多元化业务，加大在消费电子和通信领域的布局，推动电子信息产业集群覆盖领域更加多元，产业生态较为完善。我国成都软件产业集群亦呈现类似的发展特征，该集群以本土软件企业为核心，通过不断的技术创新和市场拓展，形成了涵盖软件开发、测试、运维等多个环节的完整产业链，积极吸引国内外知名软件企业入驻，推动了集群的快速发展。成都软件产业集群的产业规模从 2003 年的不足 70 亿元增至 2021 年的 5700 多亿元，实现了跨越式发展[181]。

综合三个阶段的特征，中观结构层主要呈现以下规律。

一是产业集群、共性平台等日益成为推动数实融合发展的关键载体。一方面，产业集群通过集聚效应，吸引了大量相关企业和机构入驻，形成了完整的产业链和供应链体系。这种集聚不仅降低了企业的运营成本，提高了生产效率，还促进了企业间的协同创新和技术交流。另一方面，产业集群内的企业往往具有相似的技术基础和市场需求，这为数实融合提供了广阔的应用场景和试验田。企业可以在集群内共同探索数字技术的应用，推动传统产业转型升级，催生新产业新业态新模式。共性平台则是指为产业集群内的企业提供共性技术、服务、资源等支持的平台。在数实融合的过程中，共性平台发挥着桥梁和纽带的作用。共性平台通过整合优质资源，提供共性技术研发、测试验证、成果转化等服务，降低了企业数字化转型的门槛和风险。企业可以借助共性平台的力量，快速获取所需的技术和资源，加速数字化转型进程。同时，共性平台还可以促进产业集群内的企业间的信息共享和协同合作，形成合力推动数实融合。通过共性平台，企业可以更加便捷地获取市场信息、技术动态和政策支持，提高决策的科学性和准确性。产业集群为共性平台提供了广阔的应用场景，共性平台则通过整合资源、提供共性服务，加速了产业集群内企业的数字化转型进程。例如，工业互联网平台作为共性平台的一种，正日益成为推动制造业数字化转型的重要力量。它通过整合物联网、大数据、云计算等新一代信息技术，为制造业企业提供了设备互联、数据互通、系统互操作等共性服务，加速了制造业与数字经济的深度融合。

二是先导产业辐射带动区域产业结构逐步高级化。首先，先导产业通常具备高度的技术含量和创新能力，通过不断研发新技术、新产品，推动整个行业的技术进步[182]。技术创新不仅提升了先导产业自身的竞争力，还通过技术溢出效应，带动相关产业链上下游企业的技术升级和产业升级。其次，先导产业的发展会催生一系列与之相关的新产业、新业态和新模式，从而延伸和拓展产业链。产业链的延伸不仅增加了区域经济的附加值，还提高了产业结构的复杂性和多样性。以人工智能产业为例，其发展不仅带动了硬件制造、软件开发等上游产业的发展，还催生了智能家居、智慧城市等下游应用领域的兴起。再次，先导产业的高增长潜力和广阔市场前景，能够吸引大量的投资和优秀人才。这些投资和人才的聚集，为区域经济的发展注入了新的活力。投资不仅促进了先导产业自身的扩张，还带动了相关产业链上下游企业的投资和发展。而优秀人才的聚集，则提高了区域经济的创新能力，推动了产业结构的优化和升级。最后，先导产业通过技术创新和产业链延伸，能够推动传统产业的改造升级。例如，在制造业中，工业互联网、智能制造等技术的应用，使得生产过程更加智能化、高效化，提高了传统制造业的竞争力和附加值，有助于推动区域产业结构向更高层次演进。

三是都市圈将逐步推进城市数字经济超级一体化与平台化，统筹推进数字基础设施建设，推进数字产业集群跨区域、跨平台协同。数字经济的蓬勃发展，离不开数字基础设施的坚实支撑。为进一步有效发挥数字基础设施对经济发展的承载作用，需加速5G网络与千兆光纤网络的协同部署进程，深化IPv6的广泛部署及实际应用，全面助推移动物联网的拓展升级，并着力推动北斗系统的规模化运用。同时，应对算力基础设施布局进行系统性优化，促进东西部地区算力资源的高效互补与协同作业，引导通用数据中心、超级计算中心、智能运算中心以及边缘数据中心等按需有序发展，形成合理梯度。产业园区将加速推进数字基础设施建设步伐，借助数字技术赋能，提升园区的综合管理效能与服务品质。京津冀协同发展区、长三角一体化区域、粤港澳大湾区以及成渝双城经济圈等重点战略区域，将持续统筹规划数字基础设施的推进工作，积极探索构建跨地域、跨平台的产业集群协同新机制，促进创新要素的整合与共享流通，打造一个创新协同、优势互补、供需联动的区域数字化体系，优化数字经济发展的中观结构，增强产业链与供应链的协同配套效能。

第三节　宏观效应层规律

根据康德拉季耶夫长波周期理论，并结合技术经济范式的转换特征来分析，截至2020年，以数据为核心驱动要素的新一轮科技革命及产业变革，已迈入第六次技术革命浪潮中的技术经济范式导入期的爆发阶段。欧美等西方发达国家正积极筹划新的产业发展路径，将战略重点聚焦于数字产业、能源科技、电子技术以及基础设施等领域，旨在推动全球产业链、供应链和价值链的全面改造与重组。"十四五"时期，我国制造业转型升级的关键，在于从以往的规模扩张模式转向强化数字化与智能化技术的创新及应用，以此作为经济动能转换的核心驱动力。

新科技革命浪潮下，数字经济已跃升为全球经济增长的核心引擎，其影响力与日俱增。依据《全球数字经济发展研究报告（2024年）》等权威报告发布的内容，数字经济的体量不断壮大，对经济发展的推动作用日益显著，已成为推动全球经济结构转型和升级的关键力量。数据显示，2022年主要国家的数字经济规模实现了7.6%的同比增长，这一增速远超同期GDP增速5.4个百分点，充分彰显了数字经济的强劲动力和巨大潜力[183]。数字经济的快速增长，不仅体现在规模的扩大上，更体现在其对传统产业的深度融合和改造升级上。通过数字化技术的应用，传统产业实现了生产效率的提升、成本控制的优化以及市场拓展的拓宽，为全球经济注入了新的活力。此外，数字经济的快速发展也带来了全球经济格局的深刻变革。一方面，数字经济促进了全球贸易和投资的自由化和便利化，推动了全球经济的一体化进程；另一方面，数字经济也加剧了全球经济的不平衡和分化，使得拥有数字技术和数据资源的国家和地区在全球经济中占据更加优势的地位。因此，各国纷纷加强数字经济的战略规划和政策引导，中国也出台了一系列政策文件，如《"十四五"数字经济发展规划》《数字中国建设整体布局规划》等，明确了数字经济发展的总体思路、主要目标和重点任务，宏观效应层主要呈现出以下规律特征。

一是持续提升数字治理水平，构建实体经济和数字经济深度融合机制，以打造数字与实体经济深度融合的良性生态系统。党的二十届三中全会提出，健全促进实体经济和数字经济深度融合制度，加快构建促进数字经济发展体制机制，完善促进数字产业化和产业数字化政策体系。提升数字治理与监管的效能，是确保数字技术与实体经济能够深度融合、协同发展的关键所在，对于推动数字经济从规模扩张向高质量发展阶段迈进具有至关重要的决定性意义。为了实现这一目标，宏观层面的数字经济发展需立足于全面、多元、立体的数字治理框架，这一框架不仅要涵盖数字技术的各个方面，还要能够适应数字经济快速发展的新态势。在此过程中，需要不断革新治理思维与策略，优化数据安全管理体系，完善相关法律法规及立法体系，确保在鼓励创新与实施常态化监管之间找到一个既能够激发市场活力，又能够保障市场秩序的动态平衡点。

同时，还应秉持以高级治理促进高质量发展的原则，强化政府、市场主体、行业协会等多方力量的协同治理机制。政府应发挥引领作用，加强顶层设计和统筹规划，为数字经济的健康发展提供明确的方向和有力的支持；市场主体应积极参与，发挥自身在技术创新和市场运营方面的优势，推动数字技术与实体经济的深度融合；行业协会则应发挥桥梁纽带作用，促进各方之间的沟通交流与合作共赢。通过深化"一网统管"与"一网通办"的有机融合，构建与政府职能相匹配的数据集群，实现跨部门、跨领域的数据互联互通和共享共用。同时，数字经济发展过程中要确保对关键领域及高频服务需求的全面覆盖与精准对接，通过优化服务流程、提高服务效率，为民众提供更加公正、高效、便捷的公共服务体验，让数字技术的红利真正惠及广大人民群众。

二是推动建立健全数字经济多元共治体系，构建符合异质性多元主体需求的制度、规范，提升其加入数字经济产业链和创新链的意愿，推动价值共创。

数字经济产业链和创新链广泛覆盖了高等教育机构、科研机构、企业、中介组织、金融机构和消费者等多元主体。这些主体在数字经济领域中拥有各自独特的创新目标、创新资源、创新周期以及管理体制。高等教育机构和科研机构是知识创新的源头，企业是技术创新的主体，中介组织和金融机构为创新提供服务和支持，而消费者则是创新成果的最终检验者和使用者。然而，在加入和建立产业链、创新链的过程中，这些主体的差异化诉求往往会导致合作创新的意愿降低。为了破解这一难题，政府必须发挥关键作用，通过财税政策引导和创新联合体建设等手段，为多元主体提供定制化的制度支持和规范保障。未来政府将持续根据数字经济的特性和各类主体的需求，制定和完善相关的法律法规、政策措施和标准规范，为数字经济产业链和创新链的建设提供坚实的制度保障，此类制度不仅要保护各主体的合法权益，还要促进信息共享、资源整合和协同创新，推动数字经济的高质量发展。政府将继续通过财政补贴、税收优惠、资金引导等方式，对积极参与数字经济产业链和创新链建设的主体给予奖励和扶持，降低其创新成本和风险，如通过设立创新基金、支持创新项目、培育创新型企业等方式，激发社会的创新活力和创造力，推动数字经济的持续创新和发展。同时，继续推动建立创新联合体，将不同领域的优势资源进行有效整合，形成协同创新的合力。政府可以通过提供资金支持、搭建合作平台、完善法律法规等方式，促进创新联合体的形成和发展。随着数字经济的深入发展，在制度构建过程中，应充分考虑各主体的特征，确保其权益得到充分保障。同时，还应通过完善的制度和管理手段，推动链上不同主体之间实现"衡宇相望、时相过从"的紧密合作，如建立有效的沟通协调机制，促进信息共享和资源整合；

完善利益分配机制,确保各主体在合作创新中获得合理回报;加强监管和评估机制,确保产业链和创新链的健康有序发展;营造开放包容的创新环境,鼓励各主体之间的交流和合作。

三是数字经济发展将逐步推动数字新质生产力形成。首先,数字经济的发展推动新型数字劳动者产生,数字经济高质量发展促使高校、科研机构等加大对信息技术、数据分析、人工智能等领域专业人才的培养力度,升级和完善人才培养体系,同时促进劳动力流动,推动构建开放包容、灵活高效的劳动力市场体系,鼓励人才跨地区、跨行业自由流动,加速新思想、新技术的孕育,并通过搭建鼓励吸引并汇聚数字经济领域的高层次创新人才,助力其将创意转化为现实生产力。其次,推动新质化的劳动对象产生并改变原有传统劳动对象的属性,新技术,如物联网、人工智能、区块链等,为劳动对象的优化提供了新的手段。例如,物联网技术可以实现对劳动对象的实时监控和智能管理,提高生产效率和产品质量;人工智能技术则可以通过算法和模型,对劳动对象进行精准预测和优化,降低生产成本和风险。最后,逐步实现劳动资料新质化,如利用数字技术和大数据加速科学研究进程,提升数据处理与分析效率,增强实验模拟与预测模型的精确度。通过先进数字技术赋能劳动资料、推动劳动资料的数字化转型、促进劳动资料的跨界融合与创新、完善数字劳动资料的管理和运营以及培养高素质的数字技术人才等,将逐步实现生产力质的飞跃和经济模式转型,超越了传统生产力的物理界限,以数据为核心要素,依托信息技术深度融入与创新驱动,形成了智能化、网络化、服务化为特征的高级生产力形态,即数字新质生产力。

四是数字经济发展需长期坚持国家战略导向,瞄准全球价值链跃升。从宏观层次审视,数字经济已毋庸置疑地成为国际竞争的新焦点,其影响力和渗透力日益凸显。各国纷纷认识到数字经济的巨大潜

第六章 数字经济高质量发展的规律初探

力,加快布局数字经济发展战略,竞相争夺数字经济的制高点,以期在全球数字经济浪潮中占据有利位置。这一趋势不仅体现在发展中国家对数字经济的积极拥抱上,也广泛存在于西方发达国家的数字经济发展实践之中。以美国为例,其数字经济规模雄踞全球之首,数字经济增加值占 GDP 的比重已超过一成,成为推动其经济增长的重要引擎。为了保持这一领先地位,美国通过制定和实施一系列具有前瞻性和针对性的国家战略,如《2024—2025 财年 AI 战略:通过负责任的 AI 赋能外交》等,旨在全面提升其在全球数字经济领域的竞争力和影响力。这些战略不仅为美国数字经济的快速发展提供了坚实的政策支撑,还进一步增强了其在全球经济体系中的战略地位,使其在全球数字经济格局中始终保持着领先者的姿态。

值得注意的是,美国在对数字经济的布局和规划中,始终保持着对新兴技术领域的敏锐洞察和高度关注。2022 年,美国国家科学技术委员会发布的最新版关键和新兴技术(critical and emerging technologies,CETs)清单,就对新兴技术领域作了全面而细致的更新和调整。清单中列出了包括人工智能、半导体和微电子、先进计算等在内的 19 个对国家安全尤其重要的关键和新兴技术领域,体现了美国对数字经济发展和数字技术创新的高度重视和前瞻规划。而到了 2024 年,最新版的 CETs 清单又进行了进一步的整合和优化,不仅确定了每个 CET 的新子领域,还尽可能关注到不断涌现和革新的核心技术,同时扩充了数据和网络安全技术领域等内容。这一调整不仅反映了美国对数字经济领域最新发展动态的准确把握,也体现了其对数字经济未来发展趋势的深刻洞察和前瞻引领。数字化就是一百年前的电气化。以数字产业化和产业数字化为核心的数字经济,正加速成为我国经济增长的重要力量。我国对数字经济发展非常重视。党的十九届四中全会通过的《中共中央关于坚持和完善中国特色社会主义制度、推进国家治理体系和治理能力现代化若干重大问题的决定》明确提出要"强化国家战略科技力量,构建社会主义市场经济条件下关键核心技术攻关新型举国体制"。这一举国体制的核心在于发挥社会主义体制集中力量办大事的优势,通过整合各方资源、汇聚各方力量,共同攻克关键核心技术难题,推动数字经济高质量发展。因此,数字经济发展必须长期坚持国家战略导向的科学规律,将数字经济发展与国家战略紧密结合,瞄准全球价值链跃升的目标,不断提升我国在全球数字经济领域的竞争力和影响力。同时,我们还要加强与国际社会的合作与交流,共同推动数字经济的健康发展,为构建人类命运共同体贡献中国智慧和力量。

第四节 本章小结

本章围绕数字经济高质量发展规律展开系统探究,基于"微观要素—中观结构—宏观效应"三维框架揭示其内在逻辑。微观层聚焦技术、创新、市场、数据四大核心要素,揭示数据规模指数增长与创新驱动规律;中观层剖析产业集群与共性平台作用机制,指出其对数实融合的支撑效应及先导产业辐射规律;宏观层结合全球技术革命趋势与国家战略,提出数字治理体系构建、多元共治模式创新及新质生产力培育等规律。

第七章

数字经济赋能高质量发展的机理研究

高质量发展是经济持续繁荣、社会稳步进步的核心要义与关键路径，数字经济作为创新驱动发展的先导力量，凭借其独特的技术优势、创新活力和强大的渗透融合能力，成为赋能高质量发展的关键引擎。本章结合技术创新理论、产业融合理论、网络经济理论等相关理论知识，从宏观、中观和微观三个层面深入分析数字经济赋能的内在机理，为后文数字经济赋能作用的测度奠定良好基础。

第一节 数字经济赋能的理论基础

一、技术创新理论

20世纪初，约瑟夫·熊彼特首次提出了"创新"的概念，认为创新是把"生产要素的新组合"引入生产体系，具体包括引入新产品、采用新生产方法、开辟新市场或新供应来源、实现任何一种工业的新的组织。该理论打破了传统经济学中关于经济增长是由资本和劳动力投入等因素决定的观念，强调新知识、新技术的创造、应用与扩散能够改变生产函数，带来更高的生产效率和经济效益，技术创新是经济增长和产业变革的关键驱动力。

技术创新理论在数字经济时代仍适用，但其内涵发生了不同程度的变化：数据成为新的生产要素，个性化定制成为新的生产方式，数字经济赋能传统产业，扩宽了传统市场的边界。同时，在数字经济背景下，创新的类型更加丰富，不再局限于熊彼特的五种创新尤其是技术创新，企业可以积极探索更多的创新形式。新的数字技术首先在创新型企业或科技先驱企业中应用，然后通过示范效应、技术合作、技术转让等方式在行业内和跨行业扩散。

技术创新理论是数字经济赋能的重要理论基础，因为它涵盖了创新的本质、过程和动力机制等内容，为理解数字经济如何通过新技术的产生、应用和扩散来赋能经济社会各领域，提供了从创新构思到商业化全流程的理论支撑，使数字经济赋能在技术进步的框架下得以系统地开展。

二、"技术—经济"范式

"技术—经济"范式的概念可以追溯到1983年，由经济学家卡洛塔·佩雷斯在《社会经济系统中的结构变迁与新技术吸收》一文中提出，该理论聚焦于技术变迁对微观企业行为、中观产业结构变动及宏观经济体系转换的影响[184]。此后，"技术—经济"范式不断发展创新。1988年弗里曼和佩雷斯再次将熊彼特的创新理论和康德拉捷夫的长波理论引入其中，以范式的扩散过程揭示了经济发展的周期性以及创新在经济结构转型和经济周期中的作用。

数字经济赋能在本质上既是数字技术渗透融合的过程，也是一个"技术—经济"范式的演化过程，可以进一步体现"融合→创新→扩散→优化→高质量发展"5个环节的赋能路径。（1）数字经济赋能首先体现数字技术与传统产业的深度融合。企业通过融合获取更全面的数据,包括生产数据、市场需求数据、客户反馈数据等,这些数据为后续的创新提供了基础素材。(2) 在融合的基础上,数字经济激发创新,提升企业的核心竞争力,又继续激励企业进一步加大创新投入。(3) 创新成果需要在经济体系中扩散才能发挥更大的作用,数字经济正是加速创新扩散的加速器,例如通过数字平台将新技术、新模式快速传播到不同地区、不同行业的企业和消费者中。扩散环节使更多企业受益于创新成果,也让消费者更快地接触和使用到新的产品和服务,满足多样化的需求。(4) 随着创新成果的不断扩散,企业根据市场反馈数据对自身的生产、经营、管理等各个环节继续进行优化,以更好地适应市场变化,提高资源利用效率,增强盈利能力,进而提升整个行业的资源配置效率和整体效益。(5) 融合、创新、扩散和优化,都是为了实现高质量发展这一最终目标。高质量发展体现在多个方面,包括产品和服务的高质量、经济增长的可持续性、产业结构的合理性等。在数字经济赋能下,企业更加注重创新驱动、绿色发展和社会效益。

这五个环节相互关联、相互促进,形成了数字经济赋能的完整路径,也为数字经济赋能的底层逻辑提供了理论支撑。

三、产业融合理论

产业融合理论起源于数字技术对传统产业边界的冲击,20 世纪七八十年代,信息技术快速发展,特别是计算机技术和通信技术的融合,引起了学者们对产业融合现象的关注。早期的产业融合理论依然以技术融合为研究重点,随后,学者们逐渐认识到,市场需求、企业战略和政策等因素也对产业融合起到了重要作用。随着经济全球化和科技发展加速推进，产业融合理论的研究范围进一步拓展到跨领域融合，不仅包括传统产业与高新技术产业的融合，还涉及不同高新技术产业之间的融合，以及产业融合在全球产业链中的应用。

数字经济时代，数字技术加速了创新、迭代和产业化进程，同时具有强大的融合性，可以广泛渗透到传统产业尤其是实体产业中，赋能传统服务业，促进数字经济和实体经济深度融合。因此，农业现代化、制造业智能化以及服务业数字化共同构成了我国经济高质量发展的新增长点，为我国实现经济高质量发展提供了持续性的新势能和新动力。

四、网络经济理论

网络经济理论起源于20世纪70年代，是信息经济理论的拓展和延伸。随着计算机技术和通信技术的初步融合，以及互联网的逐渐兴起，经济活动中的网络特性越发明显，传统经济理论难以完全解释新出现的经济现象，网络经济理论应运而生。

首先，网络外部性是网络经济理论最核心的概念之一，指一种产品或服务的价值随着使用该产品或服务的用户数量增加而增加，这与数据要素的赋能作用紧密相连。以社交媒体平台为例，平台所积累的数据量随用户数量的增多而呈指数级增长，平台基于这些数据进行精准的算法推荐，吸引更多用户使用，进一步增加数据量，在数据的正反馈中实现"数据赋能的学习"。

其次，网络信息理论的价值增值特性在数字经济赋能过程中得以体现。数字经济通过整合多元信息源，挖掘信息潜在价值，实现信息的再加工和再利用。基于网络的协同效应，信息的价值不再是孤立的个体价值之和，而是通过节点间的交互、融合产生新的价值增值空间，从而为经济活动创造更高的价值回报，进而实现数字经济的赋能效应和价值创造。

第二节 数字经济赋能的理论逻辑

在全球数字化转型的大趋势下，数字经济正以前所未有的速度与规模重塑经济格局。从前沿的数字技术突破，到广泛的产业应用拓展，数字经济已深度融入经济社会的各个维度。作为一种全新的经济形态，数字经济凭借独特的技术优势与创新模式，正逐步释放出巨大的赋能潜力。它不仅在宏观层面影响着国家经济发展战略与资源配置方式，还在中观产业层面推动着产业结构优化升级与融合创新，更在微观企业层面助力企业提升生产效率、增强市场竞争力。因此，本书从宏观、中观和微观三个层面来阐述数字经济赋能的理论逻辑。

一、宏观层面

从宏观层面来看，数字经济赋能主要是通过影响投入—产出要素带来生产效率的提升，进而推动经济发展。数据、技术等数字要素的"赋能"特性，是数字经济"赋能"作用得以发挥的基础（见图7-1）。

（1）从数据要素赋能来看，数据成为新的核心生产要素并补充到宏观生产函数中，由于数据本身存在的低成本、易复制、非竞争等特征，突破了传统生产要素的限制，使其价值创造能力在宏观层面实现倍增。同时，数据要素赋能其他生产要素带来其质量提升，改变了传统数量型经济增长模式中依靠生产规模扩大实现经济增长的模式，提高了生产要素的边际产出，增强经济的可持续发展能力。

（2）从数字技术赋能来看，数字技术的创新变革是数字经济发挥赋能作用的关键。数字技术具有高渗透性、高创新性，通过赋能生产活动各个环节推动全要素生产率的进步，为经济发展提供关键技术创新支持。同时，数字技术的广泛应用进一步扩展了知识来源的多样性以及技术要素的多元化组合方式，催生了组合式创新的新动能[185]。

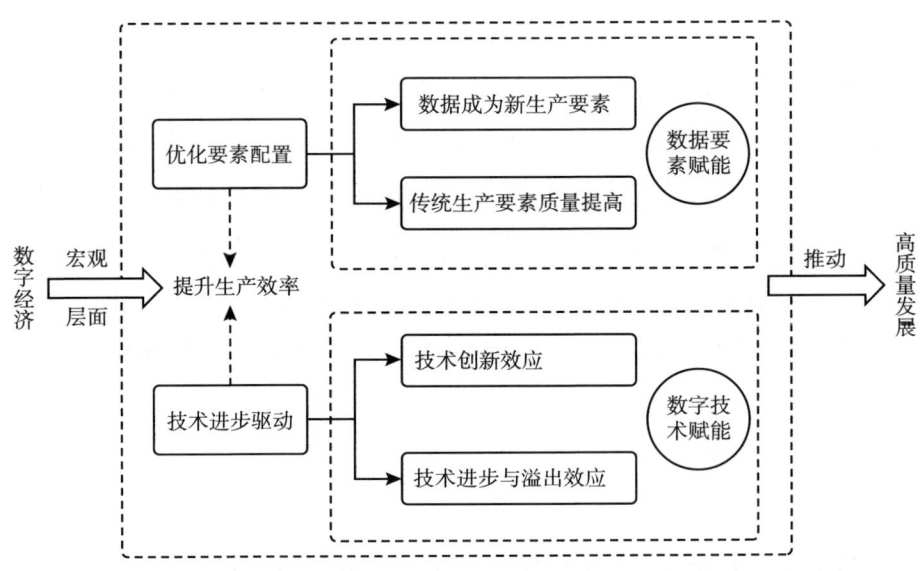

图7－1　宏观层面的研究视角下数字经济赋能高质量发展的理论逻辑

二、中观层面

从中观层面来看，数字经济"赋能效应"明显，不仅能助推传统产业的数字化、网络化和智能化转型，还能实现数字产业的集群式发展，同时通过产业融合形成新产业、新模式、新业态（见图7－2）。

从产业融合路径来看，利用数字技术对传统制造业、农业、服务

第七章 数字经济赋能高质量发展的机理研究

业等进行全方位、全链条的改造，推动传统产业数字化转型，如农业中的智能灌溉、自主作业系统；制造业中的智能制造、生产过程的智能化控制；服务业中的智慧物流、线上医疗等。通过数字化农业、数字化制造业以及数字化服务业来助推经济发展。

从产业集群升级路径来看，数字经济催生新产业和新业态，促进新兴产业发展，也促使共享经济、零工经济、平台经济等新经济业态蓬勃发展。同时，数字经济打破了地域限制，加速了知识和技术的传播与扩散，加强产业协同创新。通过数字技术的应用，产业集群能够更好地整合资源，优化产业布局，提高产业集群的生产效率和资源利用效率，降低生产成本，从而提升产业集群的竞争力。

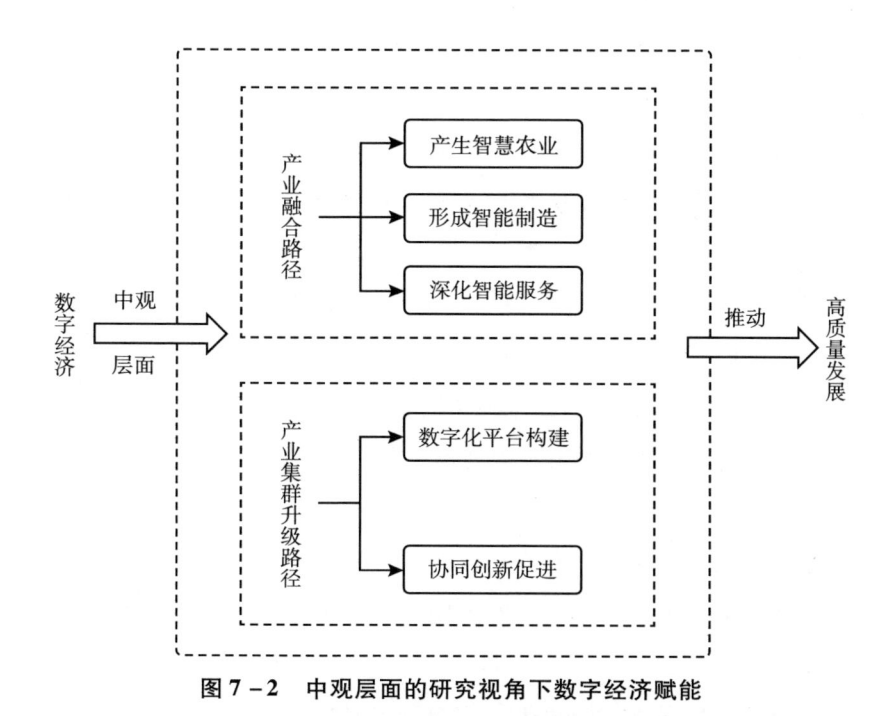

图 7-2 中观层面的研究视角下数字经济赋能
高质量发展的理论逻辑

专栏 7-1

数字经济赋能现代化产业体系建设

数字经济作为继农业、工业、服务业之后的新经济形态，正成为重塑产业竞争优势的核心力量。从传统制造业的智能化改造，到农业与服务业的全链条数字化，再到战略性新兴产业的融合集群发展，数字技术正在从底层逻辑上改写产业演进路径，为我国现代化产业体系建设注入新质生产力。

1. 新型基础设施夯实现代化产业体系基础

新型基础设施通过5G网络、工业互联网、算力设施的协同布局，重构产业技术体系的底层架构，为农业、工业、服务业的转型升级提供基础保障，对现代化产业体系的构建发挥着关键作用。

随着近年来数字经济的快速发展，我国5G、光纤以及IPv6等数字基础设施规模能级大幅度提升，为全产业链转型升级提供了基础支撑。截至2023年底，我国5G网络规模和质量已达世界领先水平[1]。全国在用数据中心标准机架超过810万架，算力总规模达到230EFLOPS，居全球第二位，算力总规模近5年年均增速近30%，存力总规模约1.2ZB[2]。人工智能、区块链、量子信息等新技术设施蓬勃兴起，国家新一代人工智能创新发展试验区已经达到17个，北斗三号全球卫星导航系统开通，卫星遥感系统已形成全球观测能力。新型基础设施已经成为推动现代化产业体系建设的强大引擎。

2. 以科技创新为引领布局战略性新兴产业和未来产业

近年来，我国自主创新能力不断提升，算法、算力、区块链以及人工

---

[1] 资料来源：《5G网络规模和质量世界领先——中国5G移动电话用户占比近半》，中国政府网，https://www.gov.cn/yaowen/liebiao/202401/content_6929059.htm。

[2] 资料来源：《国家信息化发展报告（2023年）》，中国政府网，https://www.gov.cn/lianbo/bumen/202409/P020240908376506774369.pdf。

第七章 数字经济赋能高质量发展的机理研究

智能等核心数字技术均取得突破性发展，以先进技术为支撑，通过科技创新提升全要素生产率，为战略性新兴产业和未来产业的高质量发展提供持续动力。

一方面，产业创新带动科技成果转化，加速技术迭代，创新和丰富应用场景，利用超大市场规模优势，促进供给与市场需求融合，以应用为主导，以需求为牵引，促进战略性新兴产业持续发展壮大。另一方面，聚焦关键前沿领域，紧密关注全球科技发展趋势，重点围绕人工智能、生命工程、量子科技、前沿材料等领域布局，加快从基础研究到技术体系再到产业化的发展进程，形成"基础研究＋技术攻关＋成果产业化＋科技金融"的产业培育链，促进产业跨界融合，打造未来技术应用场景，培育产业新需求。

3. 推进"数实"深度融合，加快现代化产业体系建设

"数实融合"的本质就是数字产业化和产业数字发展化的最终结果，推进数实融合实际上就是推进数字产业化和产业数字化纵深化发展。

数字经济赋能制造业，实现从"制造"到"智造"的跃迁。在工业4.0与数字经济的交汇点上，制造业正经历从"物理实体"向"数字孪生"的跃迁，通过人工智能、云计算、区块链、大数据等核心技术赋能制造业发展，助力产业实现商业、制造、管理与决策模式的全面转变，是打破行业信息壁垒，实现制造业高质量发展的重要路径。随着数字技术的广泛应用，制造业的底层逻辑正在发生根本性变化，企业不再仅仅依赖于传统的生产模式，而是开始主动寻求数字化转型，以提升效率、降低成本和增强市场竞争力。加大底层技术研发投入，强化软件研发与硬件应用创新能力，提升企业核心竞争力，是对制造业企业高质量发展的必然要求。

数字经济赋能农业，实现从"汗水农业"到"智慧农业"的跨越。数字经济通过构建"数据＋算法＋算力"的新型生产力体系，推动农业全产业链向智能化、精准化、协同化方向转型，实现从传统劳动密集型模式向知识驱动型模式的质的飞跃：物联网与大数据重构生产决策机制，数字孪

生优化资源配置效率，区块链强化供应链信任体系，AI算法提升生态治理能力，智能合约革新经营管理模式，元宇宙技术催生产业融合新业态，最终形成以数字技术为核心驱动力、资源高效利用与生态可持续发展相统一的现代农业产业体系。

数字经济赋能服务业，实现从"线下离散"到"数字生态"的重构。数字经济推动服务业从传统线下离散模式向数字化生态系统全面重构：云计算与边缘计算构建弹性服务基础设施，大数据技术整合多源服务场景数据，人工智能算法实现需求预测与资源动态匹配，区块链技术建立可信服务交易机制，物联网设备延伸服务触点网络。这一过程中，服务主体通过数字化平台实现跨领域资源聚合，服务流程通过智能合约实现自动化协同，服务价值通过数字资产化实现多维度增值，最终形成以用户需求为核心、数据要素为纽带、技术创新为动力的服务产业新生态，实现服务供给效率、体验质量与可持续性的系统性提升，最终推动服务业向高效化、精准化、融合化方向发展。

三、微观层面

数字经济在微观层面通过规模经济、范围经济和网络经济，有效降低生产成本，实现产品与服务的多元化经营，进而提升企业的运行效率，以企业高质量发展为实现经济高质量发展夯实微观基础（见图7-3），主要体现在以下几个方面。

从生产的规模经济效应来看，一方面，数字经济有助于企业将生产规模控制在长期平均成本的最低点以实现规模经济[52]。例如，随着生产规模的扩大，企业使用数字技术的固定成本可以分摊到更多的产品上，带来单位成本的下降。另一方面，数字技术提高生产效率，

第七章 数字经济赋能高质量发展的机理研究

为企业提供更加精准的生产管理方式，使企业在扩大生产规模的同时，以更低的成本实现更高产量，从而实现规模经济。此外，随着数字技术的应用，消费者也可以实现规模经济，进而形成生产者与消费者之间的良性互动，产生正反馈效应，进一步使供需双方成本降低[146]。

从生产的范围经济效应来看，数字经济的发展不仅扩大了企业的生产规模，还基于广泛用户优势，最大限度地降低了产品之间的关联性[142]，使企业更容易实现产品和服务的多元化，带来范围经济效应，并通过定制化的生产高效形成"长尾效应"。同时，企业所拥有的数字技术能力可以在不同的业务领域重复利用，使企业用极少的新增投入拓展业务范围，利用现有的技术、人才等资源实现范围经济。

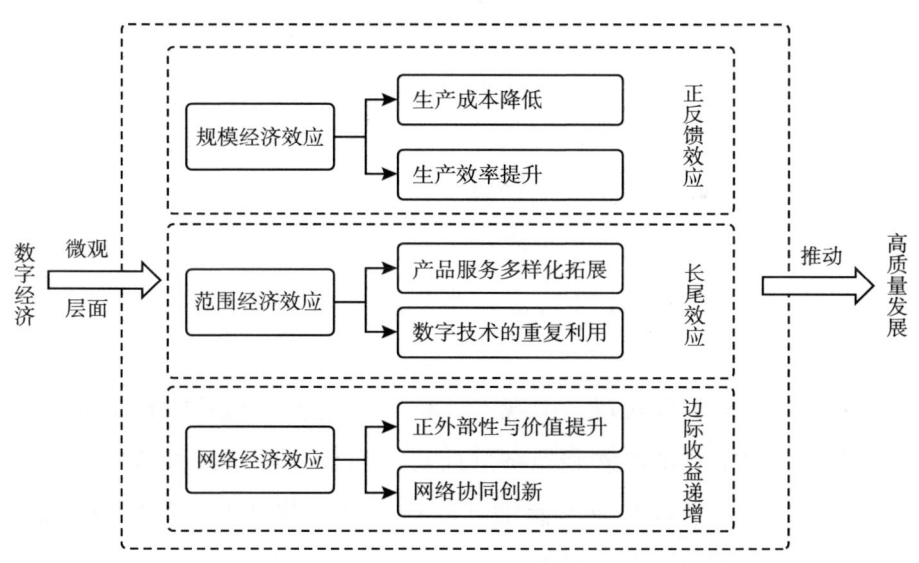

图 7-3 微观层面的研究视角下数字经济赋能高质量发展的理论逻辑

从生产的网络经济效应来看，数字网络搭建起企业与多方主体的广泛连接，根据"梅特卡夫定律"（Metcalfe's Law），随着互联网的用户和设备增加，网络效应凸显，数字经济价值呈指数型增长，网络外部性是"梅特卡夫定律"的本质。例如，企业通过电商平台与全球各地的消费者建立连接，提升自身的知名度和销售额，同时企业还可以与电商平台上的其他企业也进行交流和合作，共同采购原材料或共享物流渠道等，这种网络连接为企业带来了更多的商业机会和价值，带来网络经济条件下的边际收益递增。

第三节 本 章 小 结

本章首先梳理了数字经济赋能的理论基础，其中，技术创新理论涵盖了创新的本质、过程及动力机制等内容，为理解数字技术赋能提供了理论支撑；"技术—经济"范式揭示了创新在经济结构转型和经济周期中的作用，数字经济赋能本质上就是"技术—经济"范式的演化过程；产业融合理论不仅包括传统产业与高新技术产业的融合，还涉及不同高新技术产业之间的融合，以及产业融合在全球产业链中的应用，为我国经济高质量发展提供了持续的新势能；网络经济理论以其外部性、价值增值性等特点，实现数字经济的赋能效应和价值创造。

接下来，本章从宏观—中观—微观三个角度分析数字经济赋能的理论逻辑。数字经济在宏观经济层面影响着国家经济发展战略与资源的配置方式，在中观产业层面推动着产业结构优化升级与融合创新，在微观企业层面助力企业提升生产效率、增强市场竞争力。

第八章

中国数字经济高质量发展水平及演变测度

近年来,以数字技术为支撑、数据资源为关键要素的数字经济蓬勃兴起,数字经济高质量发展正成为全球科技革命和产业变革的新引擎,牢牢抓住数字经济发展机遇就是抓住了新一轮科技革命机遇,对提升国家竞争力具有积极的推动作用。面向"十五五"的关键时期,要坚持以"创新、协调、绿色、开放、共享"的新发展理念为指引,持续推进数字经济与实体经济深度融合,大力发展新质生产力,实现经济社会高质量发展。本章建构数字经济高质量发展指标体系,对中国数字经济发展水平进行测度,进一步分析数字经济高质量发展水平的时空演进。

第一节 数字经济高质量发展水平指标构建

一、指标建立

国务院印发的《"十四五"数字经济发展规划》明确指出,我国数字经济规模快速扩张,但发展不平衡、不充分、不规范的问题较为突出,迫切需要转变传统发展方式,走出一条规范健康可持续的高质量发展道路。但是近年来，相关研究大多侧重于数字经济的规模测度，以及数字经济发展水平的指标构建，并没有过多涉及数字经济高质量发展的研究。

数字经济高质量发展是指一个国家或地区在规模增长的基础上，以新发展理念为引领，数字产业通过创新发展、协调发展、绿色发展、开放发展、共享发展，促进区域产业的深度融合，赋能实体经济的新发展。数字经济高质量发展是时代的重要选择，也是"质"和"量"平衡发展的过程，发展的"量"可以实现数字经济总量的规模扩张，而发展的"质"则为数字经济的持续发展提供源源不断的动力。2024年《政府工作报告》明确提出，"制定支持数字经济高质量发展政策，打造具有国际竞争力的数字产业集群"。[①] 由此可见，数字经济蓬勃兴起，深度融入并强力驱动各领域变革，与创新、协调、绿色、开放、共享的五大发展理念高度契合，正全方位重塑经济社会发展格局。

在此背景下，本书结合数字经济高质量发展的具体要义、现有数字经济指标测度的相关研究以及新时代高质量发展的特征要求，以新发展理念作为基本遵循，从基础、创新、协调、开放、共享以及绿色六个维度衡量中国数字经济高质量发展水平（见表8－1）。

表8－1　　　　　数字经济高质量发展水平指标体系

维度	细分指标
基础	有电子商务交易活动企业数占总企业数的比重
	通信类居民消费价格指数
	数字产业化行业法人单位数量占总法人单位数量比

---

① 资料来源：《政府工作报告》，中国政府网，2024年3月12日，https：//www.gov.cn/yaowen/liebiao/202403/content_6939153.htm。

续表

维度	细分指标
基础	产业数字化企业数占总企业数量比
	信息传输、软件和信息技术服务业城镇单位就业人员数
创新	规模以上工业企业 R&D 人均经费
	规模以上工业企业有研究与试验发展活动企业所占比重
	技术市场成交额占 GDP 比重
	研发支出占 GDP 比重
	数字经济专利申请数
协调	第一产业增加值占 GDP 增加值比重
	第二产业增加值占 GDP 增加值比重
	第三产业增加值占 GDP 增加值的比重
	数字经济规模占 GDP 的比重
开放	软件业务出口额占总出口额
	货物进出口总额占 GDP 比重
共享	每百家企业拥有网站数
	每百人使用计算机数
	电子商务销售额占 GDP 比重
	互联网宽带接入用户
	移动电话普及率
	人均电子商务销售额
绿色	单位 GDP 二氧化碳排放
	单位 GDP 能耗

二、指标说明

（一）基础维度

基础维度各指标主要体现在产业基础，反映了数字产业发展规模状况，是数字经济高质量发展的重要支撑。具体包括：有电子商务交易活动企业数占总企业数的比重、通信类居民消费价格指数、数字产业化行业法人单位数量占总法人单位数量比、产业数字化企业数占总企业数的比重和信息传输、软件和信息技术服务业城镇单位就业人员数。其中，通信类居民消费价格指数反映一定时期内城乡居民所购买的通信类生活消费品和服务项目价格变动趋势和程度的相对数；数字产业化法人单位包括信息传输、软件和信息技术服务业法人单位；除信息传输、软件和信息技术服务业企业之外的有电子商务交易活动的企业数，除以除信息传输、软件和信息技术服务业企业之外的企业数得到产业数字化企业数占总企业数的比重。

（二）创新维度

技术创新是支持实体经济高质量发展的核心动力，也是数字经济高质量发展的内生动力。具体包括：规模以上工业企业 R&D 人均经费、规模以上工业企业有研究与试验发展活动企业所占比重、技术市场成交额占 GDP 比重、研发支出占 GDP 比重和数字经济专利申请数作为研究指标。其中规模以上工业企业 R&D 人均经费，是以规模以上工业企业 R&D 经费除以规模以上工业企业 R&D 人员全时当量所得，技术市场成交额占 GDP 比重与研发支出占 GDP 比重是以技术市场成交额和研发支出除以 GDP 所得。

（三）协调维度

协调发展是数字经济高质量发展的新要义。数字经济高质量发展需要解决好传统经济发展中面临的产业结构不合理的问题，使数字经济发展的成果普惠各地区、各行业，更好地促进城乡数字经济发展。因此协调维度指标具体包括：第一产业增加值占 GDP 的比重、第二产业增加值占 GDP 的比重、第三产业增加值占 GDP 的比重、数字经济规模占 GDP 的比重这四个指标。

(四) 开放维度

数字经济的发展不是封闭的自循环，而是坚持开放发展，开放有助于大数据、人工智能、互联网等迭代频繁的数字技术的跨区交流合作、实现共赢发展，利用国际市场发展机遇，为国内市场发展改革提供动力。开放维度指标从软件业务出口额占 GDP 比重以及进出口货物总额占 GDP 比重两方面来衡量。

(五) 共享维度

数字经济的高质量发展使得数字基础设施建设不断完善，移动电话普及率、互联网普及率大幅度提高，使人们的生活方式更加现代化、更加便捷，具体就是要坚持以人民为中心的发展思想，强调全民共享经济成果。具体指标包括：每百家企业拥有网站数，每百人使用计算机数，电子商务销售额占 GDP 比重，互联网宽带接入用户数，移动电话普及率和人均电子商务销售额。

(六) 绿色维度

绿色发展以效率、和谐、持续为基本目标，是数字经济高质量发展的基本面，也为数字经济高质量发展明确了必要条件。数据要素作为数字经济的核心驱动力，具有自然资源消耗低、污染排放低的环保特征，因此数字经济的发展有利于减少污染物的排放。绿色维度的指标具体包括：单位 GDP 能耗，单位 GDP 二氧化碳排放。其中单位 GDP 能耗是通过生产总值能耗（等价值）（吨标准煤/万元）/国内（地区）生产总值（万元）计算得来；单位 GDP 二氧化碳排放是通过二氧化碳排放总量除以 GDP 所得。

三、数据来源

本书选取 2015～2022 年中国 30 个省份（考虑数据的可获得性，港、澳、台和西藏地区除外）的数据作为样本，样本来源均为《中国统计年鉴》、各省统计年鉴、工信部官方数据、《中国电子信息产业统计年鉴》、《中国能源统计年鉴》、《中国三产统计年鉴》、《中国科技统计年鉴》以及相关企业年报等官方数据来源。针对部分省份特定年份存在的数据缺失问题，采用插值方法进行数据的补全。

对于二氧化碳排放量的测算，由于目前尚未有各省份二氧化碳排放的官方数据，因此，本书根据李和胡（Li & Hu）[186]提出的计算方法对中国各省份的二氧化碳排放量进行估算。首先，根据各省份统计年鉴及《中国能源统计年鉴》获得各类能源的消费量以及平均低位发热量数据。其次，根据 2006 年 IPCC《国家温室气体清单指南》中有关能源净热值和碳排放因子的相关数据，构建区域 i 在时间 t 产生的二氧化碳排放量的计算公式如下：

$$Regional\ C_{i,t} = \sum_{j=1}^{n} (Energy\ consumption_{it,j} \times Net\ calorific\ value_j \\ \times Effective\ CO_2\ emission\ factor_j) \quad (8-1)$$

其中，j 代表不同的能源种类；$C_{i,t}$ 代表地区二氧化碳排放量；$Energy\ consumption_{it,j}$ 代表每种能源的消费总量；$Net\ calorific\ value_j$ 代表能源净热值；$Effective\ CO_2\ emission\ factor_j$ 代表碳排放系数。

第二节 数字经济高质量发展水平测度

一、研究方法

在构建指标体系后,本书通过熵值法测算了中国各省的数字经济高质量发展水平。熵值法是一种数学方法,用以判断某一种指标的离散程度。1948年,香农(Shannon)[187]将熵的概念引入信息理论,并将产生的理论命名为"信息熵,S"。在信息论中熵是对不确定性的一种度量,信息量越大,不确定性就越小,熵也就越小;而信息量越小,不确定性越大,熵也就越大。在一个不确定的系统中,如果 $X = \{x_1, x_2, \cdots, x_n\}$,$n \geq 2$,并且 X 是一个随机变量,它就可以用来代表系统的状态,X 的每个值对应的概率为 $P = \{p_1, p_2, \cdots, p_n\}$($0 \leq p_i \leq 1$;$i = 1, 2, \cdots, n$;$\sum P_i = 1$),那么信息熵可以描述为 $S = -\sum P_i \ln(P_i)$,进而可以使用信息熵来描述系统的随机性和无序程度,根据信息熵理论,它可以对多维信息进行量化和整合,并得出评价分数 G,其中 $G = \sum Q_i x_i$,G 值越大,表示测算出的分数越高。也就是说,一个指标提供的有用信息越多,它在决策中的作用就越大;如果一个指标在各对象之间相等,则该指标在评估过程中不可用,这表明它的权重为零。熵值法的具体步骤如下:

首先,对指标原始数据进行无量纲化处理,使其标准化。

对于指标当中的正向指标,处理方式如下:

$$X'_{ij} = \frac{X_{ij} - \min(X_j)}{\max(X_j) - \min(X_j)} \quad (8-2)$$

对于指标当中的负向指标，处理方式如下：

$$X'_{ij} = \frac{\max(X_j) - X_{ij}}{\max(X_j) - \min(X_j)} \qquad (8-3)$$

其中，X'_{ij} 是第 i 个评价对象在第 j 个指标上的标准化值。X_{ij} 是原始数据，$\max(X_j)$ 和 $\min(X_j)$ 分别为原始数据的最大值和最小值。

其次，计算第 i 个评价对象在第 j 个指标上的占比：

$$Y_{ij} = \frac{X'_{ij}}{\sum_{i=1}^{m} X'_{ij}} \qquad (8-4)$$

此时，各个指标的熵可定义为：

$$e_j = -k \sum_{i=1}^{m} (Y_{ij} \times \ln Y_{ij}) Y_{ij} > 0 \qquad (8-5)$$

其中，$k = 1/\ln m$，m 为被评价对象个数，若 $Y_{ij} = 0$，则对指标 j 的评价项目 i 将会被排除在外。

熵的冗余计算如下：

$$d_j = 1 - e_j \qquad (8-6)$$

确定综合评价的各指标权重，计算各系统综合得分：

$$w_j = d_j / \sum_{j=1}^{n} d_j \qquad (8-7)$$

二、测度结果分析

（一）中国数字经济高质量发展水平测度

在构建指标体系及处理原始数据后，本小节使用 Stata 软件对 2015~2022 年中国各省份及整体数字经济高质量发展水平进行测算（如图 8-1 所示）。整体来看，中国数字经济高质量发展水平表现出逐年递增的特征，从 2015 年的 0.148 上升至 2022 年的 0.241，年均增长率达 7.17%。这与我国近年来深入实施数字经济发展战略密不可分，新一代数字技术创新活跃、快速扩散，日益融入经济社会发展的各领域、全过程，加速与经济社会各行业各领域深入融合，在高质量发展中发挥重要作用。数字化深入发展获得新机遇，电子商务、平台经济、共享经济等数字化新模式接替涌现，服务业数字化升级前景广阔。从总体来看，我国政府大力倡导发展数字经济，培育新经济增长点，并主导技术研发和新产业培育，大幅降低了数字经济的发展成本，数字经济高质量发展持续向好。

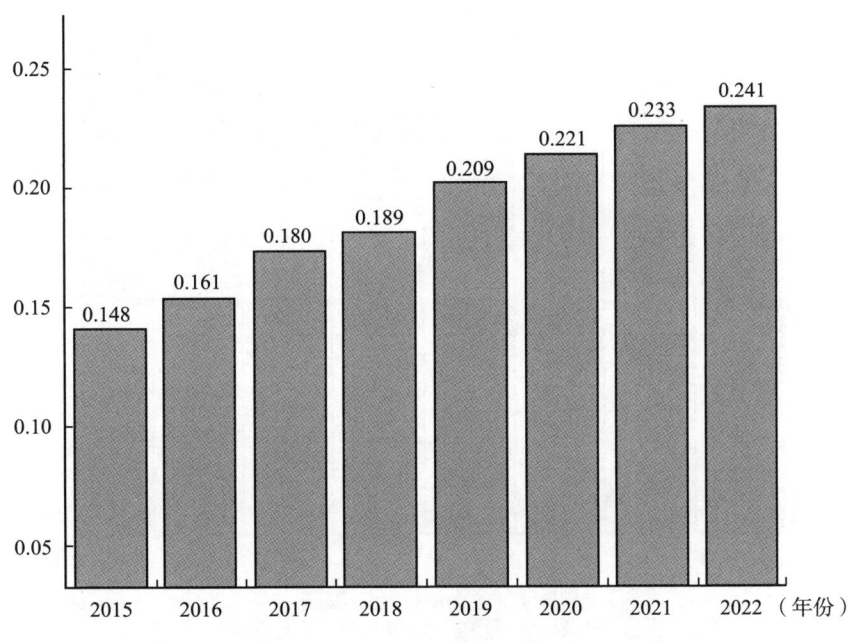

图 8-1　2015~2022 年全国数字经济高质量发展水平

从分维度贡献情况来看（如图 8-2 所示），2015~2022 年各个分维度得分均呈现上升趋势，其中得分较高的为基础、创新和共享维度，对全国数字经济高质量发展水平的影响最为显著。由此可见，数字经济高质量发展水平的提升，源于我国对数字产业、科技创新的重视，自党的十八大以来，我国深入实施创新驱动发展战略，大力建设创新型国家和科技强国，重视基础研究和原始创新，积极推进数字产业化和产业数字化，不断提升数字经济的核心竞争力。同时，数字经济高质量发展带来的成果又反过来更好地服务社会人民，提升人民生活的数字化、便利化程度。信息共享的便利性和高效性打破资源的时间空间限制，也成为提升企业整体效率的重要手段。

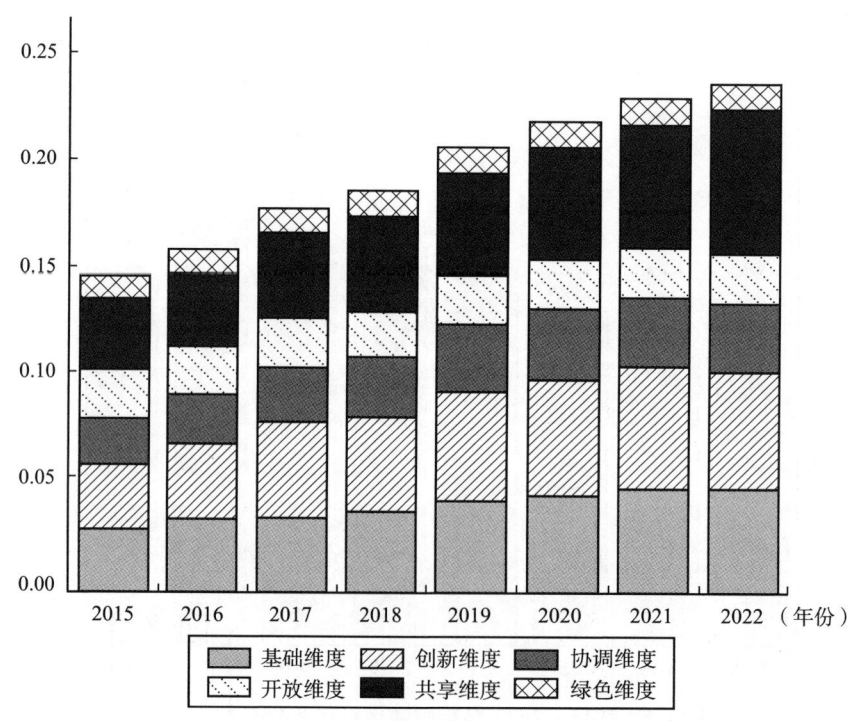

图 8-2 中国数字经济高质量发展各分维度的时间演变趋势

此外，协调维度的平均增长速度虽然较快，但近两年来出现下降趋势，说明数字经济的协调发展并不是简单地要求各地区数字经济发

第八章 中国数字经济高质量发展水平及演变测度

展水平与质量一致,而是通过区域间互补互惠与协同发展,从而缩小区域之间数字经济的发展差距。当前我国已进入一个全新的数字时代,更需要大力倡导协调发展,提升区域数字经济发展水平,为数字经济高质量发展筑牢底座。

(二) 区域数字经济高质量发展水平测度

各省份数字经济高质量发展水平及年均增长率如图8-3所示。由图中可以看出,各省份数字经济高质量发展水平呈现出不同程度的增长,除天津、辽宁和云南外,其他省份年平均增长率均已达到5%以上。

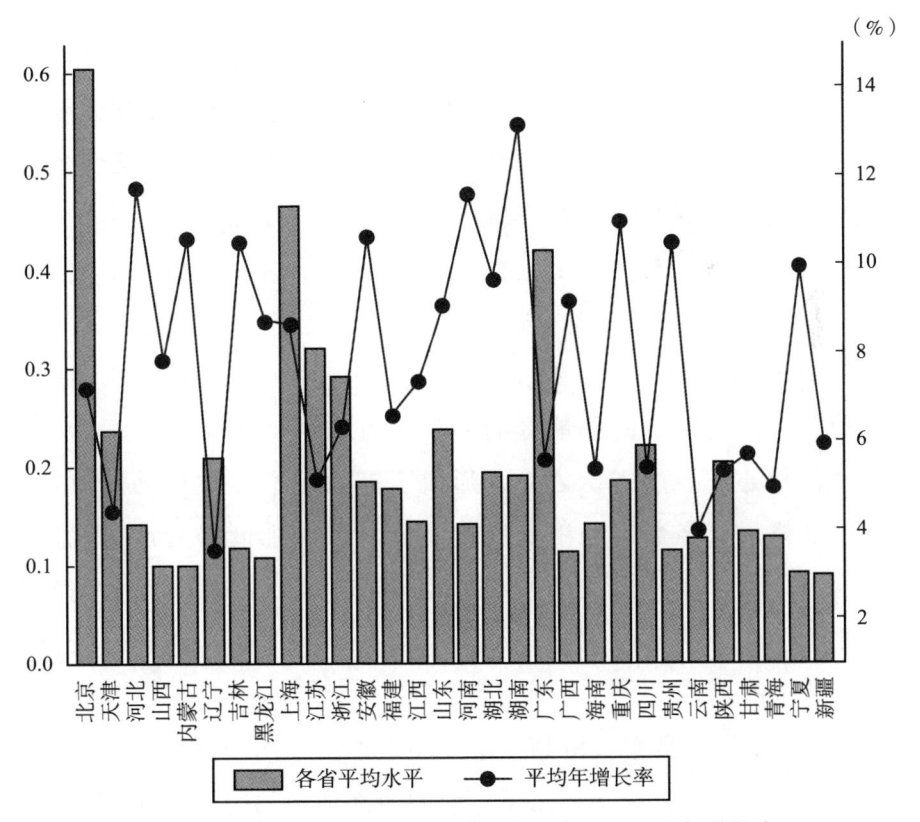

图8-3 各省份数字经济高质量发展水平及平均年增长率

从综合水平得分来看，北京的数字经济高质量发展水平大幅领先其他省份，作为国家的政治、文化、科技创新中心，北京始终致力于全球数字经济标杆城市建设，核心产业优势明显，数字技术产业健全，数字营商环境优质，为北京数字经济高质量发展奠定了良好的基础，样本研究期间，北京得分由 2015 年的 0.46 上升至 2022 年的 0.75。上海和广东紧随其后，信息技术产业发展迅速，数字经济政策体系较为完备，促进了数字经济高质量发展。此外，宁夏、贵州等西部地区虽然数字经济高质量发展水平仍然较低，但近年来政策支持力度大，且具备明显的后发优势和发展潜力，因此增长速度较快，正在加快利用数字化的知识和信息实现高质量发展进程。

从区域分维度得分情况来看，北京、广东、上海在各个维度得分均较高，分维度排名始终处于全国前五名。尤其北京除开放维度外，在其他五个维度得分均大幅领先其他省市，广东在开放、绿色维度表现较好；上海在协调、共享维度表现较好。分维度得分高于全国平均值的省份大多来自东部地区和中部地区，这些省份经济实力雄厚，对创新投入的支撑能力较强，超前布局数字基础设施，数字产业发展规模相对较大，且拥有良好的数字产业资金和人才调配能力。值得注意的是，西部地区的人口大省四川，作为较早开始布局数字经济核心产业的省份之一，形成了以数字产业化推动产业数字化的产业格局，在数字经济高质量发展的各个维度得分情况普遍高于全国平均值。各省份在绿色维度得分比较集中，有 19 个省份超过全国平均值，说明目前中国充分重视生态环境保护，各省份绿色发展水平快速提高。

分区域来看，数字经济高质量发展水平由东向西逐渐下降，东部地区得分远远高于全国平均水平，而中西部地区始终低于全国平均水平（见图 8-4）。东西部地区间的差距仍然存在，说明"数字鸿沟"

仍是制约中国数字经济高质量发展的挑战。具体原因在于：（1）经济基础与产业结构差异：东部地区长期以来是我国经济增长的引擎，在工业化进程中积累了大量的资金、技术和人才资源，使得东部地区能够更早地投入到数字经济的发展中，且产业结构先进，服务业和高端制造业占比较高，这些产业对于数字技术的接受程度高，更易实现数实深度融合，而西部地区传统产业如农业、资源型工业占比较大，这些产业数字化转型相对困难，对数字经济的支撑作用有限。（2）数字基础设施建设程度不同：东部地区在网络基础设施建设方面起步早、投入大，网络覆盖率高，而西部地区由于地理位置环境复杂，导致数字基础设施薄弱，部分偏远山区和农村地区网络覆盖仍不完善，限制

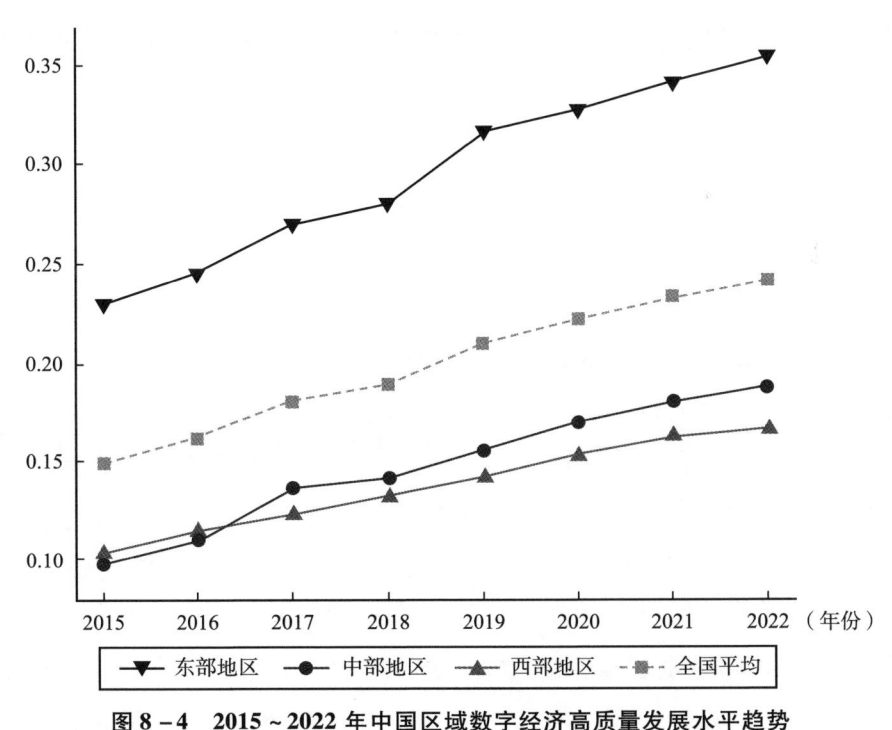

图 8-4 2015~2022 年中国区域数字经济高质量发展水平趋势

了数字经济活动的开展。(3) 科技创新能力与人才资源分布不均衡：东部地区科研机构、高校和高科技企业密集，政府和企业对科研的投入力度大，对数字人才具有强大的吸引力，而西部地区科研力量相对薄弱，创新能力有限，在数字技术的研发和应用推广方面相对滞后，人才流失现象严重，导致数字经济发展缺乏足够的智力支持。(4) 市场环境差异：东部地区市场环境更为成熟，消费者对数字产品和服务的接受程度高，消费市场规模大且需求多样。这为数字经济提供了良好的市场条件，促使企业不断创新和发展。相比之下，西部地区市场活跃度相对较低，市场对数字经济的拉动作用有限。

第三节 数字经济高质量发展水平的时空演进分析

一、研究方法

(一) 达古姆 (Dagum) 基尼系数及其子群分解法

Dagum 基尼系数分解法是一种能够测度地区差异的方法，可以被分解为地区内差距、地区间差距和超变密度三部分[188]。本小节采用该方法分别测算了中国各区域的基尼系数并对其进行分解。总体基尼系数定义如式（8-8）所示，其中 k 表示地区划分个数，n 表示省份个数，Y_{ji} 和 Y_{hr} 分别表示 j 地区与 h 地区内 i、r 省份的数字经济高质量发展水平，n_j 和 n_h 分别表示 j 地区与 h 地区内省份个数，$\bar{Y}$ 表示所有省份数字经济高质量发展水平的平均值。

$$G = \frac{\sum_{j=1}^{k}\sum_{h=1}^{k}\sum_{i=1}^{n_j}\sum_{r=1}^{n_k}|Y_{ji} - Y_{hr}|}{2n^2\overline{Y}} \quad (8-8)$$

$$G_{jj} = \frac{\sum_{i=1}^{n_j}\sum_{r=1}^{n_j}|Y_{ji} - Y_{jr}|}{2n_j^2\overline{Y}_j} \quad (8-9)$$

$$G_{jh} = \frac{\sum_{i=1}^{n_j}\sum_{r=1}^{n_h}|Y_{ji} - Y_{hr}|}{n_j n_h(\overline{Y}_j + \overline{Y}_h)} \quad (8-10)$$

其中，式（8-9）和式（8-10）分别表示 j 地区的基尼系数 G_{jj}、j 地区与 h 地区之间的基尼系数 G_{jh}，$\overline{Y}_j$ 和 $\overline{Y}_h$ 分别表示 j 地区与 h 地区数字经济高质量发展水平的平均值。

Dagum 继续把总体基尼系数 G 划分为区域内差异 G_w、区域间差异 G_{nb} 和超变密度差异 G_t，同时有 $G = G_w + G_{nb} + G_t$，具体计算公式如下：

$$G_w = \sum_{j=1}^{k} G_{jj} P_j S_j \quad (8-11)$$

$$G_{nb} = \sum_{j=2}^{k}\sum_{h=1}^{j-1} G_{jh}(P_j S_h + P_h S_j) D_{jh} \quad (8-12)$$

$$G_t = \sum_{j=2}^{k}\sum_{h=1}^{j-1} G_{jh}(P_j S_h + P_h S_j)(1 - D_{jh}) \quad (8-13)$$

其中，$P_j = \frac{n_j}{n}$；$S_j = \frac{n_j \overline{Y}_j}{n\overline{Y}}$；$D_{jh} = \frac{d_{jh} - p_{jh}}{d_{jh} + p_{jh}}$；$d_{jh} = \int_0^\infty dF_j(Y)\int_0^Y (Y - x)dF_h(x)$；$p_{jh} = \int_0^\infty dF_h(Y)\int_0^Y (Y - x)dF_j(x)$；$D_{jh}$ 表示 j 地区与 h 地区之间数字经济高质量发展水平的交互作用，d_{jh} 表示地区间数字经济高质量发展水平的差值，即在 j 地区与 h 地区中，所有 $Y_{ji} - Y_{hr} > 0$ 的样本值加总的数学期望；p_{jh} 表示超变一阶矩，是所有 $Y_{hr} - Y_{ji} > 0$ 的样本值加总的数学期望；函数 F_j 和 F_h 分别表示 j 地区与 h 地区的累计密度分布函数。

（二）核密度估计法

核密度估计法用于描述区域绝对差异的分布及演进规律，本小节采用核密度估计法研究数字经济高质量发展水平及区域分布态势、位置、延展性以及极化趋势。假设 $f(x)$ 是中国数字经济高质量发展水平 x 的密度函数：

$$f(x) = \frac{1}{Nh} \sum_{i=1}^{N} K\left(\frac{X_i - x}{h}\right) \qquad (8-14)$$

其中，N 为观测值的个数，x 为观测值的均值，X_i 代表独立同分布的观测值，$K(\cdot)$ 为核密度函数。

二、数字经济高质量发展的时空分析及地区差异

（一）中国数字经济高质量发展水平差异分解

将全国按照东中西分组，探讨三个地区数字经济高质量发展水平差距和差异来源，采用 Dagum 基尼系数法对差异来源进行分解，结果如表 8-2 所示。从演化趋势看，数字经济高质量发展的总体差异依然显著，但是呈现波浪式降低态势，基尼系数从 2015 年的 0.309 降至 2022 年的 0.282，年均降幅为 1.26%，这也佐证了中国区域协调发展政策实施的有效性。其中，2018~2019 年差距扩大，原因可能在于创新、共享维度两方面，互联网的快速发展尤其体现在手机及互联网用户数量的增加，导致区域和城乡发展不平衡的矛盾日益突出，发达地区与欠发达地区差距进一步加大。2019 年工信部出台《"5G+工业互联网"512 工程推进方案》，5G 技术的加速落地推动了数字经济平衡发展，在此之后基尼系数再次呈现下降趋势。

表 8-2　　　　　数字经济高质量发展水平差异（基尼系数）

分类		2015 年	2016 年	2017 年	2018 年	2019 年	2020 年	2021 年	2022 年
总差异		0.309	0.301	0.297	0.283	0.294	0.282	0.279	0.282
分区域	东部	0.259	0.252	0.268	0.258	0.270	0.254	0.255	0.259
	中部	0.115	0.124	0.141	0.134	0.137	0.139	0.154	0.152
	西部	0.198	0.205	0.184	0.266	0.159	0.266	0.161	0.163
分维度	基础	0.300	0.261	0.287	0.299	0.29	0.283	0.278	0.287
	创新	0.447	0.429	0.427	0.390	0.421	0.384	0.370	0.364
	协调	0.226	0.224	0.185	0.150	0.128	0.129	0.147	0.166
	开放	0.526	0.546	0.503	0.518	0.518	0.525	0.507	0.510
	共享	0.314	0.314	0.304	0.280	0.289	0.286	0.285	0.299
	绿色	0.157	0.157	0.153	0.146	0.152	0.153	0.131	0.120

从区域基尼系数来看，东部地区数字经济高质量发展差异最高，基尼系数平均值为 0.259，西部平均值为 0.20，中部平均值为 0.137，说明中部地区数字经济高质量发展比东西部地区更平衡。根据区域演化趋势，东西部地区数字经济高质量发展不平衡程度均呈现先上升后降低的态势，中部地区则呈现缓慢上升态势。由表 8-2 可知，东部地区基尼系数处于 0.25~0.27 之间，地区发展差异最小的是 2016 年，发展差距较大的是 2019 年，基尼系数随时间呈现先升后减的趋势。中部地区数字经济高质量发展水平相较东西部而言更加均衡，但基尼系数随时间推移逐渐上升，不平衡程度加深。西部地区基尼系数随时间推移呈现波动下降趋势，说明西部地区的数字经济高质量发展差距越来越小。

如表 8-3 所示为 2015~2022 年区域数字经济高质量发展水平差异分解结果。区域数字经济发展不平衡来源可分为地区内差异、地区间差异和超变密度差异，其中，超变密度差异指地理空间格局内差异与区域间差异的交互作用对数字经济高质量发展整体不平衡的影响程度。从差距来源看,地区间差异贡献率最高,地区内差异次之,超变密度差异贡献率最低。地区间差距成为中国数字经济高质量发展不平衡的主要差距来源,平均贡献率达到64.58%,因此缩小区域间差距有利于整体数字经济的高质量发展,从演化趋势看,地区间不平衡程度呈降低趋势,从2015年的0.203降至2022年的0.182。

表8-3　　2015~2022年数字经济高质量发展水平差异分解

年份	总体差异	地区差异来源			贡献率（%）		
		地区内差距 G_w	地区间差距 G_{nb}	超变密度 G_t	地区内差距 G_w	地区间差距 G_{nb}	超变密度 G_t
2015	0.309	0.078	0.203	0.028	25.196	65.820	8.984
2016	0.301	0.077	0.192	0.032	25.619	63.898	10.483
2017	0.297	0.078	0.188	0.030	26.375	63.385	10.240
2018	0.283	0.074	0.182	0.027	26.160	64.177	9.664
2019	0.294	0.077	0.194	0.023	26.073	66.004	7.923
2020	0.282	0.074	0.184	0.025	26.042	65.062	8.896
2021	0.279	0.074	0.178	0.027	26.468	63.915	9.617
2022	0.282	0.075	0.182	0.026	26.507	64.399	9.094

图8-5显示了样本期内中国数字经济高质量发展水平的核密度图,从图中可以看出中国整体数字经济高质量发展水平的分布动态和演进特征。(1)从分布位置来看,密度函数的中心均出现向右移动的特征,说明样本研究期间内全国及各区域的数字经济高质量发展水平均呈现上升态势,与前文测算结果吻合。(2)从分布形态看,各密度函数曲线主峰高度呈现下降态势,且出现向右拖尾现象,说明不同地区的数字经济高质量发展水平正逐渐拉开差距。(3)从极化现象来看,东部西部地区只存在一个主峰,说明不存在区域极化;而中部地

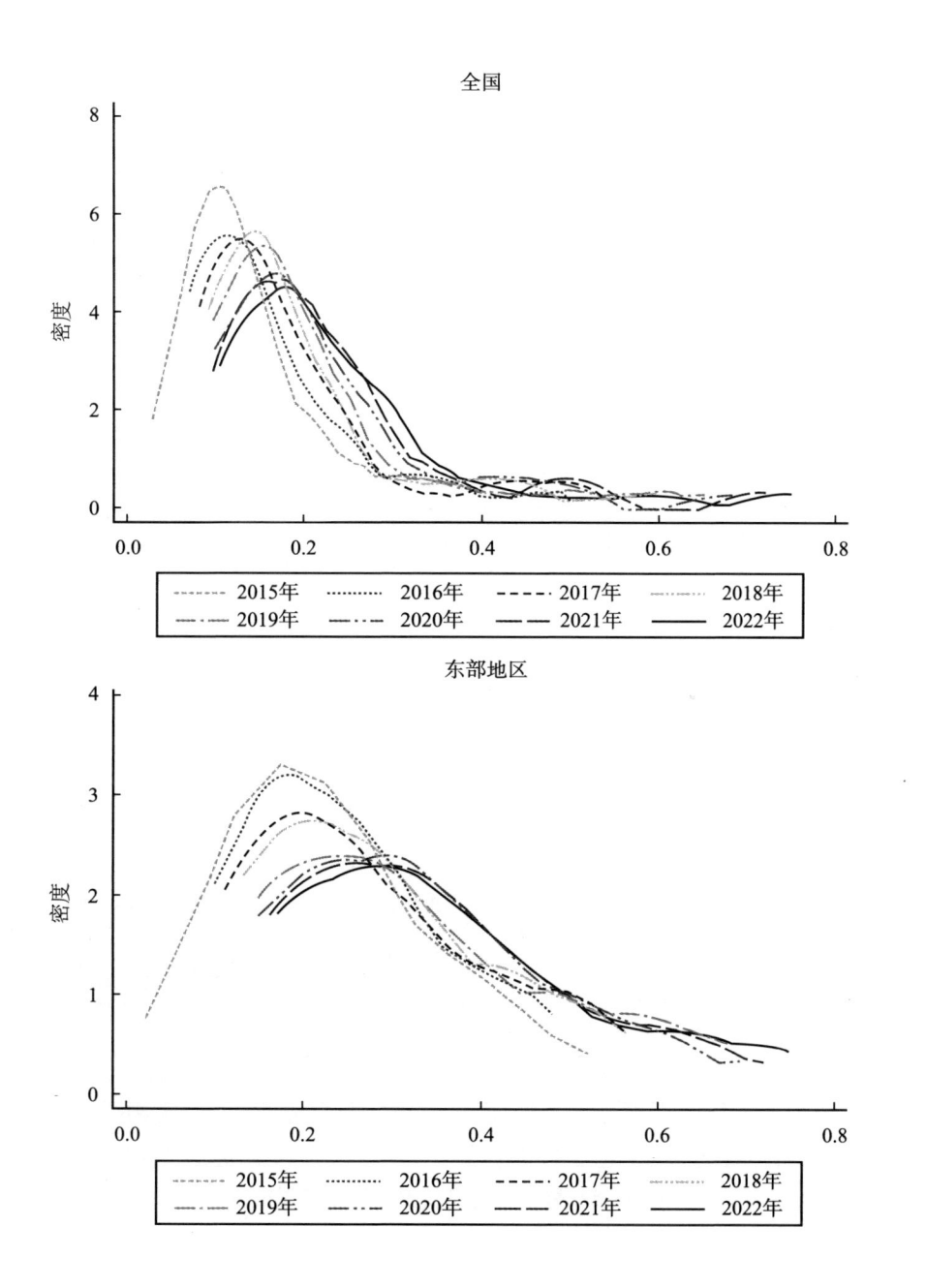

第八章 中国数字经济高质量发展水平及演变测度

区的核密度曲线近似呈现多峰形态,存在明显的极化现象。

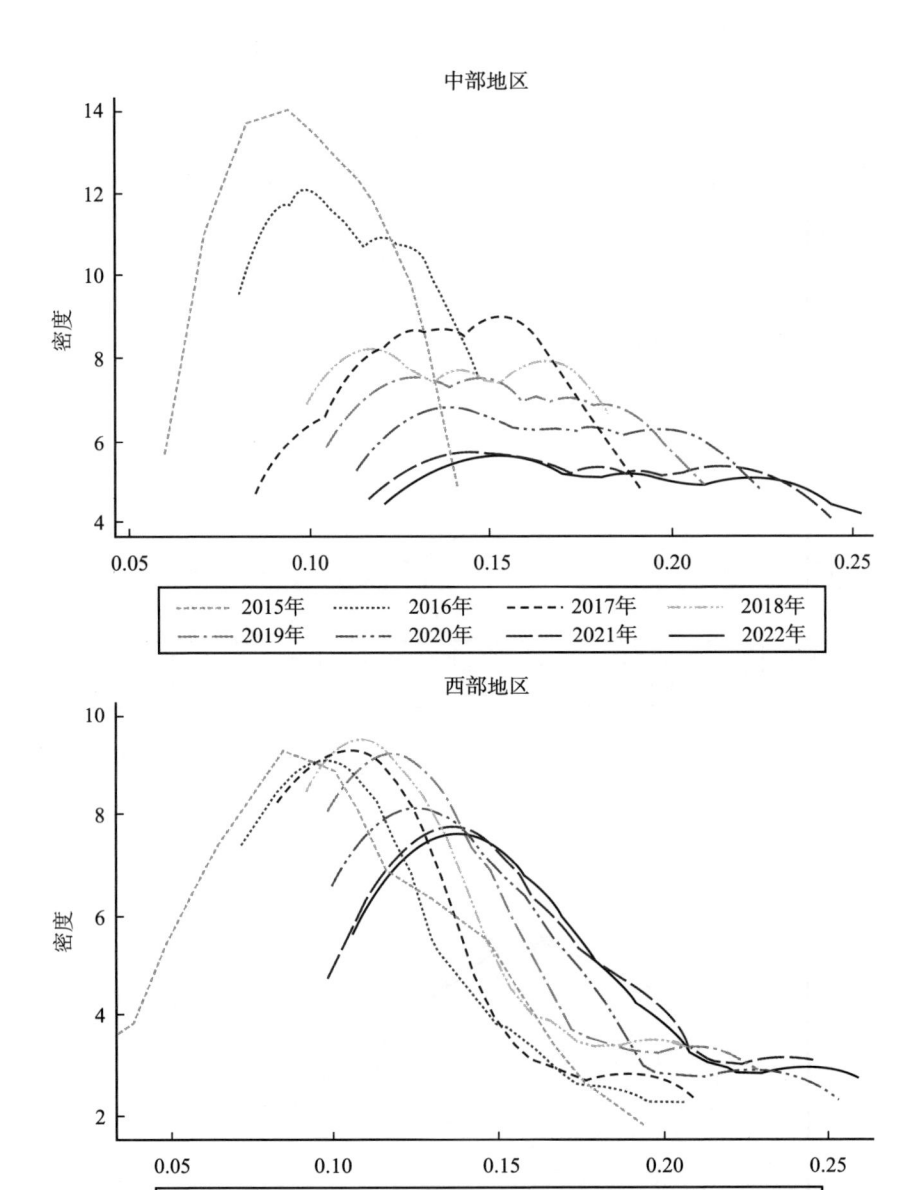

图 8-5 数字经济高质量发展水平核密度

(二) 数字经济高质量发展水平的空间相关性分析

在本小节中,首先利用 Arcgis10.8 与 Stata14.0 软件构建 30 个省(区、市)的经济地理嵌套权重矩阵,在此基础上利用 Moran's I(全局莫兰指数)探究中国省域数字经济高质量发展水平的空间自相关性。Moran's I 是介于 -1 和 1 之间的常数,当 Moran's I 趋近 -1 时,表明有明显的负向空间自相关;当 Moran's I 趋近 0 时,表明不存在空间相关性;当 Moran's I 趋近 1 时,表明存在明显的正向空间自相关。检验结果如表 8-4 所示,历年 Moran's I 均大于 0,且 p 值均不大于 0.001,通过了显著性检验,这表明了数字经济高质量发展水平存在显著的空间集聚效应。

表 8-4　　　　　　　　　Moran's I(全局莫兰指数)

年份	Moran's I	Z 值	P 值
2015	0.341	3.837	0.000
2016	0.298	3.370	0.000
2017	0.267	3.058	0.001
2018	0.266	3.086	0.001
2019	0.284	3.306	0.000
2020	0.268	3.169	0.001
2021	0.257	3.063	0.001
2022	0.275	3.261	0.001

为了考察样本期内各个省份的空间集聚特征,本书再次测算了局部莫兰指数并绘制散点图。莫兰指数散点图分为四个象限,第一象限是高—高区域,即观测地区的数字经济发展水平较高且周围地区也高;第二象限是低—高区域,即观测地区数字经济发展水平较低且周

围地区较高；第三象限是低—低区域，即观测地区数字经济发展水平较低且周围区域也较低；第四象限是高—低区域，即观测地区数字经济发展水平较高且周围地区较低。除了考虑不同省份在四个象限的分布外，还需要观察它们在不同象限的变动情形。

总体上来看，中国各省份的数字经济高质量发展水平主要表现为低—低集聚和高—高集聚。北京、天津、上海、广东、江苏、浙江六省份始终处于高—高聚集区域；湖北、重庆两个省份在2022年跳至高—高聚集；福建、内蒙古两个省份始终处于低—高聚集区域；其余省份大多处于低—低聚集区域。由此可见，中国数字经济的高质量发展呈现明显空间异质性，缩小地区间高质量发展差距是亟待解决的重要课题。

专栏 8-1

中国数字经济高质量发展典型城市的实践

本章研究揭示，中国数字经济高质量发展的时空演进呈现显著的区域分异特征与动态演化逻辑。然而，如何实现发展战略向实践路径的转化，尚需将研究视角下沉至具体的经济单元——作为数字经济创新生态系统的核心载体，城市层面的差异化探索为破解区域发展失衡、构建全域协同发展模式提供了关键突破口。

本专栏根据赛迪顾问发布的《2024中国城市数字经济发展研究报告》，聚焦2024年中国数字经济百强市的前五名城市——北京、上海、广州、深圳、杭州，深入剖析其在数字产业化、产业数字化、治理智能化等领域的创新路径与实践范式。典型城市或依托科技创新优势构建未来产业矩阵，或通过制度供给激活数据要素潜能，或借助场景开放重塑传统经济形态，形成了一批可复制、可推广的经验样本。通过解构典型城市的发展经验,既能够检验数字经济发展理论框架的实践适配性,亦可为其他区域结合本地比较优势制定差异化发展策略提供可操作的经验参照,进而推动形成多层级、多主体协同的数字经济高质量发展格局。

迈向全球数字经济标杆城市的北京实践

作为全国科技创新中心和国际交往中心,北京市在数字经济领域始终扮演着引领者的角色。

(1)在政策导向方面,北京市通过《北京市推动"人工智能+"行动计划》,聚焦"5+10+N"模式(五类场景、十大行业、N个商业化应用),形成300余家伙伴企业参与的创新生态圈;面对数据要素流通、新兴业态监管等制度性障碍,北京率先推出"规则试验田"机制,重塑"有效市场+有为政府"的协同治理新模式。同时,北京以"场景驱动创新"理念,在智慧城市、医疗健康、文化教育等领域打造标杆应用场景,通过需求牵引构建"技术—产业—治理"的良性循环。

(2)在数字产业化方面,实现核心技术突破与产业集群效应双轮驱动。北京市在人工智能领域取得了多项世界领先的科技成果。例如,智源研究院推出了全球首个原生多模态大模型Emu3,展示了北京在人工智能算法模型创新方面的实力。北京市还超前布局了全国首款64卡超节点算力服务器,为人工智能技术的发展提供了强大的算力支持。同时,北京市通过区域差异化布局,成功打造了多个具有鲜明特色的产业高地,不仅推动了城市数字经济的快速发展,也为全国乃至全球的科技创新和产业升级提供了有益借鉴。

(3)在产业数字化方面,北京大力推动数字技术与传统产业深度交融。通过系统性政策设计、核心技术突破、全产业赋能和开放协同,正逐步实现从"数字北京"到"全球标杆"的跨越。其经验为其他城市提供了可借鉴的范式:即以制度创新为基石,以技术突破为引擎,以场景开放为纽带,最终形成实体经济与数字经济深度融合的生态体系。这一路径不仅推动了经济高质量发展，更为全球数字经济治理贡献了中国智慧。

奋进全球数字经济前沿城市的上海征程

作为中国改革开放的排头兵和国际化大都市，上海在数字经济领域始终以制度创新为基石、技术突破为引擎、场景开放为纽带，构建起具有全球竞争力的数字经济生态体系。

（1）在政策导向方面，建立"制度突破引领要素流通、场景开放倒逼技术创新"的闭环机制。上海率先构建"数据要素基础制度先行区"，依托全国首个数据交易所累计挂牌数据产品超2200个，交易额突破12亿元，并启动数据交易国际板建设，探索跨境数据流通新范式。通过《加快"人工智能+政务服务"改革实施方案》，上海构建"政策找企业"智能算法，实现惠企政策"免申即享"，首批上线政策兑现时间压缩80%。"制度重塑+技术赋能"的政务服务改革，使上海数字行政服务指数跃居全国首位。

（2）在数字产业化方面，上海通过"核心技术攻关—产业生态培育—全球竞争力锻造"的路径，在人工智能、工业互联网、智能终端等领域形成创新矩阵。此外，上海还以新型基础设施服务支撑建设具有世界影响力的国际数字之都，目前已建成全国首个超大规模区块链基础设施"浦江数链"，支撑政务区块链节点突破2000个，实现电子证照、司法存证等场景的链上协同。

（3）在产业数字化方面，上海以"数字技术贯穿产业全链条"为路径，推动制造业、服务业、城市治理等领域的深度变革。例如，上海的汽车制造企业积极推进智能网联新能源汽车全产业链发展，通过数字化技术实现了汽车生产过程的智能化管理、质量控制和供应链协同。同时，上海的电商平台和在线新经济企业不断发展壮大，通过数字化手段创新商业模式，拓展市场空间。此外，上海的文化娱乐产业也借助数字技术实现了创新发展，如虚拟演唱会、虚拟偶像等数字娱乐消费新业态不断涌现。

竞逐全球数字经济先锋之城的广州探索

作为我国经济强市和科技创新的重要基地,广州市在数字经济领域积极探索、奋勇前行。2025年广州市政府工作报告为数字经济发展指明了清晰方向,明确提出"推进建设数字经济引领型城市。加快全域数字化转型,完善数据产业专项政策"。

(1) 在政策指引方面,广州市明确了一系列目标和行动方案,为数字经济发展提供了清晰的路线图。在《数字广州建设总体规划》中提出"13535"总体架构,以数据赋能为主线,明确了到2030年力争建成数字中国标杆城市,到2035年数字基础设施达到世界先进水平,成为全球数字科技及产业创新高地的目标。围绕全流程构建数据要素赋能体系,全方位增强数字广州基础设施,全领域推动"五位一体"数字化转型,全要素激活数字广州创新发展动能,全过程保障数字广州高质量发展。

(2) 在数字产业化方面,广州在人工智能、集成电路等领域取得一定成果。建成广州人工智能公共算力中心,全市智算中心规模为924P,国家超级计算广州中心成为全球用户数量最多、应用范围最广的超算中心之一。广州还积极推动软件、超高清视频、集成电路、人工智能、智能网联汽车等产业发展壮大,加快海陆空全空间无人体系建设,围绕类脑智能、量子信息等数据资源和数字技术密集型领域,组织实施未来产业孵化与加速计划。

(3) 在产业数字化方面,广州大力推动"人工智能+"制造业,深化人工智能在汽车、电子、能源、医药等领域应用。支持企业发展平台化设计、个性化定制、柔性化生产等制造模式,大力推进"灯塔工厂""5G全连接工厂""数字孪生工厂"建设。同时借助电商平台与直播带货等新兴方式,拓展销售渠道,提升品牌影响力。

向全球数字经济领军之城迈进的深圳路径

作为中国改革开放的前沿阵地,深圳市在数字经济领域始终以"先行示范"的姿态引领全国发展。2025年,深圳市政府工作报告明确提出要

| 数字新质生产力理论与实践

"培育量子信息等未来产业新增长点",并通过政策创新、技术突破与产业融合,推动数字经济成为高质量发展的核心引擎。

(1) 在政策导向方面,深圳从市级到区级均制定了系统化的数字经济政策。例如,《深圳市数字经济产业创新发展实施方案(2021—2023年)》提出建设千亿级产业集群;《关于加快发展新质生产力 进一步推进战略性新兴产业集群和未来产业高质量发展的实施方案》进一步明确到2025年战略性新兴产业增加值突破1.6万亿元,打造"4个万亿级、4个五千亿级"产业集群。在区级层面,福田区出台《支持数字经济高质量发展若干政策》,通过专项资金扶持企业研发与场景应用;南山区新增数字经济专项扶持措施,形成"1+4+20"产业政策体系,覆盖低空经济、人工智能等新兴领域。

(2) 在数字产业化方面,深圳通过核心技术攻关与差异化布局,形成了以人工智能、5G、量子信息为核心的产业集群,拥有腾讯、华为等龙头企业,核心产业规模超3000亿元,构建起了全球竞争力。

(3) 在产业数字化方面,深圳市通过数字技术与实体经济的深度融合,推动制造业、服务业全面升级,实现"实数融合"的倍增效应。例如,华为松山湖基地应用数字孪生技术,构建"黑灯工厂",生产效率提升40%。深圳推动581家规上制造业企业完成数字化转型达标,新增国家级智能制造示范工厂9家,GE医疗北京基地的"灯塔工厂"经验在深圳复制推广。此外,深圳前瞻布局量子信息、合成生物等未来产业。例如,深圳国际量子研究院在量子通信领域实现突破,建成全球首个城域量子保密通信网络;华大基因通过基因大数据平台加速新药研发,推动精准医疗产业化。

打造全球数字经济卓越之城的杭州范式

杭州市作为中国数字经济发展的先行者和标杆城市,在2025年政府工作报告中明确提出要"打造具有全球影响力的创新策源地",通过数字经济与实体经济的深度融合,推动经济结构向高质量方向发展。

第八章 中国数字经济高质量发展水平及演变测度

（1）在政策导向方面，2025年杭州推出"8+4"经济政策体系，即八个重点政策领域和四张要素保障清单，市级财政预算从490亿元增至502亿元，其中15.72%的产业政策资金投入优质新质生产力领域，特别强调对通用人工智能、人形机器人、低空经济等未来产业的支持。这一政策体系不仅延续了杭州历年来在数字经济领域的战略定力，更展现出面向未来的前瞻性布局。此外，杭州聚焦"五大产业生态圈"，在通用人工智能、无人驾驶和商业航天等高新技术领域形成完整的产业链条。尤其值得注意的是，杭州实施的"伙伴计划"强化了科技平台与企业、高校以及产业链的合作，提高了科研成果转化率。以人工智能领域为例，杭州已培育出DeepSeek、宇树科技等行业先锋企业，这些企业的发展历程充分体现了杭州创新生态的有效性。

（2）在数字产业化方面，杭州通过核心技术攻关与差异化产业布局双轮驱动，形成了具有全球竞争力的数字经济产业集群。2024年，杭州数字经济核心产业增加值总量已超6000亿元，占GDP比重达28.8%，远高于全国约10%的平均水平，这一数据充分彰显了杭州在数字产业化方面的领先优势。杭州的数字产业化路径不仅注重单项技术突破，更强调产业链协同和创新生态构建，形成了独具特色的发展模式。作为杭州本土人工智能企业的代表，DeepSeek依托杭州优越的创新环境和政策支持，在大模型基础理论研究与产业应用转化方面取得了重要突破。杭州市2025年"8+4"经济政策特别强调推动人工智能等前沿产业发展，明确提出要"培育出更多像DeepSeek和宇树科技这样的行业先锋"，体现了政府对核心技术企业的重点扶持。在政策引导下，杭州人工智能企业形成了从算法研发、算力支撑到场景应用的完整创新链条，为数字产业化提供了强大动力。

（3）在产业数字化方面，杭州通过数字技术对制造业、服务业等传统产业进行全链条、多维度改造，实现了实体经济与数字经济的深度融合。2025年，杭州计划新增中小企业无还本续贷600亿元，力争培养300家专精特新中小企业，40家专精特新"小巨人"企业，以及10家科技领军企业，这些目标体现了杭州在产业数字化转型中的雄心与务实。杭州的产业数字化实践不是简单的技术叠加，而是通过数字技术重构产业生态和价值链条，形成一批具有示范意义的转型案例。

第四节 本章小结

在深入梳理了数字经济相关理论及其赋能作用机理的基础上，本章以新发展理念为指引，从基础、创新、协调、绿色、开放、共享六大维度构建数字经济高质量发展评价指标体系，对2015~2022年中国省际数字经济高质量发展水平进行测度，并在此基础上进一步分析数字经济高质量发展水平的时空演进，同时结合典型城市实践解析经济主体的创新路径。

从时间维度来看，中国数字经济高质量发展水平呈现稳步上升的趋势，其中基础、创新和共享维度对中国数字经济高质量发展水平的影响最为显著。从省域差异来看，北京数字经济高质量发展水平大幅领先其他省份，上海和广东紧随其后，宁夏、贵州等西部地区虽然数字经济高质量发展水平仍然较低，但增长速度较快，后发优势和发展潜力明显。从空间维度来看，中国数字经济的高质量发展呈现明显的空间异质性，缩小地区间数字经济发展差距是亟待解决的重要课题。

第九章

数字经济高质量发展的影响因素及作用机制研究

数字经济高质量发展的影响因素有：经济发展质量、网络基础设施、研发创新、人力资本、对外开放程度。本书采用灰色关联度方法测算影响因素对数字经济高质量发展的重要程度。

第一节　数字经济高质量发展的影响因素相关研究

当前，全球经济格局深度调整、科技革命持续加速，中国已经进入新发展阶段，迫切需要根据新发展阶段的新要求，精准把握新发展理念，推动高质量发展。数字经济作为一种新经济形态，正在成为重组全球要素资源、重塑全球经济结构、改变全球竞争格局的关键力量。在这一关键时期，数字经济若要实现可持续的长远发展，仅仅满足于规模的增长是远远不够的，相较于量的积累，质的进步才是其未来发展的核心要义。因此，深入践行新发展理念成为数字经济迈向更高层级、更高质量的必由之路。

数字经济是一种新型经济形态，其本质是传统经济活动与数字技术深度融合的产物。因此，数字经济的发展势必受到区域经济水平、产业结构和资源禀赋等多方面因素的影响[189]。对于数字经济高质量发展的研究，不仅要看数字产业化和产业数字化的发展，还要深入观察其各内部环节与数字经济的关联度，深入开展数字经济高质量发展的影响因素相关研究。

目前关于数字经济高质量发展影响因素的研究仍处于起步阶段，且主要是从单个角度对数字经济高质量发展的影响进行分析，对影响因素全面、定量的研究仍然较少，主要从内部驱动因素和外部影响因素两方面进行。对于内部驱动因素而言，国内部分学者侧重数字产业化和产业数字化方向，认为经济状况、数字产业化、产业数字化都是影响数字经济发展的关键因素[190~193]。在此基础上，一些学者再次加入数字基础设施、政策环境、发展环境等维度进行研究[194,195]。对于外部影响因素而言，城市区位、基础设施等是数字经济发展的物质基础[196]；创新环境、政府政策为数字经济发展和质量提升提供了环境保障[197]；人力资本是数字经济发展的关键因素[198]；技术创新是数字经济发展及质量提升的不竭动力。

第二节　数字经济高质量发展的影响因素识别

本书在对数字经济高质量发展的影响因素研究中，通过文献分析法、现状与理论分析法等研究方法，对数据资料与各种文献整理和总结，发现各学者对数字经济高质量发展影响因素的研究存在较大不同，具体表现为将数字经济基础设施，即经济基础和网络基础作为影响因素的学者居多。综合考虑到数据的可得性、真实性与完整性，本书将影响因素划分为5个一级指标和24个二级指标，如图9-1所示。

第九章 数字经济高质量发展的影响因素及作用机制研究

(1) 经济发展质量：一方面数字经济的发展可以助推经济的高质量发展；另一方面，数字经济的发展要有经济基础的支撑。因此，在对经济发展质量的具体因素选取中，综合考虑与重点突出并重，将快递业务总量、电信业务总量等因素作为二级指标。

(2) 网络基础设施建设：计算机、网络基础是数字经济高质量发展的关键要素。在二级指标的选取中选取了具有代表性的基础要素：光缆线路长度、互联网宽带接入端口等。

(3) 研发创新质量：数字经济是经济创新发展的产物，其发展与进步离不开诸多领域创新的发展。为此，选取规模以上工业企业发明型专利数、技术市场成交额等因素作为二级指标。

(4) 人力资本：在数字经济发展中高质量人才尤为重要，人是一切生产活动中最重要的因素。本书把每十万人在校大学生人数、信息传输、软件和信息技术服务业就业人数等因素作为二级指标。

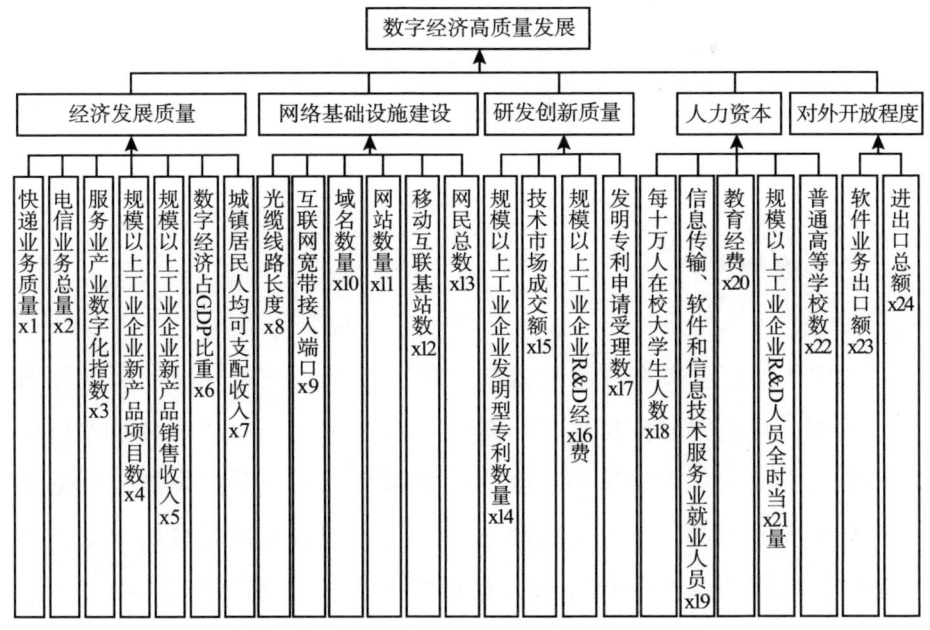

图 9-1 数字经济高质量发展影响因素划分

（5）对外开放程度：当前的经济发展形态是开放式、与国际社会接轨的形态。因此本书认为对外开放程度是影响数字经济高质量发展的一个重要因素，并把软件业务出口额和进出口总额作为二级指标。

第三节 实证分析

一、数据来源

本章选取 2015～2022 年中国 30 个省份（考虑数据的可获得性，港、澳、台和西藏地区除外）的数据作为样本，样本来源均为历年《中国统计年鉴》、各省统计年鉴、工信部官方数据、《中国电子信息产业统计年鉴》、《中国能源统计年鉴》、《中国三产统计年鉴》、《中国科技统计年鉴》以及相关企业年报等官方数据。针对部分省（区、市）特定年份存在的数据缺失问题，采用插值方法进行数据的补全。

二、模型选择

本章采用灰色关联度分析方法对数字经济高质量发展的影响因素进行识别。灰色关联分析是一种统计分析技术，主要用来分析系统中母因素与子因素关系的密切程度，从而判断引起该系统发展变化的主要因素和次要因素，是对系统动态发展态势的量化比较分析方法。相对于传统的数理统计分析方法（如回归分析、主成分分析等），灰色关联分析方法对样本量多少和样本有无规律都同样适用，且计算量小，不会出现量化结果与定量分析结果不符的情况，弥补了采用数理统计方法进行系统分析所导致的缺陷。

在系统发展过程中，若两个因素变化的趋势具有一致性，即同步变化程度较高，则二者关联程度较高，反之，则较低。简单来讲，就是在一个灰色系统中，我们想要了解其中某个关注项目受其他因素影响的相对强弱。

三、模型设计

（1）明确研究问题，确定反映系统行为特征的参考数列和影响系统行为的比较数列。

反映系统行为特征的数据序列称为参考数列，影响系统行为的因素组成的数据序列称为比较数列。由前文测算的数字经济高质量发展指数作为参考序列，$x_0 = [x_1, x_2, \cdots, x_n]^T$。由各个影响因素组成的比较序列，记为：

$$X_{nm} = \begin{bmatrix} x_i(1,1) & x_i(1,2) & \cdots & x_i(1,m) \\ x_i(2,1) & x_i(2,2) & \cdots & x_i(2,T) \\ \vdots & \vdots & \ddots & \vdots \\ x_i(n,1) & x_i(n,2) & \cdots & x_i(n,m) \end{bmatrix} \quad (9-1)$$

（2）对参考数列和比较数列进行无量纲化处理。

由于系统中各因素的物理意义不同导致数据量纲也不相同，不便于比较，或在比较时难以得到正确的结论，因此在进行灰色关联度分析时一般都要进行无量纲化的数据处理。无量纲化数据处理的常见方法有初值化、均值化、区间相对值化等多种方法，本书采用初值化处理，即 $X_i' = X_i/x_i = (x_{i1}', x_{i2}', \cdots, x_{in}')$，$i = 1, 2, \cdots, m$。

(3) 求参考数列与比较数列的灰色关联系数。

所谓关联程度,实质上是曲线间几何形状的差别程度,因此曲线间差值大小可作为关联程度的衡量尺度。关联系数 $\xi_i(k)$ 的计算公式为:

$$\xi_i(k) = r(x_0(k), x_i(k)) = \frac{a + \rho b}{|x_0(k) - x_i(k)| + \rho b} \quad (9-2)$$

其中, $x_0(k) - x_i(k)$ 为差序列; $a = \min_i \min_k |x_0(k) - x_i(k)|$ 为最小差; $b = \max_i \max_k |x_0(k) - x_i(k)|$ 为最大差; ρ 为分辨系数,一般取 $\rho = 0.5$。

(4) 计算关联度。

关联系数是比较数列与参考数列在各个时刻(即曲线中的各点)的关联程度值,所以它的数值不止一个,而信息过于分散不便于进行整体性比较。因此有必要将各个时刻(即曲线中的各点)的关联系数集中于一个值,即求其平均值,作为比较数列与参考数列间关联程度的数量表示。关联度 r_i 计算公式为:

$$r_i = \frac{1}{n}\sum_{k=1}^{n} \xi_i(k) = \frac{1}{n}\sum_{k=1}^{n} y(x_0(k), x_i(k)) \quad (9-3)$$

若 $r(x_0, x_i) > r(x_0, x_j) > \cdots > r(x_0, x_k)$,则表示 x_i 优于 x_j, x_j 优于 x_k,其余依此类推,记 $x_i > x_j > x_k$。其中, $x_i > x_j$ 表示因子 x_i 对参考序列 x_0 的灰色关联度大于 x_j,关联度越大,说明该组因素与参考序列之间的紧密程度越强。

四、结果分析

本书以数字经济高质量发展指数为参考序列,以影响数字经济高质量发展水平的各个影响因素作为比较序列,使用灰色关联分析法计

第九章 数字经济高质量发展的影响因素及作用机制研究

算得到各个影响因素的关联度,并按照大小顺序排列通过比较各因素灰色关联度的大小,识别各指标对研究对象的影响程度。计算得到的关联度结果取值在［0,1］之间,数值越大代表该因素与中国数字经济高质量发展之间的关联度越强。结果显示:灰色关联度水平中,人力资本>网络基础设施>研发创新质量>对外开放程度>经济发展质量。具体结果如表9-1所示。

表9-1　　数字经济高质量发展影响因素一级指标关联度及排名

指标维度	灰色关联度得分(排名)			
	全国	东部地区	中部地区	西部地区
经济发展质量	0.866(5)	0.867(5)	0.875(5)	0.879(5)
网络基础设施建设	0.921(2)	0.909(2)	0.931(1)	0.928(2)
研发创新质量	0.890(3)	0.877(4)	0.892(3)	0.900(3)
人力资本	0.935(1)	0.934(1)	0.924(2)	0.945(1)
对外开放程度	0.889(4)	0.894(3)	0.885(4)	0.890(4)

(一) 全国整体水平分析

根据表9-1中全国灰色关联分析计算结果可以看出,本书所选取的5个一级指标的灰色关联度均在0.85以上,说明各一级指标与数字经济指数都存在高度的关联,都是影响数字经济高质量发展的重要因素,每一要素都是缺一不可的。表9-2所示为各二级指标关联度得分及排名情况,中国数字经济高质量发展关联度较高的影响因素主要集中在"人力资本"、"网络基础设施建设"以及"研发创新质量"当中。

(1) 人力资本水平与数字经济高质量发展之间的灰色关联度最

高，均值达到0.935，表明人力资本水平对数字经济高质量发展的作用程度最大。首先，数字经济作为一项新经济形态，对具有研发创新意识的复合型人才要求高、需求大；其次，随着高校改革和大学生质量与数量的增加，创新研发水平也在不断提升，可以快速适应数字经济发展要求，并高效投入到产出中；最后，考虑到企业成本因素，创新是推动经济发展的第一要素，人力资本加研发创新不仅可以减少企业在数字经济转型中的成本支出，还能高效率地提高数字经济的产出和规模。

（2）网络基础设施与数字经济高质量发展的灰色关联度仅次于人力资本水平，关联度均值达到0.921。数字经济的高质量发展依赖网络基础设施建设的发展。首先，网络基础设施的建设，能够扩大网络覆盖范围，提供工具稳定、快速的网络连接，提升数字连接能力。其次，先进的网络基础设施支持更高的数据传输速率，也为数据处理能力的提升创造了条件。良好的网络环境可以使数据在存储、计算节点之间快速流动，缩短数据处理周期，为企业和机构提供更及时、精准的数据分析结果，支持决策制定，促进数字经济的智能化发展。再次，网络基础设施的完善为新技术的孵化和应用提供了土壤，也使得共享经济、零工经济等数字经济新业态成为可能。最后，网络基础设施建设有助于缩小区域之间的数字鸿沟，推动数字经济产业在不同区域的均衡发展，同时加强不同产业之间的数字化联系，促进产业协同发展，优化数字经济产业布局。

（3）研发创新质量同样是推动数字经济高质量发展中不可或缺的一部分，灰色关联度均值达到0.890，作用程度较大。首先，高质量的研发创新能够推动数字经济关键核心技术的突破与数字技术的迭代升级。以通信技术为例，从2G到3G、4G，再到5G的演进过程中，研发团队不断提升创新质量，使得通信技术能够更快地适应数字经济

第九章　数字经济高质量发展的影响因素及作用机制研究

发展对高速、大容量、低延迟通信的需求。这种技术升级不仅提高了移动互联网的性能，还为物联网、工业互联网等新兴数字经济领域的发展提供了技术支撑，推动数字经济产业结构不断向高端化迈进。其次，研发创新质量的提高有助于优化数字产品的功能和性能、提升数字服务的创新和质量。例如，在金融科技领域，高质量的研发使得移动支付服务更加安全便捷；通过创新的身份认证技术（如生物识别技术）和安全加密算法，保障用户资金安全的同时，提升支付的便捷性。这不仅改变了人们的消费支付方式，还促进了电子商务等数字经济领域的蓬勃发展。最后，在全球数字经济竞争格局中，高质量的研发创新能够使一个国家或地区的数字经济产业获得竞争优势。以数字芯片设计为例，拥有高质量研发创新能力的国家可以在高端芯片市场占据主导地位，掌握芯片产业的核心技术和知识产权，从而在全球数字经济产业链中占据高端环节。这不仅能够带来巨大的经济利益，还能提升国家的数字经济安全保障能力。

（4）对外开放程度和经济发展质量是衡量经济发展的重要指标，是一个地区经济实力的体现，也是影响数字经济高质量发展的重要因素，关联度均值分别达到 0.889 和 0.866。关联度水平在所有一级指标中处于第 4、5 位，本书分析其原因认为：首先，从整体上看，中国目前的经济总体发展已经处于相对较高的水平，为数字经济高质量发展奠定坚实基础。其次，在数字经济的发展中，经济发展质量和对外开放程度主要起基础而非决定性的作用，即经济发展质量和对外开放程度是数字经济高质量发展的必要条件。数字经济作为一项新经济形态，其发展要有强大的经济作为支撑，两者是相辅相成的关系。只有经济质量提升才能为数字经济的发展提供资本支撑和基础设施建设。

表 9−2　　数字经济高质量发展影响因素二级指标关联度及排名

一级指标	二级指标	关联度	排名
经济发展质量	快递业务总量 x_1	0.780	22
	电信业务总量 x_2	0.778	23
	服务业产业数字化指数 x_3	0.916	15
	规模以上工业企业新产品项目数 x_4	0.874	20
	规模以上工业企业新产品销售收入 x_5	0.898	17
	数字经济占 GDP 比重 x_6	0.916	14
	城镇居民人均可支配收入 x_7	0.897	18
网络基础设施建设	光缆线路长度 x_8	0.923	9
	互联网宽带接入端口 x_9	0.937	3
	域名数量 x_{10}	0.880	19
	网站数量 x_{11}	0.923	10
	移动互联网数 x_{12}	0.916	16
	网民总数 x_{13}	0.951	2
研发创新质量	规模以上工业企业发明型专利数 x_{14}	0.934	7
	技术市场成交额 x_{15}	0.772	24
	规模以上工业企业 R&D 经费 x_{16}	0.933	8
	发明专利申请受理数 x_{17}	0.919	13
人力资本	每十万人在校大学生人数 x_{18}	0.936	5
	信息传输、软件和信息技术服务业就业人员 x_{19}	0.934	6
	教育经费 x_{20}	0.963	1
	规模以上工业企业 R&D 人员全时当量 x_{21}	0.923	11
	普通高等学校数 x_{22}	0.922	12
对外开放程度	软件业务出口额 x_{23}	0.845	21
	进出口总额 x_{24}	0.936	4

（二）区域水平分析

从区域情况来看（见表 9−1），东部地区各个维度的灰色关联度

第九章 数字经济高质量发展的影响因素及作用机制研究

水平普遍低于中西部地区，原因在于：

（1）东部地区的经济发展已经处于相对较高的水平，科技人才聚集，网络基础设施建设十分完善，在动态数据的分析中，各项指标变化的灵敏度不如中西部地区，但其对数字经济高质量发展的作用已由决定性转向基础支撑。而中西部地区自身经济数字化程度较低，因而对各影响因素的变化反应更敏感、更富有弹性。

西部地区目前仍处于数字经济发展的前期阶段，需要大量技术人才在创新、研发、技术转化与应用过程中发挥作用。因此人力资本、研发创新质量与数字经济高质量发展之间的关联程度较高；中部地区位于东部发达地区与西部欠发达地区之间，起到承接和关联经济发展的区位作用，在制造业、物流业等传统产业方面具有一定优势，其传统产业要想实现智能化、数字化转型，搭建东西协同、南北贯通的发展桥梁，需要数字基础设施的支持，进而实现生产效率的提升，培育新质生产力，推动经济高质量发展，因而网络基础设施与数字经济高质量发展之间的关联程度较高。

（2）中西部地区的后发优势明显。一方面，中西部地区可以直接借鉴东部地区先进的数字技术和创新经验，减少自主研发的时间和成本，快速提升自身的研发创新水平。例如，中西部的一些城市在建设数字产业园区时，可以引进东部地区成熟的园区管理模式和先进的数字技术企业，加速本地数字经济的发展。另一方面，中西部地区能够根据自身实际情况，选择更适合的创新模式，避免走东部地区在数字经济发展初期所经历的弯路，实现弯道超车。

（3）产业结构优化需求大。中西部地区传统产业占比较大，如资源型产业、传统制造业等，面临着转型升级的巨大压力。而数字经济为传统产业提供了数字化、智能化转型的机遇，通过研发创新，可以将数字技术与传统产业深度融合，提高生产效率、降低成本、优化产品质量，从而促进传统产业的高质量发展，进而推动整个地区数字经济的发展。此外，中西部地区在新兴数字产业方面的发展相对滞后，但同时也意味着有更大的发展空间和潜力。研发创新能够助力中西部地区培育和发展新兴数字产业，如数字文创、智慧物流、跨境电商等，形成新的经济增长点，带动数字经济规模的扩大和质量的提升。

（4）政策支持力度倾斜，且针对性强。为了促进中西部地区的经济发展和区域协调，国家出台了一系列优惠政策，在一定程度上缓解了中西部地区企业和科研机构在研发创新方面的资金压力，鼓励他们加大创新投入，提高研发创新质量，从而更好地推动数字经济发展。此外，中西部地区各地方政府也纷纷制定符合本地实际情况的数字经济发展政策，在人才引进、土地供应、创新平台建设等方面给予支持。

第四节　本章小结

在测度了中国数字经济高质量发展水平基础上，本章使用灰色关联度分析方法对数字经济高质量发展的影响因素进行识别，以探究各影响因素对数字经济高质量发展的重要程度。综合考虑到数据的可得性、真实性与完整性，本书将影响因素划分为5个一级指标和24个二级指标，其中一级指标分别为经济发展质量、网络基础设施建设、研发创新质量、人力资本和对外开放程度。

从全国整体水平来看，本章选取的5个一级指标的灰色关联度均在0.85以上，说明各一级指标与数字经济高质量发展指数都存在高

第九章　数字经济高质量发展的影响因素及作用机制研究

度的关联，都是影响数字经济高质量发展的重要因素。从区域发展水平来看，由于中西部地区后发优势明显，且处于数字经济发展的前期阶段，产业结构优化需求大、政策支持力度倾斜，因此中西部地区各个维度的灰色关联度水平普遍高于东部地区。

第十章

数字经济高质量发展赋能新质生产力

在全球经济格局深度调整与科技革命加速演进的当下，新质生产力已成为推动经济持续增长、提升国家竞争力的核心要素。数字经济作为创新驱动发展的关键力量，正以其高质量发展态势，深度融入经济社会各领域，成为赋能新质生产力的关键引擎。从技术创新的前沿突破，到产业融合的深度变革，数字经济高质量发展为新质生产力的培育与壮大注入源源不断的动力，开启高质量发展的全新篇章。本章在前文测度数字经济高质量发展水平的基础上，继续探究其对新质生产力发展是否存在积极有效的赋能作用，并进一步探究其非线性效应，以实现赋能的"加速效应"。

第一节 模型构建

一、固定效应模型

本书构建固定效应模型以检验数字经济高质量发展对新质生产力的影响，具体模型结构如下：

$$nqp_{it} = \alpha_0 + \alpha_1 dig_{it} + \beta_k control_{it} + u_i + q_t + \varepsilon_{it} \quad (10-1)$$

其中，i 和 t 分别表示地区和时期，nqp 为新质生产力发展水平；dig 为数字经济高质量发展水平；$control$ 为控制变量；α_0 为常数项；α_1 为待估计系数；β_k 为控制变量估计系数组成的向量；u、q 分别为个体、时间固定效应；ε_{it} 为随机干扰项。

二、门槛回归模型

汉森（Hansen）[199]建立的面板门槛模型是研究各个变量之间非线性关系的经典模型，它采用 Bootstrap 方法反复抽样，计算出函数残差值最小时对应的门槛值，并根据门槛值的大小将模型划分为不同的区间，通过构造假设统计量进行下一步检验，最后推导出变量在各个区间的方程式。传统的分组检验具有主观性，运用交互项的相关实证分析方法不能阐明单个系数如何影响到被解释变量，面板门槛回归法和这两种非线性的传统方法有所不同，可以弥补其不足，使得实证分析结果正确性得以提升、门槛值更为客观准确。其中单一门槛和双重门槛的模型设置如下所示：

$$nqp_{it} = \delta_0 + \delta_1 dig_{it} \cdot I(d_{i,t} \leq \gamma_1) + \delta_2 dig_{it} \cdot I(d_{i,t} > \gamma_1) + \varepsilon_{it} \quad (10-2)$$

$$nqp_{it} = \delta_0 + \delta_1 dig_{it} \cdot I(d_{i,t} \leq \gamma_1) + \delta_2 dig_{it} \cdot I(\gamma_1 < d_{i,t} \leq \gamma_2)$$
$$+ \delta_3 dig_{it} \cdot I(d_{i,t} > \gamma_1) + \beta_k control_{it} + u_i + q_t + \varepsilon_{it} \quad (10-3)$$

其中，i 和 t 分别表示地区和时期，nqp 为新质生产力发展水平；dig 为数字经济高质量发展水平；d 为门槛变量，γ_1 和 γ_2 为待估计的门槛值，当满足括号内的条件时，该函数值赋值为 1，反之赋值为 0；$control$ 为控制变量；α_0 为常数项；α_1 为待估计系数；β_k 为控制变量估计系数组成的向量；u、q 分别为个体、时间固定效应；ε_{it} 为随机干扰项。

第二节 指标选择与数据说明

一、指标选择

（一）解释变量

数字经济高质量发展水平（dig）。使用第八章测算得到的数字经济高质量发展指数来衡量各省份数字经济高质量发展水平。

（二）被解释变量

新质生产力水平（nqp）。借鉴已有研究[200~202]以及新质生产力的基本内涵，本章从新劳动者、新劳动对象、新劳动资料三方面构建新质生产力发展指数，以衡量各省份新质生产力发展水平。具体指标选取如表10-1所示。

表10-1　　　　　　　新质生产力的测算指标体系

一级指标	二级指标	三级指标	指标定义
新劳动者	劳动者技能	受教育程度	人均受教育程度
		人力结构	高等院校在校学生结构
	劳动者价值创造	人均产值	人均GDP
		人均收入	人均工资
	劳动者结构	三产从业人员比重	三产就业人员/总就业人数

续表

一级指标	二级指标	三级指标	指标定义
新劳动对象	新质产业	机器人安装密度	机器人数量/总人口
	新能源	新能源发电比重	新能源发电量/总发电量
		新能源利用效率	GDP/新能源发电量
	新材料	新材料产业产值	新材料相关上市公司的营业收入
		新材料上市企业数	新材料相关上市公司的个数
新劳动资料	技术革新	人均专利授权数	专利授权总数/总人口
		人工智能企业数	人工智能企业数量

（三）控制变量

参考相关文献[203~305]，本书还分析了其他可能影响新质生产力发展的因素，具体包括：信息化水平（inf），使用邮电业务总量来衡量；劳动力水平（lab），用就业人数取自然对数来衡量；原始创新能力（oi），采用R&D经费中的基础研究经费占比来衡量；产业结构升级（str），采用三产与二产产值之比来衡量产业结构升级。

（四）门槛变量

（1）技术创新：创新能力是影响新质生产力发展的重要因素。参考国家创新能力指标中对知识创新指标的选择，采用亿元GDP发明专利申请数来衡量技术创新能力，即地区发明专利申请数量除以GDP。

（2）数字经济高质量发展水平。随着数字经济发展质量的提升，其对新质生产力的促进作用并非呈现线性增加趋势，因此本章依据第八章测算得到的数字经济高质量发展指数作为门槛变量。

二、数据来源

选取 2015~2022 年中国 30 个省（区、市）（考虑数据的可获得性，港、澳、台和西藏地区除外）的数据作为样本，样本数据来源为历年《中国统计年鉴》《中国科技统计年鉴》《中国电子信息产业统计年鉴》《中国能源统计年鉴》《中国三产统计年鉴》以及各省统计年鉴等官方数据来源。针对部分省（区、市）特定年份存在的数据缺失问题，采用插值方法进行数据的补全。

第三节 实证结果分析

一、基准回归结果

豪斯曼（Hausman）检验结果为 0，因此本书选择固定效应模型对数字经济高质量发展赋能新质生产力发展的关系进行回归分析，基准回归模型如下：

$$nqp_{it} = \alpha_0 + \alpha_1 dig_{it} + \beta_1 inf_{it} + \beta_2 lab_{it} + \beta_3 oi_{it} + \beta_4 str_{it} + u_i + q_t + \varepsilon_{it}$$

$$(10-4)$$

其中，nqp_{it}、dig_{it}、inf_{it}、lab_{it}、oi_{it}、str_{it} 分别代表新质生产力发展水平、数字经济高质量发展水平、信息化水平、劳动力水平、原始创新能力以及产业结构升级。此外，i、t 分别代表区域；α_0 为常数项；α_1 为待估计系数；β 为控制变量估计系数；u、q 分别为个体、时间固定效应；ε_{it} 为随机干扰项。

第十章　数字经济高质量发展赋能新质生产力

结果如表10-2所示。表中第（1）列中仅对数字经济高质量发展和新质生产力发展水平进行回归，此时 dig 的系数在1%水平上显著为正；第（2）列在第（1）列的基础上，同时控制个体和时间效应，此时 dig 的系数依然显著为正；在第（3）列中进一步控制了影响新质生产力发展水平的其他变量，dig 系数同样显著为正，且数字经济高质量发展每提升1%，新质生产力会增长0.531%，这说明数字经济发展质量的提升不仅能够推进生产要素的流动和高效配置，也有助于产业分工，培育新兴产业，为新质生产力提供动力。从控制变量来看，信息化水平、劳动生产率提升、原始创新能力的加强以及产业结构升级，均有助于激发新质生产力的活力，加快经济活力释放和高质量发展。

表10-2　　　　　　　　　　基准回归结果

变量	（1）	（2）	（3）
数字经济高质量发展水平（dig）	0.805 *** (35.44)	0.657 *** (11.45)	0.531 *** (11.66)
信息化水平（inf）			0.053 *** (9.27)
劳动力水平（lab）			0.055 ** (2.19)
原始创新能力（oi）			0.099 (1.93)
产业结构升级（str）			0.303 *** (5.21)
个体效应	未控制	控制	控制
时间效应	未控制	控制	控制
常数项	0.055 *** (10.42)	0.063 *** (6.79)	-0.509 ** (2.53)

续表

变量	（1）	（2）	（3）
样本量	240	240	240
R^2	0.840	0.842	0.890

注：*、**、***分别表示在10%、5%、1%的水平上显著。括号内为标准误。

二、稳健性检验与内生性检验

（一）稳健性检验

为了检验回归结果的稳健性，借鉴已有文献的做法，本书使用三种方式进行稳健性检验：一是在模型中引入滞后一期的新质生产力（L.nqp），结果见表10-3列（1），核心解释变量的系数仍显著为正，这与前文基准回归结果保持一致。二是改变样本区间：由于2020年、2021年两年经济社会发展水平受疫情影响较大，因此剔除这两年的样本数据之后再次进行回归，结果见表10-3列（2），核心解释变量的系数仍显著为正，这与前文基准回归结果保持一致。三是样本缩尾处理：为排除数据异常值带来的影响，对所有连续变量进行上下1%的缩尾处理，并使用缩尾后的面板数据再次回归，结果见表10-3列（3），核心解释变量的系数仍显著为正，该结果支持前文结论，即数字经济高质量发展有助于促进新质生产力发展。

表10-3　　　　　　　　稳健性检验与内生性检验

变量	（1）nqp	（2）nqp	（3）nqp	（4）nqp
dig	0.122*** (3.50)	0.322*** (6.77)	0.419*** (7.99)	0.242** (2.30)

续表

变量	(1) nqp	(2) nqp	(3) nqp	(4) nqp
L. nqp	0.855*** (19.63)			
控制变量	控制	控制	控制	控制
个体效应	控制	控制	控制	控制
时间效应	控制	控制	控制	控制
常数项	−0.025 (−0.20)	−0.663*** (−3.21)	−0.695*** (−3.13)	
样本量	240	240	240	240
R^2	0.963	0.867	0.866	
AR(2) P值				0.287
Hansen test P值				0.168

注：*、**、***分别表示在10%、5%、1%的水平上显著。括号内为标准误。

（二）内生性检验

尽管本书在基础回归模型当中加入了一系列控制变量，但仍然可能存在一定的内生性问题，如逆向因果或遗漏变量等，为缓解内生性问题带来的估计偏误，本书参考阿雷利亚诺和邦德（Arellano & Bond, 1991）的做法[206]，使用解释变量的一阶和二阶滞后项作为工具变量进行 GMM 估计，结果如表 10-3 列（4）所示，Hansen 检验结果大于 0.1，表明工具变量不存在过度识别问题，而核心解释变量系数显著为正，说明在考虑内生性问题后，数字经济高质量发展对新质生产力仍有显著的促进作用。

三、门槛回归结果

在本小节中，进一步分析了随着技术创新水平的提升以及数字经济发展质量的提升，数字经济高质量发展对新质生产力水平作用的变动情况。在进行门槛回归之前首先用 Bootstrap 方法检验了门槛效应的显著性，由表 10-4 可以看出，单门槛检验通过显著性检验，说明两个门槛变量均存在单一门槛。

表 10-4　　　　　　　　　　门槛效应检验

门槛变量	门槛数	F 值	P 值
技术创新	单一门槛	34.33	0.007
	双重门槛	7.03	0.683
数字经济高质量发展	单一门槛	26.68	0.043
	双重门槛	12.16	0.263

根据门槛效应检验确定门槛值之后，仍需进一步对门槛值的一致性进行检验。图 10-1 为门槛变量的 LR 似然比检验图，它主要用于检验估计值是否等于真实值，汉森（Hansen）[199]构造的似然比统计量（LR）在给定的显著性水平下能够计算出其拒绝域，其原假设是门槛估计值与真实值是相同的，若门槛值检验拒绝原假设，则表明未通过门槛值的一致性检验，反之则表明门槛值是有效的。由图可知，技术创新和数字经济高质量发展水平的门槛估计值在 95% 置信区间内通过了检验。因此两者均存在单一门槛，门槛值分别为 0.232 和 0.341。

在通过门槛效应检验和门槛一致性检验后，表 10-5 和表 10-6 报告了数字经济高质量发展对新质生产力水平的面板门槛回归结果，可以得到以下结论：

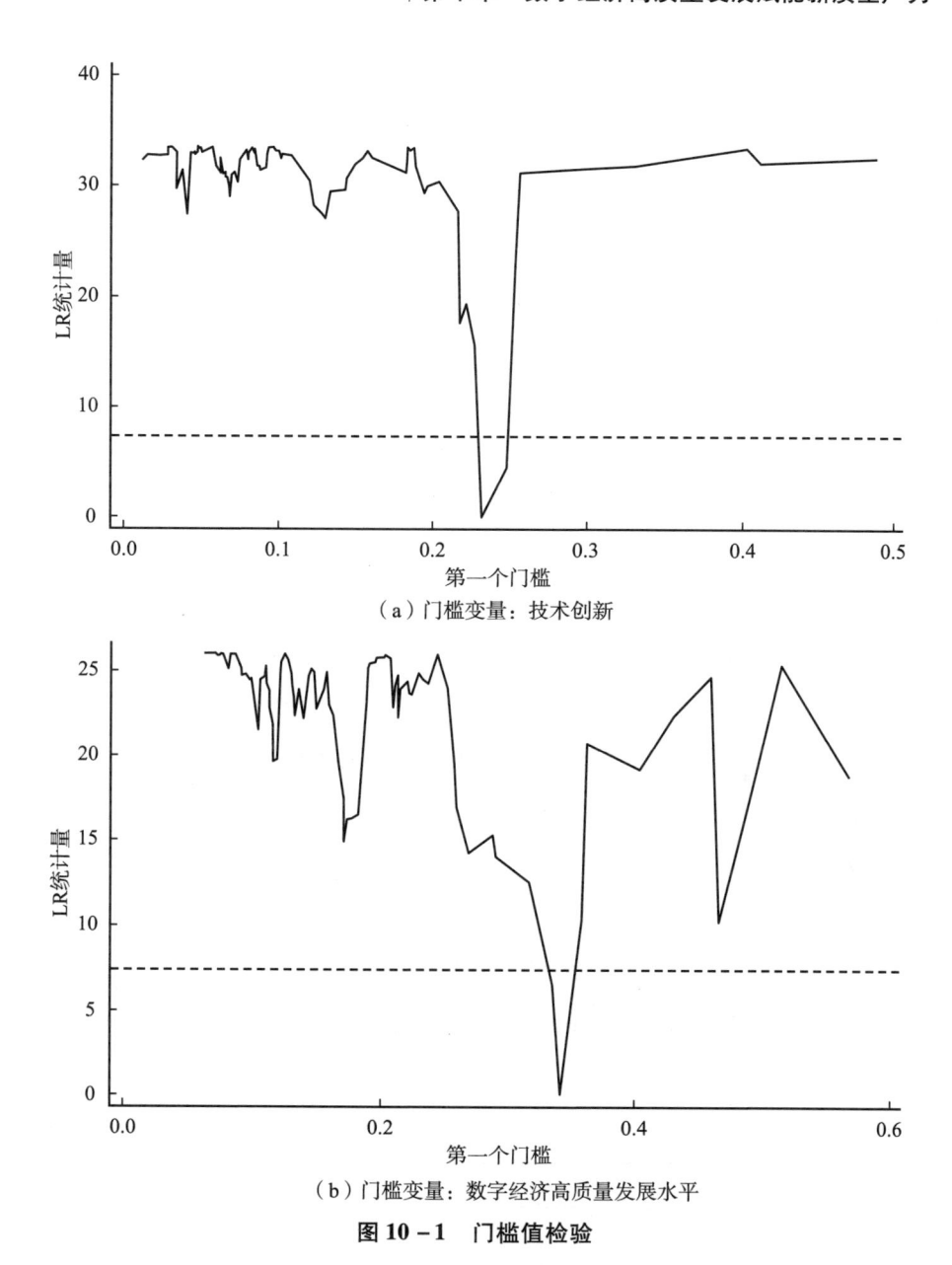

第十章 数字经济高质量发展赋能新质生产力

(a) 门槛变量：技术创新

(b) 门槛变量：数字经济高质量发展水平

图 10-1 门槛值检验

第一，表 10-5 显示了当技术创新水平小于等于门槛值（0.232）时，数字经济高质量发展水平每提高 1%，新质生产力水平就提升

0.42%。当技术创新水平大于 0.232 时，数字经济高质量发展对新质生产力的促进系数上升至 0.601。这说明随着技术创新水平的不断提升，数字经济高质量发展对新质生产力的促进作用显著增强。创新能力是影响新质生产力发展的重要因素，技术创新能力的提升带来更加成熟的数字技术和算力支撑，同时完善创新生态、激发活力、促进协同创新，使得数字经济高质量发展对新质生产力的促进作用显著增强。

第二，表 10-6 显示了当数字经济高质量发展水平小于等于门槛值（0.341）时，数字经济高质量发展水平每提高 1%，新质生产力水平就提升 0.339%。当技术创新水平大于 0.341 时，数字经济高质量发展对新质生产力的促进系数上升至 0.410。这说明随着数字经济发展质量的提升，其对新质生产力的促进作用逐渐增强。数字经济的高质量发展促使数字技术更广泛深入地渗透到传统产业，同时充分挖掘和释放数据价值，通过数据驱动优化生产流程、提高生产效率、降低成本，加速产业数字化转型，催生新产业、新业态、新模式，拓展经济发展新空间，创造出更多高附加值的产品和服务。此外，在数字经济高质量发展的过程中，吸引和培育大量创新型人才，促进技术创新和商业模式创新，加快新型基础设施建设，提高算力、网络通信等水平，从而显著增强对新质生产力的促进作用。

表 10-5　　　　　　　　　　技术创新门槛回归结果

变量	nqp	95% 置信区间
$dig \times inn(inn \leq 0.232)$	0.420	[0.279, 0.560]
$dig \times inn(inn > 0.232)$	0.601	[0.464, 0.738]
控制变量	是	
F	38.08	

续表

变量	nqp	95%置信区间
R^2	0.724	
观测值	240	

表 10-6　　数字经济高质量发展门槛回归结果

变量	nqp	95%置信区间
$dig \times inn(inn \leqslant 0.341)$	0.339	[0.225, 0.454]
$dig \times inn(inn > 0.341)$	0.410	[0.304, 0.513]
控制变量	是	
F	35.51	
R^2	0.862	
观测值	240	

综上所述，当技术创新和数字经济高质量发展水平作为门槛变量时，数字经济高质量发展对新质生产力的促进作用均有所提升，因此，各省份在提高新质生产力的过程中，要充分发挥技术创新和数字经济高质量发展的"加速效应"。

（1）聚集技术创新驱动。各省份要结合自身的产业特色和发展需求，确定关键核心技术攻关清单，组织实施重大科技专项；同时加大对基础研究的财政支持力度，为技术创新提供源头供给；此外，完善技术创新激励机制和科技成果转化机制，加强对创新成果的保护，激发创新主体的积极性和创造性。

（2）推进数字经济高质量发展，提升其对新质生产力的赋能作用。各省份要根据自身资源禀赋和产业基础，培育数字经济核心产业。如广东、江苏等地可进一步提升电子信息制造业的高端化、智能化水平，四川、陕西等地可重点发展软件和信息技术服务业，打造具有国际竞争力的数字产业集群；同时鼓励传统产业利用数字技术进行全方位、全链条改造，促进产业数字化深度融合。

（3）促进技术创新与数字经济协同发展。各省份要注重创新载体和创新平台的构建，打造一批国家级和省级数字经济创新中心、产业创新中心、工程研究中心等创新平台，为技术创新和数字经济发展提供支撑。同时鼓励企业、高校和科研机构在平台内开展产学研合作，共同承担科研项目，加速科技成果转化和产业化应用；此外，还要加强人才的培育与引进，培育创新型企业群体，形成以龙头企业为引领、中小企业为支撑的数字经济创新企业集群。

第四节　本章小结

本章基于 2015~2022 年中国省际数据，使用面板门槛回归模型实证检验了数字经济高质量发展与新质生产力之间的非线性关系，得到如下结论：

第一，数字经济高质量发展能显著促进新质生产力发展水平，且随着数字经济高质量发展水平的提升，其对新质生产力发展的边际效应呈现出上升趋势，这表明数据要素与其他生产要素的融合能够带来规模报酬递增的作用效果。

第二，当技术创新作为门槛变量时，数字经济高质量发展对新质生产力发展水平存在"加速效应"，创新能力是影响新质生产力发展的重要因素，技术创新能力的提升带来更加成熟的数字技术和算力支撑，通过完善创新生态，激发活力、促进协同创新，使得数字经济高质量发展对新质生产力的促进作用显著增强。

第十一章

数字经济的赋能作用

——投入产出模型构建

投入产出表反映国民经济各部门的投入来源与产出去向,以及部门之间相互提供或消耗产品的联系和平衡关系。本章首先介绍了非竞争型投入产出表的制作方法以及步骤,并且通过计算数字经济调整系数来构建数字经济非竞争型的投入产出表。接下来以北京市42个部门的投入产出表为例计算进口产品的使用结构矩阵,最终编制出北京市2017年数字经济的非竞争型的投入产出表。在此基础上,根据产业影响力和产业感应度两方面来探讨数字经济对其他国民经济部门的波及效应,即产品部门的联系。

第一节 投入产出的内涵分析

一个经济系统中的任何一种经济活动都要有消耗,如同生产任何一种产品都需要投入劳动力、资本,消耗原材料和燃料;一般而言,任何一种经济活动都会产生一定的成果。如果想要去了解一个经济活动消耗了多少价值的产品,从而产出了多少价值的产品,由此投入产出分析应运而生。

一、投入产出分析的内涵

投入产出表中的投入是指经济活动过程中的各种消耗（包括中间投入和增加值）。中间投入（又称中间消耗）包括各种原材料、燃料、动力及各种服务，增加值包括各类资产折旧、劳动者报酬、生产税净额和营业盈余。

投入产出表中的产出是指经济活动的成果（如得到一定数量的某种产品和劳务）及其使用去向（包括中间使用和最终使用）。中间使用是指经济系统的各部分，如国民经济各部门所生产的产品被用于中间消耗的部分产品，最终使用是指被用于最终消费、资本形成和净出口的产品。具体结构如表 11 – 1 所示。

表 11 – 1   竞争型投入产出表

投入	产出		
	中间使用	最终使用	总产出
中间投入	Z_{ij}	F_i	X_i
增加值	V_j		
总投入	X_j		

其中，Z_{ij} 在水平方向表示某部门产品用于满足各部门中间需求的情况或某部门产品在各部门之间的分配，在垂直方向表示某部门对各个部门产品的中间消耗。F_i 在水平方向表示各部门产品用作不同最终需求的数量，在垂直方向表示各种最终需求的部门构成。V_j 水平方向

表示增加值各构成部分数量和部门的构成,垂直方向表示各部门增加值的数额和部门构成。

二、投入产出分析相关系数

(一) 直接消耗系数

直接消耗系数的经济意义是某部门生产单位产品对相关部门产品的直接消耗,用 a_{ij} 来表示 j 部门生产单位对 i 部门产品的直接消耗量,用公式表示为:

$$a_{ij} = \frac{Z_{ij}}{X_j} \quad (i, j = 1, 2, \cdots, n) \quad (11-1)$$

(二) 完全需要系数

完全需要系数表示为 j 部门生产单位最终产品所产生的对 i 部门产品的全部需要量。投入产出表横向满足下面的恒等式:

$$\sum_{j=1}^{n} Z_{ij} + F_i = x_i \quad (i = 1, 2, \cdots, n) \quad (11-2)$$

$$\sum_{i=1}^{n} X_i = \sum_{j=1}^{n} X_j$$

将直接消耗系数变形代入可得:

$$\sum_{j=1}^{n} a_{ij} X_j + F_i = X_i \quad (i = 1, 2, \cdots, n) \quad (11-3)$$

令 $X = (X_1, X_2, \cdots, X_n)^T$, $F = (F_1, F_2, \cdots, F_n)^T$,可写为 $AX + F = X$,即 $X = (I-A)^{-1} F$。其中,$B = (I-A)^{-1}$ 为完全需要系数矩阵,也称为列昂惕夫系数矩阵。

第二节 数字经济投入产出表的构建

本小节开始将参照国民经济行业分类（2017）和第四章关于数字经济的产业分类方案，以北京市为例构建数字经济投入产出表。经过反复对比筛选，最终选出了北京市2017年投入产出表中的有关数字经济的4个部门，对应国民经济行业分类中的4个大类。投入产出表中的数字经济部门及对应的国民经济行业大类如表11－2所示。

表11－2　北京市投入产出表中的数字经济部门及对应的国民经济行业大类

投入产出表中的数字经济部门名称及代码	相应的国民经济行业名称
通信设备、计算机和其他电子设备（20）	计算机、通信和其他电子设备制造业
信息传输、软件和信息技术服务（31）	信息传输、软件和信息技术服务业
批发和零售（28）	批发和零售*
文化、体育和娱乐（41）	文化、体育和娱乐业*

注：*代表该行业只包含了数字经济的部分，本章下表余同。

其中，北京市2017年投入产出表中的文化、体育和娱乐中包含了数字经济产业范围内的广播、电视、电影录音制造业的全部以及新闻和出版业中的部分。

第十一章 数字经济的赋能作用

一、数字经济调整系数的计算

根据历次经济普查数据计算 2007 年、2012 年、2013 年、2018 年各产品部门不同数字经济类型所占比例，查阅相关的北京市 2017 年统计年鉴以及中国经济普查年鉴，使用内插法和趋势外推法计算其他年份各部门的数字经济调整系数，结果如表 11-3 所示。

表 11-3   北京市数字经济各部门的调整系数

数字经济分类	投入产出表中对应的部门	数字经济调整系数
数字化赋能	通信设备、计算机和其他电子设备	1.0000
	信息传输、软件和信息技术服务	1.0000
	批发和零售*	0.2330
数字化内容	文化、体育和娱乐*	0.1734
数字化交易	批发和零售*	0.0712

二、数字经济投入产出表中的部门组成

基于北京市 2017 年 42 个部门的投入产出表，为了更加清晰地揭示数字经济和其他国民经济行业的关系，本书参考《国民经济行业分类》GB/T 4574—2017 中的行业分类，并且与 2017 年北京市投入产出表中的 42 个部门相对应，将其合并为包括数字经济三大部门在内的 14 个部门的投入产出表，数字经济投入产出表各部门以及增加值如表 11-4 所示。

表 11-4　北京市数字经济投入产出表各部门组成及增加值

大类	数字经济投入产出表中的产业部门	增加值（亿元）
数字化赋能	通信设备、计算机和其他电子设备	2217.6104×1.0000+8851.4715× 1.0000+5063.8115×0.2330
	信息传输、软件和信息技术服务	
	批发和零售*	
数字化内容	文化、体育和娱乐*	1730.7353×0.1734
数字化交易	批发和零售*	5063.8115×0.0712
农、林、牧、渔业	农林牧渔产品和服务	308.1256
采矿业	煤炭采选产品	24.6358+31.1236+101.7189+ 130.7483
	石油和天然气开采产品	
	石油和天然气开采产品	
	非金属矿和其他矿采选产品	
食品饮料与烟草	食品和烟草	999.2798
轻工业制造	纺织品	17.7112+149.6051+137.5482+ 255.6865
	纺织服装、鞋帽、皮革、羽绒及其制品	
	木材加工品和家具	
	造纸、印刷和文教体育用品	
资本密集型制造	石油、炼焦产品和核燃料加工品	439.6872+1674.9950+ 498.2074+282.2871+ 340.7330
	化学产品	
	非金属矿物制品	
	金属冶炼和压延加工品	
	金属制品	
装备制造	通用设备	657.9717+584.8909+ 5000.1332+776.0399+ 295.9425+72.7392+107.3785
	专用设备	
	交通运输设备	

续表

大类	数字经济投入产出表中的产业部门	增加值（亿元）
装备制造	电气机械和器材	657.9717 + 584.8909 + 5000.1332 + 776.0399 + 295.9425 + 72.7392 + 107.3785
	仪器仪表	
	其他制造产品和废品废料	
	金属制品、机械和设备修理服务	
公用事业	电力、热力的生产和供应	4597.7865 + 385.3407 + 116.5178
	燃气生产和供应	
	水的生产和供应	
建筑与房地产	建筑	6568.2047 + 2655.7086
	房地产	
传统服务	住宿和餐饮	1257.0030 + 5063.8115 × (1 − 0.2330 − 0.0712)
	批发和零售	
公共服务	居民服务、修理和其他服务业	665.9201 + 1869.5857 + 2478.7666
	教育	
	公共管理、社会保障和社会组织	
现代服务	金融业	8287.4169 + 7573.0793 + 2706.2622 + 7376.2461 + 733.1148 + 1734.8278 + 1730.7353 × 0.8266 + 4483.6405
	租赁和商务服务业	
	研究和实验发展	
	综合技术服务	
	水利、环境和公共设施管理业	
	卫生和社会工作	
	文化、体育和娱乐业	
	交通运输、仓储和邮政	

对北京市42个部门投入产出表分解再合并后得到14个部门的投入产出流量表，如表11-5所示。

表11-5　2017年数字经济投入产出流出量表

单位：亿元

国民经济部门	农、林、牧、渔业	采矿业	食品饮料与烟草	轻工业制造	资本密集型制造	装备制造	公用事业
农、林、牧、渔业	48.6143	0.0197	225.2177	1.6253	68.4736	0.4300	0.0491
采矿业	0.1781	63.9370	0.4082	0.2079	276.9618	0.7883	287.0600
食品饮料与烟草	53.9451	0.1126	174.4713	1.7533	11.6985	14.4808	0.4379
轻工业制造	1.6654	1.1679	60.2500	223.8245	58.8867	137.2587	2.7006
资本密集型制造	34.4042	27.4332	54.7941	79.9819	1401.1834	1122.8828	15.7479
装备制造	3.9073	29.1893	6.0102	12.6222	50.9680	2858.3414	57.1915
公用事业	6.1211	10.9389	17.5641	9.6193	79.9833	57.9022	3638.868
建筑与房地产	1.1194	1.8886	2.6074	2.8436	7.6094	15.9492	10.9503
传统服务	5.1212	7.8297	59.8209	17.2902	98.6411	647.7332	3.3824
公共服务	1.8107	1.5694	4.6861	2.8758	15.5413	44.5549	4.1880
现代服务	26.1657	53.8567	108.9595	37.9190	318.5700	486.9330	182.3777
数字化赋能	2.0906	3.0858	15.4099	9.2627	33.4898	422.8038	2.7029
数字化内容	0	0.0158	0.0368	0.0495	0.2975	0.3439	0.0486
数字化交易	0.3848	0.7264	4.3640	1.5673	6.8671	64.0062	0.3089
增加值总计	122.5978	86.4559	264.6795	159.1088	806.7385	1620.6878	893.6317
总投入	308.1257	288.227	999.2797	560.5513	3235.9100	7495.0962	5099.645
数字经济	2.4754	3.8280	19.8107	10.8795	40.6544	487.1539	3.0604

200

第十一章 数字经济的赋能作用

续表

国民经济部门	建筑与房地产	传统服务	公共服务	现代服务	数字化赋能	数字化内容	数字化交易	数字经济
农、林、牧、渔业	51.1376	30.3153	3.9016	69.6581	0.6081	0.0028	0.0035	0.6145
采矿业	109.4854	0.0996	3.9405	2.1233	0.0114	0.0597	0	0.0711
食品饮料与烟草	1.5905	253.6682	5.7256	22.8373	8.3264	0.5519	0.0925	8.9709
轻工业制造	238.1795	56.0176	92.8011	847.536	431.1805	57.2448	2.3673	490.7926
资本密集型制造	2686.5396	55.7927	127.4393	2739.8965	218.9413	6.9594	2.7936	228.6943
装备制造	430.1791	46.6190	23.9835	888.3763	128.3549	0.9211	4.4436	133.7197
公用事业	155.4599	91.6128	106.9384	414.7841	109.9922	4.1263	2.6470	116.7656
建筑与房地产	488.8316	274.1067	327.2174	1103.4960	214.2816	10.9872	13.1608	238.4296
传统服务	369.0304	244.6072	335.3967	901.2700	535.0085	19.9248	18.8578	573.7911
公共服务	24.1750	26.8374	558.4866	407.0876	38.5321	11.8645	1.5781	51.9747
现代服务	1514.9696	1392.3793	734.2616	13432.987	2251.9331	75.0143	126.182	2453.1295
数字化赋能	163.3607	208.6317	320.6217	997.0142	4299.5832	6.9032	18.0222	4324.5085
数字化内容	0.9191	0.8049	12.3977	31.3811	2.0780	5.1901	0.0515	7.3197
数字化交易	34.4170	22.7570	1.7649	31.2052	44.4059	0.4085	1.7171	46.5315
增加值总计	2955.6384	2076.1538	2359.3958	12435.562	3965.7129	99.9508	168.6262	4234.2900
总投入	9223.9134	4780.4031	5014.2724	34325.214	12248.9501	300.1095	360.5433	12909.6033
数字经济	198.6968	232.1936	334.7843	1063.6691	4346.0671	12.5018	19.7908	4378.3597

三、北京市 2017 年数字经济非竞争型投入产出表的构建

本书构建的数字经济非竞争型投入产出表见附录 1。

第三节 影响力系数和感应度系数改进测算

一、影响力系数和感应度系数改进原理

产业影响力和产业感应度是指任何一个部门的产、供、销活动通过产业之间所产生的经济联系及波及效应一定会影响和受影响于其他部门的经济活动。一个部门影响其他产业的能力和程度叫作产业影响力，接受其他部门影响力的能力和程度则称为产业感应度。

自列昂惕夫创立的投入产出表问世近一个世纪以来，一直被视为研究产业关联的基本工具。投入产出表被广泛应用的同时，有不少学者对传统的影响力系数和感应度系数的具体应用和评价标准提出质疑，并不断作出进一步的修改。

本书在已构建好的非竞争型投入产出表的基础之上，选择合适的改进方法进行改进。(1) 用 $\overline{b^d}$ 来代替 b 为剔除非本省份生产产品的列昂惕夫逆矩阵；(2) 引入增加值率 r_i，用增加值而非总产出作为评判标准[92]；(3) 定义本省份最终产品的权重 $\overline{\lambda_j^d}$ 为 j 部门最终产品占全部最终产品的比重[207]。

二、影响力系数改进及测算

(一) 传统影响力系数测算

影响力系数是反映国民经济某个部门增加一个单位最终使用时,对国民经济各部门所产生的生产需求波及程度。影响力系数 F_j 的计算公式为:

$$F_j = \sum_{i=1}^{n} \overline{b_{ij}} \Big/ \frac{1}{n} \sum_{i=1}^{n} \sum_{j=1}^{n} \overline{b_{ij}} \quad (j = 1, 2, \cdots, n) \quad (11-4)$$

其中,$\sum_{j=1}^{n} \overline{b_{ij}}$ 为列昂惕夫逆矩阵的第 j 列之和,$\frac{1}{n} \sum_{i=1}^{n} \sum_{j=1}^{n} \overline{b_{ij}}$ 为列昂惕夫逆矩阵列和的平均值。

当 $F_j > 1$ 时,表示第 j 部门的生产对其他部门所产生的波及影响程度超过社会平均影响水平(即各部门波及影响的平均值);当 $F_j = 1$ 时,表示第 j 部门的生产对其他部门所产生的波及影响程度等于社会平均影响水平;当 $F_j < 1$ 时,表示第 j 部门的生产对其他部门所产生的波及影响程度小于社会平均影响水平。影响力系数 F_j 越大,表示第 j 部门对其他部门的拉动作用越大。

1. 产业传统影响力系数分析

根据前文构建的14个部门投入产出流量表,将数字化赋能、数字化内容、数字化交易合并到数字经济当中,得到北京市2017年12×12个部门的投入产出表,基于总产值计算各部门的影响力系数如表11-6所示。

表11-6　北京市基于竞争型投入产出表计算的产业影响力系数

部门	系数	排名
农、林、牧、渔业	0.2147	11
采矿业	0.2094	12
食品饮料与烟草	0.4492	9
轻工业制造	0.2938	10
资本密集型制造	0.8910	6
装备制造	1.1817	5
公用事业	1.3430	4
建筑与房地产	1.5299	2
传统服务	0.5927	7
公共服务	0.5266	8
现代服务	3.3644	1
数字经济	1.4035	3

从传统的影响力来看，2017年北京市的数字经济拉动总产出的影响力大于1，说明数字经济对其他部门生产的波及影响程度超过社会平均影响力水平，体现了数字经济对于国民经济的拉动作用已经处于重要的位置。

2. 数字经济部门传统影响力系数分析

将数字经济的三个相关部门即数字化赋能、数字化交易和数字化内容代替数字经济代入到竞争型投入产出表中，计算得到的数字经济相关部门影响力如表11-7所示。

表11-7　北京市基于竞争型投入产出表计算的数字经济部门影响力系数

部门	系数	排名*
数字化赋能	1.4438	4

续表

部门	系数	排名*
数字化内容	0.2940	11
数字化交易	0.1830	14

注：*表示该部门的影响力系数在国民经济全行业 14 个部门中的排名。本章下表余同。

从表 11-7 可以看出，北京市的数字化赋能影响力系数均大于 1，这说明北京市依靠其自身的资源禀赋、特殊的地理位置和城市定位，更有利于发展数字化赋能；数字化内容和数字化交易影响力系数远小于 1，这说明数字化内容和数字化交易仍有巨大的发展潜力。

（二）改进的影响力系数测算

第 j 部门的影响力系数 F_j^d 等于 j 部门的影响力 P_j 与平均影响力之比：

$$F_j^d = P_j \bigg/ \frac{1}{n}\sum_{j=1}^{n}\overline{\lambda_j^d} P_j = \sum_{i=1}^{n} r_i \overline{b_{ij}^d} \bigg/ \sum_{j=1}^{n}\overline{\lambda_j^d}\sum_{i=1}^{n} r_i \overline{b_{ij}^d} \quad (j = 1, 2, \cdots, n)$$

(11-5)

其中，$P = (P_1, P_2, \cdots, P_n) = R \times B^d = (r_1, r_2, \cdots, r_n)$

$$\begin{bmatrix} \overline{b_{11}^d} & \overline{b_{12}^d} & \cdots & \overline{b_{1n}^d} \\ \overline{b_{21}^d} & \overline{b_{22}^d} & \cdots & \overline{b_{2n}^d} \\ \vdots & \vdots & \ddots & \vdots \\ \overline{b_{n1}^d} & \overline{b_{n2}^d} & \cdots & \overline{b_{nn}^d} \end{bmatrix}。$$

用非竞争型的投入产出表中的相关数据代替，$(I - A^d)^{-1}$ 替代 B^d，

增加值率 $r_j = \dfrac{V_j}{X_j} = \dfrac{X_j - \sum_{i=1}^{n} X_{ij}}{X_j} = 1 - \sum_{i=1}^{n} a_{ij}$。

其中传统公式中的分母权重为 $1/n$，这就意味着已经假定每个部门的增加值是相等的，这种等权处理的方法不能真实地反映国民经济各部门的发展现状，如一个最终产品规模很小的部门由于和一个最终产品规模很大的部门进行加权平均就有可能获得极不真实的虚高的影响力系数，故应去除传统公式的分母权重。

1. 产业改进影响力系数分析

根据北京市 2017 年 12×12 个部门的投入产出表，基于增加值计算各部门的影响力系数如表 11-8 所示。

表 11-8　北京市基于非竞争型投入产出表计算的产业影响力系数

部门	系数	排名
农、林、牧、渔业	0.6498	7
采矿业	0.5605	11
食品饮料与烟草	0.6251	9
轻工业制造	0.5542	12
资本密集型制造	0.5743	10
装备制造	0.6818	6
公用事业	0.6392	8
建筑与房地产	0.8777	5
传统服务	0.9826	4
公共服务	1.1045	3
现代服务	1.6846	1
数字经济	1.1059	2

从改进的影响力来看，2017 年北京市的数字经济拉动增加值的影响力大于 1，说明数字经济对其他部门生产的波及影响程度超过社会平均影响力水平，体现了数字经济对于国民经济的拉动作用已经处于

重要的位置。

2. 数字经济部门改进影响力系数分析

将数字经济的三个相关部门代替数字经济代入到非竞争型投入产出表中，计算得到的数字经济相关部门影响力如表 11-9 所示。

表 11-9　　北京市基于非竞争型投入产出表计算的数字
经济部门影响力系数比较

部门	系数	排名*
数字化赋能	1.0838	2
数字化内容	0.6358	8
数字化交易	0.8236	6

从表 11-9 可以看出，北京市数字经济产业三部门拉动增加值的影响力系数得分和排序均位于前列，其中可以看出，数字化赋能的影响力系数大于 1，已经超过了社会平均水平，数字化交易的系数得分接近 1，由此得出数字化赋能和数字化交易对于塑造数字经济乃至北京市的整体经济发展都有着举足轻重的作用。

三、感应度系数改进及测算

（一）传统感应度系数测算

感应度系数反映的是国民经济各个部门的最终需求增加一个单位时，i 部门应该做出的反应或者感应。

$$s_i = \sum_{j=1}^{n} \overline{b_{ij}} \Big/ \frac{1}{n} \sum_{i=1}^{n} \sum_{j=1}^{n} \overline{b_{ij}} \quad (i = 1, 2, \cdots, n) \quad (11-6)$$

其中，$\sum_{j=1}^{n}\overline{b_{ij}}$ 为列昂惕夫逆矩阵的第 i 列之和，$\frac{1}{n}\sum_{i=1}^{n}\sum_{j=1}^{n}\overline{b_{ij}}$ 为列昂惕夫逆矩阵列和的平均值。

当 $s_i > 1$ 时，表示第 i 部门的生产对其他部门所产生的感应程度超过社会平均感应水平（即各部门感应程度的平均值）；当 $s_i = 1$ 时，表示第 i 部门的生产对其他部门所产生的感应程度等于社会平均感应水平；当 $s_i < 1$ 时，表示第 i 部门的生产对其他部门所产生的感应程度小于社会平均影响水平。感应度系数 s_i 越大，表示 i 部门受其他各部门最终需求的影响更大。

1. 产业传统感应度系数分析

根据北京市 2017 年 12×12 个部门的投入产出表，基于总产值计算各部门的感应度系数如表 11-10 所示。

表 11-10　北京市基于竞争型投入产出表计算的产业感应度系数

部门	系数	排名
农、林、牧、渔业	1.1923	4
采矿业	3.4433	1
食品饮料与烟草	0.4271	6
轻工业制造	2.4796	2
资本密集型制造	1.6631	3
装备制造	0.3938	8
公用事业	0.8471	5
建筑与房地产	0.2305	11
传统服务	0.4128	7
公共服务	0.2139	12
现代服务	0.3812	9
数字经济	0.3152	10

从传统的感应度来看,2017 年数字经济的产业感应度系数相对较小,表示数字经济部门的生产对其他部门所产生的感应程度小于社会平均影响水平。

2. 数字经济部门传统感应度系数分析

将数字经济的三个相关部门代替数字经济代入到非竞争型投入产出表中,计算得到的数字经济相关部门影响力如表 11 - 11 所示。

表 11 - 11　　　　　北京市基于竞争型投入产出表计算的
　　　　　　　　　数字经济部门感应度系数

部门	系数	排名*
数字化赋能	0.1139	11
数字化内容	0.0688	14
数字化交易	0.1379	9

从数字经济产业细分的三部门来看,北京市的数字化内容和数字化赋能的产业感应度系数相对较小,数字化交易受其他部门推动总产出的感应度更高。

(二) 改进感应度系数测算

改进的感应系数计算公式如下所示:

$$s_i^d = r_i \sum_{j=1}^n \overline{b_{ij}^d} \overline{\lambda_j^d} \Big/ \frac{1}{n} \sum_{i=1}^n r_i \Big(\sum_{j=1}^n \overline{b_{ij}^d} \overline{\lambda_j^d} \Big) \quad (i = 1, 2, \cdots, n)$$

(11 - 7)

其中,r_i 代表增加值率,用增加值与总产出的比值来表示;$\overline{\lambda_j^d}$ 代表非竞争型投入产出表中本省份所生产的 j 部门的最终产品占全部最终产品的比重;$\overline{b_{ij}^d}$ 为基于非竞争型投入产出表计算得出的列昂惕夫逆矩阵。

1. 产业改进感应度系数分析

根据北京市2017年12×12个部门的投入产出表，基于增加值计算各部门的感应度系数如表11-12所示。

表11-12　北京市基于竞争型投入产出表计算的产业感应度系数

部门	系数	排名
农、林、牧、渔业	0.2366	10
采矿业	0.0796	12
食品饮料与烟草	0.1941	11
轻工业制造	0.8714	6
资本密集型制造	0.7910	8
装备制造	0.9349	5
公用事业	0.8545	7
建筑与房地产	1.1858	3
传统服务	0.9420	4
公共服务	0.7392	9
现代服务	3.0450	1
数字经济	2.1259	2

从改进的感应度来看，北京市的数字经济受其他部门推动增加值的感应度系数远大于1，远远超过社会平均感应水平，说明北京市其他部门对数字经济产生的需求非常大，在整体经济发展中处于非常重要的地位。

2. 数字经济部门改进感应度系数分析

将数字经济的三个相关部门代替数字经济代入到非竞争型投入产出表中，计算得到的数字经济相关部门影响力如表11-13所示。

表 11-13　北京市基于非竞争型投入产出表计算的
数字经济部门感应度系数

部门	系数	排名*
数字化赋能	1.3926	2
数字化内容	0.3261	11
数字化交易	0.4504	10

从表 11-13 可以看出，就数字化赋能来说，北京市数字化赋能受其他部门推动增加值的感应度系数远大于 1，这说明北京市数字化赋能部门的前向关联非常强；数字化交易的感应度系数为 0.4504，数字化内容的感应度系数最小为 0.3261。感应度系数越大，表示部门受其他各部门最终需求的影响越大。

第四节　数字经济部门波及效应分析

将表 11-7 和表 11-11、表 11-9 和表 11-13 中的数据用象限图的形式可以很直观地表示出来，将影响力系数—感应度系数以社会平均值 1 为界限分割为四个象限，其中 DE1 为数字化赋能，DE2 为数字化内容，DE3 为数字化交易。

一、数字经济部门传统波及效应分析

由图 11-1 可知，北京市的数字化赋能位于第一象限，在该象限内均是影响力系数大于 1、感应度系数小于 1 的部门，说明北京市数字化赋能对数字经济具有较大的影响，辐射力强，但制约力弱，是发

展比较成熟的产业。

剩余的部门均位于第三象限,影响力系数和感应度系数均小于1,表明这类部门增加值的变动对其他部门的增加值影响较小,其他部门对这类部门产生的需求也比较小,前后的关联均比较弱,依存度低。

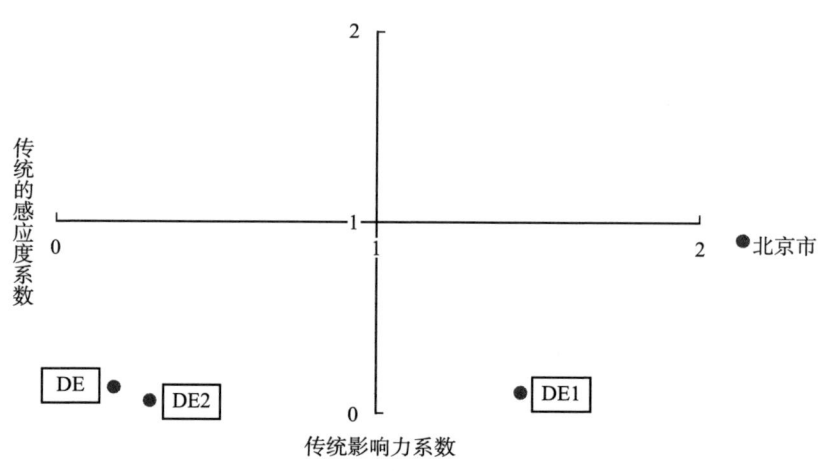

图 11-1 数字经济部门传统影响力—感应度系数

二、数字经济部门改进波及效应分析

由图 11-2 可知,北京市的数字化赋能位于第二象限,感应度系数和影响力系数均大于1,表明北京市该部门增加值的变动对其他部门增加值的变动影响非常大,其他部门的产出也依赖于数字化赋能。

数字化赋能既是其他部门所消耗的中间产品的主要供应者,也在生产过程中消耗大量的其他部门的产品,具有非常强的辐射和制约力,是拉动数字经济产业发展的重要部门。其他部门均位于第三象限,产业间的依存度低。

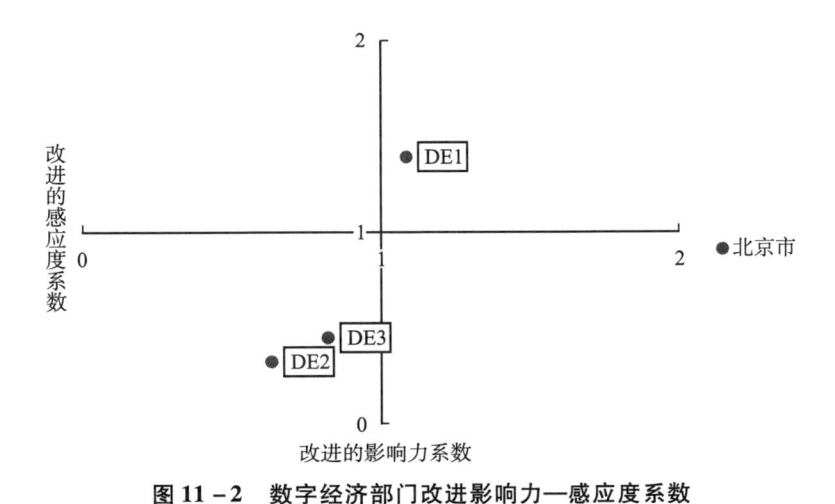

图 11-2 数字经济部门改进影响力—感应度系数

第五节 本章小结

本章首先明确了投入产出分析的内涵及各相关系数的定义，其次以北京市 42 个部门的投入产出表为例计算进口产品的使用结构矩阵，编制出北京市 2017 年数字经济的非竞争型投入产出表。最后，根据产业影响力和产业感应度两方面来探讨数字经济对其他国民经济部门的波及效应。

结果表明，数字化赋能既是其他部门所消耗的中间产品的主要供应者，也在生产过程中消耗大量其他部门的产品，具有较强的辐射和制约力，是拉动数字经济产业发展的重要部门。

第十二章

数字经济高质量发展模式与战略研究

近年来,全球各国纷纷出台政策,力促数字经济蓬勃发展,以美国、德国、英国等为代表的发达国家已率先探索出多条数字经济发展路径:美国以前沿技术创新为数字经济发展注入强劲动能;德国凭借制造业技术的传统优势加速推进制造业数字化转型;英国则从国家战略高度布局,彰显了数字经济的核心地位;日本以其多元渗透同时推进的举措,推进全国各领域的数字化进程。当前学术界对数字经济先行国家的实践虽有诸多研究,但在深入剖析各国数字经济发展的共性与差异、系统归纳典型发展模式方面仍显不足。同时,对全球数字经济最新发展动态的追踪与梳理也亟待加强。

当前,我国数字经济正迈入全面深化发展的关键阶段,积极借鉴数字经济强国的典型模式与成功经验,对于推动我国数字经济健康稳定发展、加速经济社会步入高质量发展快车道,具有举足轻重的意义。因此,必须紧跟全球数字经济最新动态,不断汲取先进理念与实践经验,为数字经济持续繁荣发展注入新活力。

第十二章 数字经济高质量发展模式与战略研究

第一节 典型发达国家及中国数字经济发展模式

一、生态位理论及分析框架

生态位理论是生态学中的核心概念之一，用以描述生物在生态系统中所占据的地位和角色，包括与其他生物的关系、资源利用方式以及对环境的适应策略[208]。随着理论研究的深入，生态位理论逐渐被引入社会科学领域，成为研究人类社会系统中的常用分析工具。在数字经济领域，不同国家或地区在数字经济发展过程中所处的位置、所扮演的角色以及与其他国家或地区的竞合关系，都可以运用生态位理论进行分析。[209]

20世纪初，"生态位"一词诞生，初用于生物生态学描述生物栖息地选择。本书探讨的是社会学与组织学意义上的生态位理论，它已广泛应用于各行业组织，成为分析组织生命周期的多面体理论。在该视角下，生态位被视为组织生存发展的环境条件总和，强调组织系统由人、活动与环境共同构成，受系统及其环境影响[210]。传统组织观念中的适应性、线性和确定性已不适用，应转向认识组织的复杂性、非线性和突变性[211]。研究者们围绕生态位理论达成三方面共识：其一，组织存续需占据自身定义的生态位，这是客观性与主观性的结合。组织依赖外界资源存续，同时可调控生态位以获取资源。其二，生态位重叠、生态位宽和生态位密度是影响组织存续和发展的关键。生态位重叠引发竞争性排斥，组织可通过变异来适应新生态位；生态位宽反映组织对环境资源的多样化适应程度，宽型与窄型生态位组织各具优势；生态位密度则体现组织间竞争与合作，需恰当关注系统中组织数量。其三，组织有基础生态位和现实生态位之分，两者常存差距，且现实生态位随组织生命历程而变化，受自身因素、环境因素和其他组织因素影响[212]。通过将组织瞬时节点的生态位与其二维结构及环境耦合情况匹配，可呈现组织全生命周期演化过程[213]，为理解数字经济系统的发展历程和模式概括提供可行框架。

以生态位理论来分析典型国家数字经济发展模式，主要由于以下三点原因：一是从生态位竞争视角考虑，在数字经济领域，不同国家或地区之间存在着激烈的竞争关系。根据生态位理论，资源是有限的，不同物种（或国家、地区）为了生存和繁衍，会根据自己的生理结构、行为习性和环境适应性选择特定的资源利用方式和生存空间，从而占据不同的生态位。这种分化有助于减少物种间的直接竞争，促进生物多样性的形成和维持。类似地，在数字经济领域，不同国家或地区也会根据自身的资源禀赋、技术水平和市场需求选择不同的发展路径和生态位定位。二是从生态位协同视角考虑，生态系统中，不同物种之间存在着相互依存和协同进化的关系。类似地，在数字经济领域，不同国家或地区之间也存在着互补和协同的关系。例如，德国在制造业技术方面具有优势，而英国在金融科技、数字政府等领域具有领先地位，美国则在技术创新和数字平台方面具有优势。这些国家或地区之间的互补性有助于形成协同发展的态势，共同推动全球数字经济的发展。三是从生态位动态视角考虑，随着全球数字经济的不断发展，不同国家或地区的生态位也会发生动态调整和优化。例如，一些传统制造业强国可能会通过数字化转型提升自己在数字经济领域的竞争力；一些新兴经济体可能会通过技术创新和数字平台的构建实现跨越式发展。这种动态调整和优化有助于形成更加合理和高效的全球数字经济生态位格局。

第十二章 数字经济高质量发展模式与战略研究

二、各国数字经济发展定位及优势

(一) 美国数字经济发展定位及优势

美国在数字经济的全球生态位中,明确地将自己定位为技术创新与全球引领者[214]。这一定位的确立和长期稳固,得益于其全球领先的数字平台集中度,约68%的数字平台汇聚于美国,如亚马逊、谷歌、脸书(现名Meta)等巨头,它们在全球范围内提供着电商、搜索、社交等核心数字服务,彰显了美国在数字领域的霸主地位。这些平台不仅是美国数字经济的支柱,也是其全球影响力的重要来源。美国深知,数字经济的发展是其维持全球数字技术与平台领先地位的核心要素,也是其在全球数字经济新格局中抢占先机、保持全球竞争力的关键所在。

在生态位优势方面,美国通过多重手段构筑了其数字经济的坚实壁垒,确保了其在全球数字经济中的领先地位。

首先,资金投入上的巨额投入为美国数字经济提供了强大的物质基础。如《2021美国创新与竞争法案》承诺在五年内投入2500亿美元,用于支持芯片、人工智能、量子计算、半导体等关键技术领域的研究与发展。这一巨额投资不仅体现了美国对科技创新的坚定承诺,也为其在数字经济领域的持续创新提供了有力保障。长期以来,美国基础研究预算的增长也近十倍,从1978年的13.7亿美元激增至2020年的134.8亿美元,这种持续不断的投入为美国数字经济的生态位宽拓展提供了源源不断的动力[215]。

其次,在战略规划层面,美国展现出了前瞻性和系统性思维。通过一系列顶层设计和法律法规的制定,如《大数据研究与发展计划》

《美国数据开放行动计划》《联邦大数据研究与发展战略》等，为数字经济的发展指明了方向，提供了坚实保障。这些战略规划如同生态位中的"导航仪"，引导美国数字经济在复杂多变的环境中保持正确的航向，确保其在全球数字经济中的领先地位。同时，美国还加强了数据治理和保护，通过《域外数据合法使用澄清法案》《联邦数据战略 2020 行动计划》等法律法规，为数字经济的健康发展营造了良好的法治生态位环境。

最后，在数字生态建设方面，美国政府积极投入，为民众和企业提供了全方位的支持。为民众提供数字化技能培训，帮助他们适应数字经济时代的需求；设立专门机构，如美国商务部下属的数字经济发展局，协助企业进行数字化转型，提升企业的竞争力和创新能力。此外，美国还设立了多个制造技术创新中心，如国家制造创新网络（NNMI）下的多个研究所，覆盖了先进制造领域的各个方面，为数字经济的创新发展提供了强大的技术支撑。在教育方面，美国加大了对 STEM（科学、技术、工程和数学）教育的投入，并要求教育部门每年至少投入 2 亿美元用于此领域，同时明确将编程纳入中小学课程体系，为数字经济的长远发展储备了充足的人才资源。这些举措如同生态位中的"养分"，为美国数字经济提供了源源不断的人才和创新动力，增强了其生态位的密度和活力。

综上所述，美国通过资金投入、战略规划、生态建设等多重手段，成功地长期维持其在数字经济领域的生态位领先优势。美国的数字经济企业，如亚马逊、谷歌、苹果等，凭借其技术创新和市场拓展能力，在全球范围内引领着数字经济的潮流。

（二）德国数字经济发展定位及优势

德国在数字经济的全球生态位系统中，定位为制造业数字化转型

第十二章 数字经济高质量发展模式与战略研究

的领军者。作为全球制造业的标杆，德国在计算机、电子、光学产品等领域居于全球领先地位，其在机械制造、电子技术工业及化工等领域积累的深厚产业优势，构成了其经济创新的核心基石。这一生态位定位使得德国在数字经济时代能够充分发挥其制造业优势，推动工业创新发展。为进一步巩固和拓展其在全球制造业的优势地位，德国发布了"工业4.0战略"，这是其数字经济生态位中的重要战略导向。该战略旨在利用物联网等信息系统，将生产过程中的供应、制造、销售、售后等各个环节实现数据化、信息化，从而实现数字化和产业化的融合发展。这一战略不仅为德国企业提供了数字化转型的新路径，也为其提高生产效率和产品附加值提供了有力支撑[216]。

在生态位优势方面，德国数字经济展现出了以下两点显著特征。

一是，德国中小企业在数字经济尖端技术领域的研发成果显著，它们普遍拥有多项独立专利以及大量的技术人员，在研发参与度上表现出极高的活跃度。特别是在医药和信息通信技术领域，中小企业的研发参与度均在50%以上，而在测量及自动控制技术上的研发占比更是高达79%。这些富有活力的中小企业，构成了德国制造业数字化转型的重要力量，也是德国企业生态位中不可或缺的主力军。

二是，"工业4.0战略"的发展路径体现了德国数字经济生态位的智慧与创新。该战略通过使用智能技术来促进制造业自动化生产，从而节约人力资本，提高生产效率。例如，科学规划仓储管理和运输流程、使用大数据进行市场分析等，都是该战略的具体实践。这一战略涵盖了"智慧工厂""智能生产""智能物流"三大主题，分别聚焦于智能化的生产系统和过程、企业的物流管理和人工智能技术，以及通过信息技术整合物流资源提升供应效率。

综上所述，德国通过其明确的生态位定位——"制造业数字化转型的领军者"，以及其在中小企业研发活力、"工业4.0战略"的智慧与创新等方面的生态位优势，成功地构筑了其在数字经济领域的坚实壁垒。这一优势不仅为德国自身带来了显著的经济效益和竞争优势，也使其在全球数字经济的生态位中占据了重要地位。

（三）英国数字经济发展定位及优势

英国在全球数字经济的生态位中，主要呈现为全球数字经济的创新引领者和全民受益的推动者。这一定位体现了英国对于数字经济环境下国家整体布局的前瞻性思维。早在2008年国际金融危机爆发时，英国便开始实施数字化战略，以提升国家竞争力，展现了其在数字经济生态位中的敏锐洞察力和应变能力[217]。

在生态位优势方面，英国数字经济展现出了五个显著特点：

一是数字产业化和产业数字化的深度融合。英国政府将生产要素作为关键数据，注重推动实体经济和数字经济的融合发展，形成了数字产业化和产业数字化的良性互动。这一战略导向使得英国在数字经济生态位中占据了有利位置，能够充分利用数字技术的优势，推动产业结构的优化和升级。

二是全民受益的发展理念。英国在数字经济战略中多次强调，数字经济的发展不仅仅是经济本身的发展，更是与个人、社会等多方面紧密相连。这一理念体现了英国在数字经济生态位中的包容性和共享性，使得数字经济的成果能够惠及更广泛的人群，增强了数字经济的社会认同感和接受度。

三是创新驱动的发展模式。数字化创新成为英国生产结构和生产方式变革的根本性影响因素。英国注重推动企业创新、平台创新和用户参与创新，形成了创新驱动的数字经济生态位优势。这一优势使得英国在数字经济领域中能够持续保持领先地位，引领全球数字经济的创新和发展。

四是政府数字化转型的持续推进。英国早在20世纪80年代就开始将智能技术应用到政府管理中,并先后制定了一系列政策文件,如《政府数字战略》《政府数字包容战略》等,借助数字技术解决政府部门的基础设施、业务流程、人才招揽等问题。这一举措提高了政务处理效率和透明度,增强了政府在数字经济生态位中的服务能力和治理水平。

五是重视数据安全与治理。英国从法律层面来保护数据隐私并完善数据权利,搭建了数据治理的伦理体系。同时,英国重视对消费者数据的保护,并主张进行严格的反垄断监管,反对互联网企业及大型企业间的恶性竞争。这一举措确保了消费者和中小企业的合法权益,促进了数字经济持续健康发展,增强了英国在数字经济生态位中的稳定性和可持续性。

综上所述,英国通过其明确的生态位定位——全球数字经济的创新引领者和全民受益的推动者,以及其在数字产业化和产业数字化、全民受益、创新驱动、政府数字化转型、数据安全与治理等方面的生态位优势,成功地构筑了其在数字经济领域的区位优势。这一优势不仅为英国自身带来了显著的经济效益和竞争优势,也使其在全球数字经济的生态位中占据了关键地位。

(四) 日本数字经济发展定位及优势

日本在数字经济的生态位中,明确地将自己定位为安全、活力并存且数字化全面渗透的社会构建者。这一定位体现了日本政府对数字经济发展的高度重视和前瞻规划,通过制定《2015年i-Japan战略》,日本旨在打造一个全新的数字化日本,其中数字技术和信息在社会经济中的广泛渗透是核心[218]。

在生态位优势方面,日本数字经济战略由电子政务、医疗保健和教育及人力资源三个关键领域构成,体现了其在数字经济生态位中的多元化布局。通过促进这些领域的优先发展,日本不仅提升了政府服务效率,还改善了医疗服务水平,并加强了教育和人力资源的培养,为数字经济的全面发展奠定了坚实基础。

在电子政务领域,日本通过明确数字经济发展评价标准、推广"国民个人电子信箱"、设立政府首席信息官等途径,推进政府管理体制改革,构建了更加便利、标准、高效、简洁、透明的政府生态位。这一举措提高了政府服务效率,增强了公民对政府的信任度,为数字经济的健康发展提供了有力保障。

在医疗保健领域,日本加大医疗机构数字基础设施建设力度,推动远程诊疗技术、电子健康记录等医疗信息的电子化。这一举措不仅提高了医护人员的知识技能,还提升了医疗服务水平和质量,使得日本在数字经济生态位中的医疗保健领域占据了领先地位。

在教育和人力资源领域,日本加大对教育机构信息教育和数字技术设施的投入,加快远程教育发展。这一举措提高了学生的学习欲望和专业能力以及利用信息的能力,为日本数字经济培养了大量具备数字能力的专业人才,构成了其在数字经济生态位中的人才优势。

综上所述,日本通过其明确的生态位定位——安全、活力并存且数字化全面渗透的社会构建者,凭借其在多元化领域的优先发展等方面的生态位优势,成功地建立了其在数字经济领域的优势位置。

(五) 中国数字经济发展定位及优势

在数字经济的全球生态位中,我国为创新引领者、应用推广者和产业融合推动者。这一定位体现了我国政府对数字经济发展的高度重视和前瞻布局。

创新引领者:我国致力于在数字经济领域进行前沿技术的研发和

第十二章 数字经济高质量发展模式与战略研究

创新，如人工智能、大数据、云计算、区块链等。通过政策引导和支持，中国培养了一批具有国际竞争力的数字科技企业，这些企业在全球数字经济生态位中占据了重要地位。

应用推广者：我国拥有庞大的市场规模和丰富的应用场景，为数字技术的应用提供了广阔的空间。中国政府积极推动数字技术在政府服务、城市管理、工业生产、医疗健康、教育娱乐等各个领域的应用，提高了社会运行效率和服务水平。

产业融合推动者：我国注重数字经济与传统产业的深度融合，通过数字化转型提升传统产业的竞争力和附加值。在制造业、农业、服务业等领域，数字技术正在推动生产模式、商业模式和治理模式的创新变革。

我国数字经济的生态位优势主要体现在以下五方面：

一是政策优势：中国政府高度重视数字经济的发展，出台了一系列支持政策，包括《促进大数据发展行动纲要》《国家信息化发展战略纲要》等。这些政策为数字经济的发展提供了制度保障和资金支持，推动了数字产业的快速发展和生态圈的形成。

二是市场优势：中国拥有超过10亿用户的网络使用者，形成了庞大的市场需求和数据资源。这为数字企业的创新和发展提供了丰富的应用场景和试验田，促进了数字技术的快速迭代和升级。

三是技术优势：中国在数字技术研发和应用方面取得了显著成果，特别是在人工智能、5G通信、量子计算等领域处于世界领先地位。这些技术优势为中国在全球数字经济生态位中占据有利位置提供了有力支撑。

四是产业优势：中国拥有完整的产业链和配套体系，为数字经济的快速发展提供了有力保障。同时，中国在传统产业领域的深厚积累也为数字技术与传统产业的深度融合提供了广阔空间。

五是集群优势：中国数字产业集群日益完善，形成了涵盖数字技术研发、产品生产、应用服务、安全保障等各个环节的完整产业链。这一生态优势为中国数字经济的持续健康发展提供了有力保障。

第二节　数字经济高质量发展战略研究

一、竞合理论及分析框架

数字经济的迅猛发展重塑了全球经济格局，其特有的网络化、协同化与生态化特征使得传统竞争理论面临解释力不足的挑战。竞合理论（Coopetition Theory）因其对竞争与合作动态平衡的深刻洞察，为解析数字经济高质量发展战略提供了独特的理论框架。1989年，诺威尔公司时任CEO雷蒙德·诺达（Raymond Noorda）首次提出竞合概念，揭示了企业间竞争与合作并存的战略范式。这一理念在经济学领域引发重要突破，打破了传统产业组织理论中"竞争—合作"二元对立的思维框架[209]。1996年，哈佛大学博弈论专家布兰登伯格（Adam M. Brandenburger）与耶鲁大学策略学家纳莱巴夫（Barry J. Nalebuff）在合著论文中正式构建竞合理论体系，将其定义为"企业网络中竞争与合作共生的组织形态"[219]。此后，竞合现象研究涉及跨国公司子公司、企业与竞争对手、产业链上下游伙伴及组织内部部门间，均显示竞争与合作共存。竞合理论打破了"零和博弈"假设，强调竞争主体间的多赢共生，与亚当·斯密《道德情操论》中分工合作、利他与自利并重的观点相契合。竞合策略的核心在于通过合作创造价值，并通过竞争合理分配价值，从而实现多赢共生的局面。竞合理论强调主体

第十二章 数字经济高质量发展模式与战略研究

间通过合作创造价值、通过竞争分配价值的共生逻辑,与数字经济中产业链跨界融合、技术协同创新、区域竞合联动等复杂交互高度契合。例如,在数字技术驱动的全球化市场中,跨国公司通过子公司间的技术竞合实现资源优化配置,产业链上下游企业依托数据共享与生态协作提升整体效能,这些实践均印证了竞合策略在价值创造中的核心作用。当前,我国数字经济正处于"并联式"发展阶段,新兴数字产业与传统产业转型同步推进,区域发展不平衡、核心技术"卡脖子"、国际治理话语权不足等挑战亟待突破。在此背景下,引入竞合理论分析数字经济战略具有三重必要性:其一,数字经济生态的复杂性要求兼顾竞争效率与合作协同,竞合思维可助力平衡自主创新与国际合作、区域差距与协同发展的矛盾;其二,中美技术博弈与产业链竞合交织的现状,需探索技术互补与风险共担路径;其三,数字经济高质量发展的本质是多元主体价值共创与利益共享,而竞合理论恰以"创造—分配"双维机制为核心,为政策制定提供理论锚点。因此,从竞合视角切入,不仅能够揭示数字经济战略的内在逻辑,更能为构建多赢共生的数字生态、推动全球治理体系变革提供方法论支撑。下文将结合竞合理论,从发展阶段定位、区域协调、产业融合、创新生态、优化营商环境五方面系统阐释我国数字经济高质量发展战略的实施路径。

二、竞合视角下我国数字经济高质量发展战略

从竞合视角出发,探讨我国数字经济高质量发展战略,可以归纳为以下五个方面:

一是明晰并联式发展阶段特征,找准定位与差距以强化竞合思维。当前,中国数字经济正处于快速发展期,呈现出新兴和传统产业

并联式发展的显著特征。一方面,新兴数字产业如人工智能、大数据、云计算、物联网等蓬勃兴起,成为推动经济高质量发展的新引擎;另一方面,传统产业也在积极拥抱数字技术,通过数字化转型实现转型升级,焕发新的生机与活力。中美两国都是数字经济领域的重要参与者,具有强大的经济实力和影响力。美国作为数字经济发展的第一大国,拥有领先的技术和创新能力;而中国作为数字经济发展排在第二位的国家,近年来在数字经济领域取得了显著成就,对全球经济的影响力日益增强。在5G、物联网、人工智能、大数据等关键技术领域,中美两国展开了激烈的竞争。双方都在加大研发投入,争夺技术制高点,以维护自身在数字经济领域的领先地位。中美两国在数字经济领域的市场竞争也日益激烈。双方都在积极开拓全球市场,争夺用户和数据资源,以实现自身在数字经济领域的可持续发展。中美两国在数字经济领域具有各自的优势和特色。通过合作,双方可以实现技术互补和资源共享,共同推动数字经济领域的技术创新和发展。面对网络安全、数据隐私保护等共同挑战,中美两国需要加强合作,共同构建安全、可信的数字经济环境。面对大国博弈和逆全球化的局势,我国应顺应全球化大势,强化竞合思维,立足自身优势与短板,找准定位与差距,加大对数字经济领域关键核心技术的研发投入,提高自主创新能力,减少对外部技术的依赖。同时积极与世界各国开展数字经济领域的合作与交流,共同推动全球数字经济的繁荣发展。

二是立足国内统筹区域竞合,积极促进数字经济均衡发展。我国数字经济区域发展不平衡问题较为突出,东部地区数字经济发展迅速,中西部地区相对滞后,这不仅影响了数字经济的整体效益,也制约了国家经济的全面协调发展。为了推动数字经济高质量发展,应统筹东部、中部、东北、西部四大板块的竞合关系,充分发挥各区域的比较优势,促进区域间数字经济的协同发展。例如,可以具体推动京

第十二章 数字经济高质量发展模式与战略研究

津冀、长三角、珠三角等数字经济发达地区与中西部数字经济新高地等集群的竞合。京津冀地区作为北方的经济中心，拥有丰富的科技资源和人才储备，可以通过技术转移、产业合作等方式，带动周边地区数字经济的崛起。长三角地区以其强大的制造业基础和创新的科技应用能力，可以与中西部地区在产业链上进行深度对接，实现产业互补和协同发展。珠三角地区则以其开放的经济体系和活跃的创新创业氛围，为中西部地区提供市场拓展和产业升级的机遇。在具体实践中，可以通过产业转移的方式，将东部地区的部分数字经济产业向中西部地区转移，既缓解东部地区的资源环境压力，又为中西部地区带来新的经济增长点。同时，加强技术输出，鼓励东部地区的数字经济企业到中西部地区设立研发中心或技术转移中心，帮助中西部地区提升数字技术水平，加速数字化进程。此外，还应注重数字经济发达城市与数字经济欠发达乡村的竞合，推动城乡数字经济一体化发展。城市地区可以利用其资金、技术、人才等优势，为乡村地区提供数字经济的支持和帮助，如建设数字乡村平台、推广电子商务等。乡村地区则可以发挥其土地、资源等优势，吸引城市地区的数字经济产业向乡村延伸，形成城乡互动、共同发展的良好局面。通过统筹区域竞合，发挥各区域比较优势，促进区域间数字经济协同发展，可以有效解决我国数字经济区域发展不平衡问题，推动数字经济高质量发展，实现国家经济的全面协调发展。

三是持续推进产业竞合，推动数字经济与实体经济深度融合发展。通过深化产业竞合，可以有效推动传统产业的数字化转型，加快制造业、农业、服务业的数字化、网络化、智能化进程，为经济高质量发展提供有力支撑。例如，在制造业方面，可以推动互联网、大数据、人工智能等数字技术与实体经济深度融合。具体而言，可以利用物联网技术实现生产设备的互联互通，提高生产效率和智能化水平；

通过大数据分析，对生产流程进行精细化管理，优化资源配置，降低生产成本；借助人工智能技术，实现智能制造和个性化定制，满足市场多元化需求。数字技术的应用，将赋能传统制造业，提升其产业链、供应链及价值链的整体效能，增强其在国际市场上的竞争力。在农业方面，数字技术的应用同样具有广阔前景，如利用遥感技术、智能传感器等监测农作物生长环境，实现精准农业管理；通过大数据分析，预测农产品市场需求，指导农民合理种植；借助电子商务平台，拓宽农产品销售渠道，提高农民收入。这些举措将推动农业数字化转型，提升农业现代化水平。在服务业方面，数字技术同样可以发挥重要作用。例如，在医疗健康领域，可以利用大数据和人工智能技术，实现疾病预测、辅助诊断和治疗方案制订；在教育培训领域，可以借助在线教育平台和虚拟现实技术，提供个性化学习体验；在金融领域，可以利用区块链技术提高交易透明度和安全性，降低金融风险。同时，还应注重数字经济新业态新模式的培育。电子商务、云计算、物联网、大数据、人工智能等新兴产业和模式，为经济高质量发展注入了新动力。需鼓励企业创新商业模式，拓展市场空间；支持新兴产业发展，培育新的经济增长点；加强新业态新模式的监管和规范，保障其健康发展。

四是加强科技创新型企业竞合，激发数字经济创新活力。企业是数字经济创新发展的主体。应鼓励企业间开展竞合，通过合作研发、资源共享、市场拓展等方式，提升数字经济的创新能力。例如，可以推动产业链上下游企业间的竞合，加强产学研用合作，形成协同创新机制。同时，注重培育具有国际竞争力的数字经济龙头企业，发挥其引领带动作用，推动数字经济产业向高端化、智能化、绿色化方向发展。

五是持续优化营商环境，保障数字经济高质量发展。为了推动数

第十二章 数字经济高质量发展模式与战略研究

字经济高质量发展，应完善相关政策环境，提供有力保障。例如，可以制定数字经济发展规划，明确发展目标、重点任务和重大举措；加强数字基础设施建设，提升网络覆盖率和传输速度；加强数据安全和个人信息保护，建立健全数据治理体系；加强数字人才培养和引进，为数字经济发展提供智力支持。

第三节 本章小结

本章系统剖析了全球数字经济典型发展模式及中国数字经济高质量发展战略。基于生态位理论解析美、德、英、日等发达国家发展路径差异，揭示其生态位竞争、协同与动态调整机制。美国以技术创新引领全球，德国深耕制造业数字化转型，英国强化全民数字普惠，日本推进多元渗透，中国则定位为创新引领者、应用推广者和产业融合推动者。基于竞合理论，提出中国数字经济高质量发展的"五维战略"，即统筹区域竞合、深化产业融合、激发创新活力、优化营商环境等，以构建多赢共生的数字生态，为全球数字经济治理贡献中国智慧。

第十三章

"十五五"时期：数字经济高质量发展趋势前瞻

习近平总书记在2024年底召开的中央经济工作会议上指出，"党中央集中统一领导是做好经济工作的根本保证，在关键时刻、重要节点，党中央及时研判形势、作出决策部署，确保我国经济航船乘风破浪、行稳致远。"[220]准确把握我国经济运行态势，才能更深入理解中央经济工作会议精神，做好经济工作。当前我国经济传统动能减弱，新动能亟待加强，"十五五"时期更是新旧动能转换关键期。数字经济作为新发展动能，具有强大活力与潜力。研究其高质量发展规律导向和趋势变化，有助于我国在全球变革中抓住机遇，应对挑战，提升国际竞争力。全面分析"十五五"时期我国数字经济的运行规律并研判其发展方向，进而提出培育数字经济创新生态，提升持续发展能力对策建议，对于"十五五"时期推动我国经济高质量发展具有重要的理论意义和实践价值。

第一节 研究框架构建

一、分析框架构建

近年来，随着数字技术的快速发展和经济结构的深刻变革，数字

第十三章 "十五五"时期:数字经济高质量发展趋势前瞻

经济的形态嬗变与演进路径已成为政治经济学研究的前沿领域。相关研究主要集中在理论分析、现实问题及实现路径三个方面。在理论分析方面,学者普遍认为数字经济是以数据为关键生产要素、数字技术为核心驱动力、数字基础设施为重要支撑的新型经济形态,对其发展变化的分析也多从要素变革、关系重构等视角进行。例如,杨虎涛和胡乐明结合马克思主义分工理论,从克服不确定性的视角对"数据+连接"信息生产体系演变历程解析[221];邢海晶研究了马克思主义政治经济学视角下数字劳动的变革趋势[222]。现实问题则主要是探讨数字经济发展带来的区域间不平衡加剧和数字鸿沟等问题。例如,丁从明等提出为缓解未来南北数字经济发展差距不断拉大这一问题,北方要敏锐捕捉数字经济带来的发展契机,借势推动经济增长,同时政府应发挥积极作用,通过科学合理地规划数字设施的空间布局,缩小南北地区间的数字差距[223]。实现路径则是基于数字经济与具体产业结合的视角提出可操作性建议。例如,徐兰和吴超林认为应搭建集政府、行业协会与企业为一体的数字化协同创新示范中心,引导数字技术与生产制造实现深度融合,并大力推广其应用[224]。尽管现有研究在数字经济的理论、现实与实现路径方面取得了丰富成果,但仍存在一些不足之处。首先,在理论研究方面,虽然从不同视角对数字经济进行了解析,但尚未形成一套完整且系统分析框架。其次,在现实问题研究中对数字经济引发的区域不平衡和数字鸿沟问题,更多关注的是国内区域间的情况,对于国际层面数字经济发展不平衡的研究相对较少。随着数字经济全球化的推进,国际数字鸿沟对各国经济发展的影响日益显著,加强这方面的研究有助于我国在全球数字经济竞争中占据有利地位。综上所述,现有关于数字经济的研究为后续研究奠定了良好基础,但在分析框架构建、国际层面现实问题研究等方面仍有较大的拓展空间。

综上，当前学界对数字经济高质量发展的研究已从单一的经济增长视角拓展至涵盖技术创新、产业融合、市场环境、社会福祉多领域。数字经济高质量发展作为一项复杂的系统工程，强调系统整体的优化。在这一系统中，数字技术、数据要素、产业主体、市场环境等各个部分相互关联、相互作用，共同构成一个有机整体，只有各部分协同共进、相辅相成，才能实现数字经济的高质量发展。基于系统科学理论，系统可被界定为由若干相互关联、相互作用的要素通过特定组织规则构成的有机整体[225]。对系统的深入理解需遵循"要素—结构—功能"的分析框架[226]：首先，识别系统的基本构成单元及其属性特征；其次，解析要素间的相互作用机制与关联强度；再次，揭示要素的组织方式与层级关系；最后，考察系统的整体涌现特性与功能输出。探究数字经济高质量发展的演进规律，必须构建系统化的分析范式；同理，若要清晰地梳理并明确数字经济高质量发展的未来趋势，亦必须从其要素结构入手。具体而言，需精确把握其要素构成，即明确数字经济高质量发展所涵盖的各类基本要素，这些要素是洞悉其未来走向的基础；深刻洞察关系联结，梳理各要素之间相互关联、相互制约的结构层次，深入探究数字经济高质量发展在不同层面的组织架构与层级关系，从而准确把握其内在秩序与规律；充分明晰其功能导向，清晰阐释数字经济高质量发展在推动经济增长、促进产业升级、优化社会资源配置等诸多方面所具备的独特功能与效能，彰显其在未来经济社会发展中的重要地位与价值。一是微观层面，主要在于核心要素的整合与革新，如数据要素规模增长、数字基础设施的完善及优化数字人才引育机制等。二是中观层面，主要在于结构的优化，如深化技术融合创新，促进人工智能、区块链、5G等技术的交叉应用，引导资本向关键核心领域（如芯片、工业软件）倾斜、构建自主可控的产业链条，推动中小企业数字化转型，形成"大企业＋生态"

的协同模式。三是宏观层面，主要在于功能目标的牵引，如新质生产力的形成和开放创新生态系统的建设。数据要素等微观基础影响着数字产业生态结构，进而影响经济与社会功能实现，"十五五"时期需统筹多维联动关系，以"动态适配"应对不确定性，最终实现数字经济高质量发展（见图 13-1）。

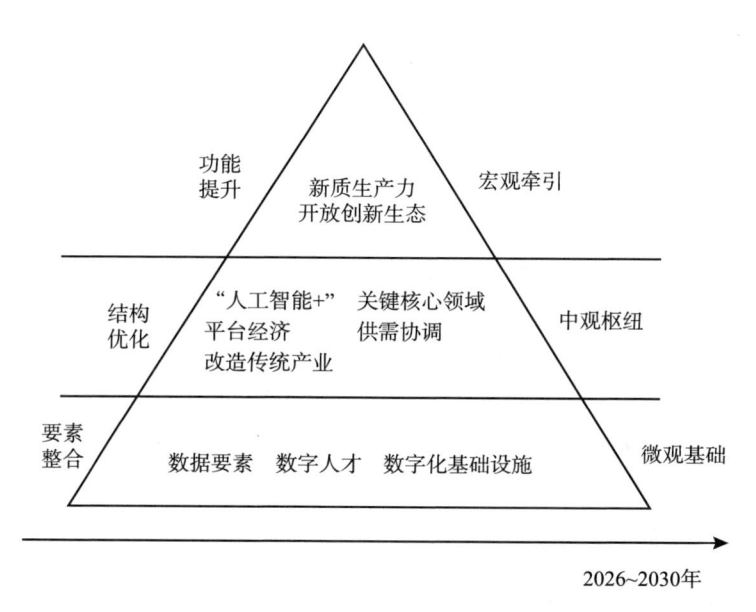

图 13-1 "十五五"时期数字经济高质量发展的三维层级结构

二、研究方法选择

从历史发展脉络以及实践推进过程来看，中国式现代化有着鲜明的特征，它是一种由政党明确方向、主导进程并引领驱动的现代化模式。全面坚持党的领导，是中国式现代化不可或缺的内在要素，它充分展现了社会主义现代化理论逻辑与中国式现代化历史逻辑之间的辩证统一关系。正如习近平总书记所强调的："中国产生了共产党，这是开天辟地的大事变，深刻改变了近代以后中华民族发展的方向和进程，深刻改变了中国人民和中华民族的前途和命运，深刻改变了世界发展的趋势和格局。"① 马克思主义之所以能够站在人类思想的制高点上，一个重要原因就是它能够始终把握历史发展的大势，知道人类向何处去以及如何向该处去。趋势分析法，本质上是一种透过对事物发展方向及客观走势的精准把握，从而对未来作出合理预判的方法[227]。运用趋势分析法，需满足三项要点：其一，需敏锐洞察历史发展的潮流依据历史演变来规划战略与策略；其二，要准确抓住社会发展进程中的主要矛盾，进而从该矛盾中探寻解决问题的有效路径；其三，要清晰识别推动未来发展的核心主体力量，并依靠这股力量来达成未来的发展目标。若要精准把握社会发展趋势，关键在于坚持"基于最确凿的事实"，以此来明确未来的变动方向；从否定性的事实切入，在对旧世界的剖析与批判中发掘新世界的端倪；同时，密切留意时代潮流的发展变迁，于波澜壮阔的世界大势中洞察未来的走向。为深入研究"十五五"时期数字经济高质量发展的变革方向，本文采用趋势分析法。

三、研究视角阐释

本书基于全球竞合视角分析"十五五"时期数字经济高质量发展趋势，其理论逻辑如下。首先，竞合概念自提出后不断发展，从雷蒙·诺尔达（Raymond Noorda）提出企业间同时存在竞争与合作状态，到亚布兰·登勃格和拜瑞内勒巴夫正式定义"竞合"为企业网络中竞争与合作关系共存的组织形态，揭示了其本质特征[228]。竞合思

---

① 习近平．在庆祝中国共产党成立100周年大会上的讲话 [J]．求是，2021（14）．

第十三章 "十五五"时期：数字经济高质量发展趋势前瞻

想蕴含在价值的创造与分配中强调企业经营活动里竞争与合作并非矛盾对立，而是可以通过竞合策略实现双赢的非零和博弈。这为理解数字经济中各主体关系奠定了基础，在数字经济时代，各参与主体同样面临既竞争又合作的局面，需要通过合理策略实现共同发展。其次，竞合理论提出后，相关研究覆盖跨国公司内部子公司之间、企业与竞争对手之间、产业链上下游伙伴之间以及组织内部不同部门之间。这表明竞合关系广泛存在于各类主体互动中。在全球数字经济发展背景下，不同国家的数字企业、数字产业的上下游，不同数字经济组织等主体间，同样存在着竞争与合作并存的关系。这种多主体、多领域的竞合研究范围拓展，为从全球视角分析数字经济高质量发展提供了多维度思路。例如，不同国家的数字企业在国际市场上既竞争市场份额、技术创新优势，又在一些全球性数字项目、标准制定等方面存在合作空间。再次，竞合理论打破了主体间"零和博弈"假设，以竞争主体间的多赢共生为核心逻辑。这与数字经济发展的内在需求相契合。在全球数字经济浪潮中，若各国、各企业仅秉持竞争思维，采取排他性策略，将限制数字技术的传播、应用以及市场的拓展。而竞合理论，通过合作共享资源、共同研发技术、开拓全球市场等，在合作基础上合理竞争，推动技术创新和效率提升，能够实现多个竞争主体共同发展。例如，在5G技术的全球推广中，各国企业既竞争技术标准的主导权，又通过合作建设基站、完善网络覆盖等，实现了5G技术在全球范围内的快速发展，各参与主体都从中受益。最后，亚当·斯密在《道德情操论》中关于人类社会进步基于分工合作、利他主义和自利主义等重要的论述，为数字经济全球竞合发展提供了理论支撑。在全球数字经济体系中，不同国家和地区基于自身优势形成分工，通过合作实现资源优化配置。各国数字企业在追求自身利益（自利主义）的同时，通过合作推动数字技术创新、产业升级等，促进全球数字经济发展（利他主义）。这种分工合作模式推动全球数字经济不断进步，实现高质量发展。

第二节　数字经济高质量发展的要素整合及变化特征

一、数据要素

党的十八大以来，以习近平同志为核心的党中央高度重视发挥数据要素作用和基础制度建设。"十五五"时期，数据要素作为数字经济的核心，其演进方向和趋势对经济发展影响深远。从规模和质量两个维度剖析数据要素，有助于深入理解数字经济发展态势，为政策制定与企业决策提供依据。

（一）数据要素规模指数级倍增

（1）"十五五"期间，各行业数字化转型将加速。制造业全面迈向智能制造，生产设备联网、工艺流程数字化，每一个生产环节实时产生海量数据，涵盖设备运行参数、产品质量检测数据等。服务业也不例外，以金融行业为例，线上业务拓展、客户行为分析等需求促使交易数据、用户信用数据规模急剧膨胀。随着智慧城市建设推进，城市管理各领域如交通、能源、环保等产生的数据量也将呈指数级增长。

（2）人工智能技术发展使模型训练过程产生大量数据，如自然语言处理中的文本数据、图像识别中的图像数据等。区块链技术应用在供应链金融、源系统等场景，记录交易信息、产品流转信息，形成新的数据来源。此外，虚拟现实（VR）和增强现实（AR）技术在娱乐、教育等领域应用，产生用户交互数据、场景数据等，丰富数据要素来源。

（3）传统生产要素往往存在边际报酬递减规律，但数据要素具有边际报酬递增的特点。在"十五五"时期，随着数据要素投入的增加，其产生的效益可能会不断上升。企业和社会对数据的收集、存储、分析和应用的能力不断提升，数据的价值会不断被挖掘和放大，吸引更多的资源投入数据要素领域，促使数据要素市场规模持续扩大。

（二）高质量数据供给

在数据质量层面，高质量数据的供给将趋向多元化，数据流动将更加顺畅无阻，数据元素所蕴含的价值亦将持续攀升。数字技术能够降低市场的进入壁垒，重塑已有的竞争格局，将竞争场所从物理实体空间转向虚拟网络系统中，高质量的数据信息和知识成为其占据优势的核心所在。"十五五"期间，应鼓励企业和社会机构通过政策和监管指导提供高质量数据，促进数据元素的共享和开放，并最大限度地发挥数据元素的社会价值。如当前正在推行的"数据元素 X"三年行动计划（2024~2026年）和"1+3"公共数据政策体系将继续通过标准化数据记录和授权利用等机制激活公共数据资源。

二、数字化基础设施

"十五五"时期，数字基础设施变化将从新型基础设施和传统基础设施两大方面展开。

(一) 新型基础设施

(1) 网络基础设施方面，5G 网络将持续深化覆盖，从城市和乡镇进一步向偏远农村等地区延伸，实现更广泛的全域覆盖。同时，6G 等下一代通信技术的研究和试点工作可能加速推进，通信速度和网络容量将实现质的飞跃，低延迟、高可靠性的通信能力将支持更多如工业自动化控制、智能交通等对实时性要求极高的应用场景。物联网将实现更广泛的设备互联，不仅在消费领域，工业、农业、能源等各个行业的设备连接数都将爆发式增长，形成万物互联的局面，推动各行业的智能化变革；同时，基于物联网的智能应用如智能电网、智能农业、智能家居等将更加普及。

(2) 算力基础设施方面，数据中心将继续朝着大型化、集约化、绿色化方向发展，采用更先进的制冷技术、节能设备等，降低 PUE 值，提高能源利用效率。同时，为满足不同地区和行业的需求，数据中心的布局将更加合理，边缘数据中心将在靠近用户侧和数据源的地方大量部署，以减少数据传输延迟，提高数据处理效率。云计算服务将更加丰富和强大，提供更多的高性能计算、人工智能计算等服务，助力企业的数字化转型和创新。边缘计算将与云计算深度融合，形成云边协同的计算模式，在智能交通、工业互联网、智能安防等领域，实现数据的本地快速处理和分析，同时将关键数据上传至云端进行存储和进一步分析。

(二) 传统基础设施

(1) 交通基础设施智能化升级。传统交通基础设施将加速与数字技术融合。例如，公路铁路、桥梁等将广泛部署传感器和监测设备，将实时采集交通流量、路况等数据，通过大数据分析和人工智能算法实现智能交通调度和管理，提高交通运输效率，减少拥堵。车联网技术将进一步普及，实现车辆与道路基础设施之间的信息交互和协同，支持自动驾驶技术的发展，提高行车安全性和交通流畅性，未来可能出现更多的智能高速公路、智能停车场等新型交通基础设施形态。

（2）能源基础设施深度融合。随着新能源的快速发展，传统能源基础设施将与新能源设施深度融合，如智能电网将支持分布式太阳能、风能等新能源的接入和消纳，实现能源的多元化供应和互补；同时，能源基础设施将加强与数字基础设施的协同，保障数据中心等新型基础设施的能源供应安全和稳定。

（3）传统基础设施深度绿色低碳化。围绕"双碳"目标，传统数字基础设施将加速向绿色化、低碳化方向转型，通过技术创新和模式优化降低能耗和碳排放，如阿里巴巴的"张北数据中心"采用自然风冷技术和可再生能源供电，年均 PUE 低至 1.09，每年减少碳排放量相当于种植 100 万棵树，绿色数据中心将成为"十五五"时期的主流趋势，推动数字基础设施与可持续发展目标的深度融合。

三、数字人才

（一）数字人才总体规模将持续快速增长

随着数字经济的持续发展和各行业数字化转型的加速，对数字人才的需求将不断增加。根据《中国数字经济人才发展报告（2024）》，截至 2023 年底，中国数字经济产业规模达 53.9 万亿元，占 GDP 比重 42.8%，数字经济人才总量预估为 3144 万人，人才缺口 2500 万人。该报告估算，到 2025 年，中国数字经济人才总量约为 4500 万人，人才需求总数超过 7500 万人，人才缺口近 3000 万人。为了应对数字人才供需矛盾，政府、企业和社会各界都在积极采取措施。人力资源社会保障部等九部门联合发布《加快数字人才培育支撑数字经济发展行动方案（2024—2026年）》，明确提出"紧贴数字产业化和产业数字化发展需要，用3年左右时间，扎实开展数字人才育、引、留、用等专项行动，提升数字人才自主创新能力，激发数字人才创新创业活力，增加数字人才有效供给，形成数字人才集聚效应，着力打造一支规模壮大、素质优良、结构优化、分布合理的高水平数字人才队伍，更好支撑数字经济高质量发展"。"十五五"时期，数字人才总体规模将持续快速增长，这是数字经济发展和各行业数字化转型的必然导向。

（二）数字人才区域分布将更加均衡

目前，北京、上海、深圳、杭州等一线城市仍是数字人才的主要聚集地，而中西部地区人才相对匮乏。"十五五"时期，随着国家区域协调发展战略的推进以及中西部地区数字基础设施的不断完善和数字产业的兴起，数字人才区域分布不均衡的状况将得到一定程度的改善，如"东数西算"工程的推进，成都、重庆、西安、贵阳等城市数字人才规模快速增长，成为区域数字经济发展的重要支撑。同时随着县域经济的发展，县域数字化转型加速，数字乡村、智慧农业等领域对基层数字人才的需求将显著增加。

（三）对复合型人才的需求将更加旺盛

数字技术的广泛应用使各行业之间的边界逐渐模糊，数字人才将不再局限于传统的数字技术领域，如软件与IT服务、计算机网络与硬件等，而是会向金融、医疗、教育、制造业等非ICT行业快速渗透。"十五五"时期，这种跨行业流动的趋势将进一步加剧，数字人才会在不同行业之间频繁流动，以满足各行业数字化转型的需求，促进数字技术与实体经济的深度融合。这需要数字人才具备既懂数字技术又懂行业业务的复合能力。例如，在智能制造领域，数字人才不仅要掌握工业互联网、大数据等数字技术，还要了解制造业的工艺流程和管理模式。因此，具备跨学科知识和技能的复合型数字人才将成为市场的"香饽饽"，人才培养也会更加注重跨学科教育和实践能力的培养。

（四）对人才的国际化视野提出更高要求

在全球化的背景下，数字经济的发展具有全球性，国际间的数字技术交流与合作日益频繁。"十五五"时期，数字人才将有更多机会参与国际项目与合作，需要具备国际化视野，了解国际数字技术标准和行业规则，能够与国际同行进行有效的沟通和协作。因此，数字人才的培养会更加注重国际交流与合作，通过开展国际实习、学术交流等活动，提升数字人才的国际化水平。

第三节 数字经济高质量发展的结构关系及演化趋向

一、"人工智能+"广泛应用并规范发展

"人工智能+"效应深入扩散，将呈现技术融合化、应用全域化、治理精细化的特征。

（一）人工智能技术融合化

"人工智能+"将实现技术突破，从单一模态向多模态、具身智能跃迁人工智能模型，将从单一文本处理发展为融合文本、图像、音视频的多模态大模型，如阿里巴巴达摩院的"通义千问"已实现多模态统一架构，推动智能机器人、虚拟现实等领域的交互升级。具身智能（embodied AI）加速落地，通过融合感知、决策与行动能力，AI系统将更深度融入物理世界。例如，加利福尼亚大学伯克利分校的LM Nav模型通过多模态大模型实现无地图导航。

（二）"人工智能+"应用全域化

"十五五"时期，"人工智能+"将实现全域赋能。汽车行业将成为大模型应用的核心场景，AI技术能够优化自动驾驶算法、智能座舱交互及生产流程。在医药领域，生成式AI加速新药研发，将传统药物设计实验次数从数千次降至数百次，同时提升成功率；国内企业已通过AI模型预测蛋白质结构，推动个性化医疗发展。生成式AI在广告、影视、教育领域广泛应用，如海螺AI可生成高质量视频，推动创意效率提升。此外，"人工智能+"还将全面赋能传统产业，促使传统产业全面转型升级。在农业领域，"人工智能+农业"将实现从种植、养殖到农产品加工、销售的全产业链智能化，利用人工智能进行精准施肥、病虫害防治、农产品质量检测等，提高农业生产效率和农产品质量。在制造业领域"人工智能+制造"会加速智能制造升级，通过数字孪生、智能调度等技术实现生产过程的优化和质量控制，提升制造业的竞争力。服务业也将借助人工智能实现服务模式创新，如智能客服、智能金融风险防控、智能文旅服务等，提供更加个性化、高效的服务。

(三) 安全与伦理体系逐步完善

随着"人工智能+"应用的广泛深入，数字经济中的数据安全、隐私保护和人工智能伦理问题将受到更多关注。相关法律法规和标准规范将不断健全，企业和机构也会加强在安全技术研发和伦理审查方面的投入，确保人工智能在数字经济中的应用安全、可靠、合规。

二、关键核心领域逐步实现自主可控

"十五五"时期，对于芯片集成平台、国产软件等关键核心领域而言，无疑是充满变革与机遇的重要阶段。这些领域的发展态势不仅关乎数字经济的自主创新能力，更对国家整体经济的可持续发展与安全稳定起着决定性作用。

(一) 芯片集成平台质的飞跃

随着多年来技术的沉淀积累以及在芯片领域研发投入的持续加码，"十五五"时期芯片集成平台有望在制程工艺上实现质的飞跃，迈向更为先进的阶段，如我国科研人员正在集中攻关 2m 及以下制程技术，有望取得突破性进展。具体而言，更高的集成度意味着在同样大小的芯片面积上能够容纳更多的晶体管，从而大幅提升芯片的处理能力；更低的功耗则可减少能源消耗，不仅有助于延长移动设备的续航时间，对于数据中心等大规模计算场景而言，也能显著降低运营成本；更强的性能则能够满足如人工智能、高性能计算等前沿领域对芯片运算速度与处理能力的严苛要求，为相关产业的发展注入强大动力。

（二）异构集成顺势而起

未来不同场景对芯片性能有着多样化的需求，异构集成技术顺势而起并将成为主流发展方向。异构集成技术旨在通过先进的封装技术，将诸如 CPU（中央处理器）、GPU（图形处理器）、AI 芯片等不同类型的芯片整合在一个统一的平台之上。随着华为、寒武纪等公司推出自主化加速芯片，算法在多种加速芯片上的应用需求越来越高。由于算法在加速卡上使用需要针对加速卡做专有化的算法适配，一个算法需要进行多次适配。AI 异构服务器统一适配框架能够契合算法模型对于硬件特性的需求，适应复杂多元的数据形态，满足各类上层应用对计算资源、计算能力的多样化需求。在没有 AI 框架异构芯片适配的情况下，GPU 芯片和模拟计算芯片只能通过 PCIE 和 HOST PC 进行数据交互，增加 AI 框架异构芯片适配层以后，GPU 芯片和模拟计算芯片之间可以直联通信，数据传输效率显著提高。建立 AI 异构服务器统一适配框架能够释放硬件资源优势，提高多元算力迁移适配能力，实现算力高效灵活调度，形成智能开放的应用生态，支撑自主创新发展。

（三）产业全链条协同发力

在制造环节，持续加大对先进制造设备与技术的研发攻关，突破国外技术封锁；封装测试领域则注重提升工艺水平，确保芯片产品的质量与可靠性。通过全产业链的协同发展，逐步打破国外长期以来的技术垄断局面，提高我国芯片产业的自主可控水平，从根本上降低对国外芯片的依赖程度，保障国家数字经济产业供应链的安全稳定。

三、平台经济价值与生态跃升

作为数字经济高质量发展的重要中观载体,平台经济将更加注重技术创新、服务质量以及生态价值的提升。党的二十届三中全会通过的《中共中央关于进一步全面深化改革、推进中国式现代化的决定》提出,促进平台经济创新发展,健全平台经济常态化监管制度。2024年底召开的中央经济工作会议强调,"加强监管,促进平台经济健康发展"。2024年,国务院明确提出将平台经济列入新质生产力范畴,强调平台经济以互联网平台为载体,以数据为关键生产要素,以新一代信息技术为核心驱动力,是创新主导、高科技、高效能、高质量的新质生产力的典型代表。

(一)平台经济核心驱动力向价值创造转变

平台经济的核心驱动力从规模扩张转向价值创造,过去平台经济的发展模式多聚焦于追求用户规模的快速增长以及市场份额的大幅度抢占,这种发展方式呈现出较为粗放的特征。企业往往将大量资源投入到用户拉新、市场拓展等方面,以"跑马圈地"的形式迅速扩大自身的影响力。然而,随着市场环境的变化以及行业竞争的加剧,这种粗放式增长模式的局限性逐渐显现。以行业巨头阿里巴巴为例,其通过实施"云钉一体"战略,展现出了价值创造驱动发展的典型路径,将云计算与办公协同平台深度融合,为企业提供数字化转型解决方案,推动从消费互联网向产业互联网的升级,未来企业将更加注重技术研发投入,推动人工智能、区块链量子计算等前沿技术的应用,提升全产业链效率。

（二）平台经济重心发生转变

平台经济的重心将从消费互联网（如电商、社交）向产业互联网（如工业互联网、智慧农业）延伸，赋能传统行业数字化转型。例如，腾讯的 WeMake 工业互联网平台便是这一转型趋势中的典型代表，该平台充分发挥腾讯在技术研发和资源整合方面的优势，为制造业高质量发展提供数字技术支撑。通过引入先进的 AI 技术和大数据分析手段，对制造企业的生产流程进行全面且细致的剖析与优化。例如，在生产设备的运行监测方面，AI 技术能够实时捕捉设备的运行数据，提前预测设备可能出现的故障，实现预防性维护，减少因设备故障导致的生产停滞，从而降低生产成本。在生产计划与调度环节，大数据分析可以根据订单需求、原材料供应、设备产能等多维度数据，制订出最优化的生产方案，提高生产效率，同时降低能耗。这种智能化的生产流程优化，不仅提升了制造企业的核心竞争力，更为整个制造业的转型升级提供了有力的示范。平台经济的这一重心转移，将对实体经济产生全方位、深层次的影响。在制造业领域，平台经济的深度融入将推动生产模式从传统的粗放式向智能化、精细化转变，实现生产过程的自动化、柔性化，提高产品的质量和附加值。在农业领域，智慧农业平台将助力农业生产摆脱传统的靠天吃饭模式，实现精准种植、智能养殖，提高农业生产的效率和可持续性，保障国家粮食安全。在医疗行业，借助互联网平台的优势，可实现医疗资源的优化配置，如远程医疗、在线问诊等服务的普及，让优质医疗资源能够覆盖更广泛的地区，提升医疗服务的公平性和可及性。由此，平台经济与实体经济的深度融合，将催生出"平台+产业"的全新生态模式。在这种新生态下，平台不仅是连接供需双方的中介，更是产业发展的赋能者和创新推动者。平台通过整合产业链上下游的资源，汇聚各方的技术、数据和人才，形成协同创新的强大合力，推动各产业在数字化、智能化的道路上加速前行，为经济的高质量发展注入新的活力与动力。

(三) 平台经济的组织形态持续升级

早期，平台经济的发展以单一业态为主，例如，电商平台专注于商品的线上交易，为消费者提供便捷的购物渠道；社交平台则聚焦于人与人之间的沟通交流与信息分享。这些单一业态的平台在各自领域取得了显著成就，满足了用户特定方面的需求，推动了数字经济的初步发展。然而，随着市场环境的变化、技术的不断进步以及用户需求的日益多样化，平台经济的发展趋势逐渐转向多业态协同。如今，平台不再局限于单一功能，而是朝着"平台+金融+物流+科技"等多业态融合的方向演进，致力于打造更加开放、包容的生态系统。这种多业态协同的模式，通过整合不同领域的资源与服务，实现了各业态之间的优势互补、协同发展，为用户提供一站式、全方位的服务体验，极大地提升了平台的综合竞争力与用户黏性。例如，京东通过整合电商、物流、金融和科技服务，构建"零售+科技+物流"一体化生态，提升全链条服务能力。未来平台企业将通过生态协同实现资源的高效配置，推动产业链上下游的深度融合提升整体竞争力。

(四) 平台经济的国际化拓展

平台将从国内竞争拓展到全球布局，为了寻求更广阔的发展空间和更多的市场机会，平台企业纷纷加速国际化布局。技术输出成为平台企业国际化的重要手段之一。凭借在国内市场积累的先进技术和创新能力，平台企业将自身的核心技术推广到全球市场，为其他国家和地区的用户提供优质的产品和服务。例如，先进的算法推荐技术、视频处理技术等，能够根据不同地区用户的喜好和行为习惯，精准推送内容，提升用户体验。字节跳动旗下的 TikTok 无疑是平台经济国际化拓展的杰出典范。TikTok 以其独特的短视频社交模式，迅速在全球范围内掀起热潮，成为全球最受欢迎的短视频平台之一。小红书作为以"种草"为核心的生活方式分享平台，也在积极推进国际化布局。以字节跳动和小红书为代表的平台企业，将中国创新的数字技术和独特的商业模式推向全球。这种全球输出不仅提升了中国数字经济的国际影响力，也为中国文化的传播搭建了新的桥梁。

（五）平台经济改变垄断态势

平台经济将进一步改变垄断态势，大型企业将积极向小企业输出数字化资源。"十五五"期间，国家将鼓励支持大型互联网平台企业积极开放、输出数字化资源，引领带动一批传统中小微企业实现数字化转型，如与华为、百度等 AI 行业龙头企业合作，积极提供自主可控、开源的智能计算中心、云边端架构等服务。大企业通过向中小企业开放资源，以算力、数据赋能中小企业，让更多中小企业参与开放性创新，搭建适应数字经济高质量发展的创新链、供应链，形成大企业引领带动中小企业发展、中小企业为大企业注入活力的局面。

四、对传统产业的重塑

"十五五"时期，数字经济对传统产业的改造亦是结构优化的关键所在。数字经济对传统产业的改造呈现以下变化趋势。

（一）农业生产智能化、数字化、精准化

数字经济将推动农业生产智能化、经营数字化和服务精准化，农业生产将广泛应用物联网、大数据、人工智能等技术，实现精准化种

植和养殖。通过传感器收集土壤、气候、作物生长等数据，利用智能系统进行分析和决策，自动控制灌溉、施肥、植保等农业设备，提高农业资源利用效率，降低生产成本，提升农产品产量和质量，农业经营主体将更加依赖数字平台进行生产经营活动。通过电商平台，农产品能够更直接地对接市场需求，减少中间环节，提高流通效率和销售价格。同时，数字金融服务将为农业生产提供更便捷的融资渠道，降低融资成本，支持农业产业发展，基于数字技术的农业服务将更加精准和高效。农业大数据中心和信息服务平台将整合各类农业信息资源，为农民提供气象预报、病虫害防治、市场行情、技术培训等精准化服务，提高农民的生产经营决策水平和抗风险能力。

(二) 工业生产协同化、绿色化

推动工业生产制造智能化、供应链协同化和生产绿色化，工业互联网、人工智能、数字孪生等技术将在工业生产中广泛应用，实现生产设备的互联互通和生产过程的智能化控制。企业能够根据市场需求实时调整生产计划和工艺流程，提高生产效率、产品质量和生产灵活性，降低生产成本和资源消耗，同时数字经济将促进工业供应链的协同发展。通过物联网、大数据等技术，实现供应链上下游企业之间的信息共享和协同决策，提高供应链的透明度和响应速度，优化库存管理和物流配送，降低供应链成本，增强供应链的稳定性和竞争力。最后，数字技术将在工业节能降耗、污染治理等方面发挥重要作用，通过能源管理系统、智能监控技术等，实现对工业能源消耗和污染物排放的实时监测和优化控制，推动工业企业实现绿色生产和可持续发展。

(三) 服务业加速拓展

"十五五"时期，数字经济将推动服务业模式创新和市场拓展加速，利用大数据、人工智能等技术，服务业企业能够深度挖掘客户的个性化需求。例如，在旅游服务中，根据用户的偏好、预算、时间等因素，精准定制个性化的旅游线路；在教育服务领域，为学生提供量身定制的学习计划和课程推荐，实现"千人千面"的精准服务。同时借助数字平台，服务业企业能够突破地域限制，将服务范围拓展到全国乃至全球市场。在线办公软件使企业可以为全球用户提供办公协作服务，提高了组织效率；在线教育平台使优质教育资源能够覆盖到偏远地区，扩大了服务的受众群体。

五、形成新的供需动态平衡机制

数字经济高质量发展通过重构生产、交换、分配与消费的全链条逻辑，形成了以"连接性创新"为核心的供需动态平衡机制。其泛在连接与智能分析能力，能够实时捕捉供需两侧的微观动态变化，并通过网络效应、长尾效应与边际成本递减规律，推动市场从静态均衡向动态均衡跃迁。

（一）物联网与云计算推动全域连接

"十五五"时期，物联网、云计算等先进技术的广泛应用，推动物与物、人与人之间的全域连接。在传统经济模式下，物理空间的限制和信息壁垒阻碍了供需双方的有效沟通与连接。而在数字经济时代，物联网技术使各种设备能够实时收集和传输数据，云计算则为数据的存储和处理提供了强大的支持。例如，智能家居设备通过物联网连接到云端，用户可以通过手机 App 随时随地控制家中设备，设备产生的数据也能实时反馈给制造商，制造商可以据此了解用户的使用习惯和需求，从而优化产品设计和服务。这种全域连接打破了物理空间的限制,使供需双方能够更加便捷地获取信息,提高了市场的透明度和效率。

(二) 供给端产品功能延伸与服务模式创新

随着数字化转型的深入,供给内容也在发生重构,主要体现在产品功能延伸和服务模式创新两个方面。产品功能延伸是指物理产品与数字服务的深度融合,通过软件更新与数据反馈持续扩展产品的使用场景,实现供给的"动态增值"。以智能硬件为例,如智能手表,它不仅具备传统手表的时间显示功能,还通过与手机 App 连接,实现了运动监测、健康管理、消息提醒等多种功能。随着用户使用数据的不断积累,制造商可以通过软件更新为智能手表增加更多的功能,如睡眠分析、压力监测等,进一步拓展了产品的使用场景,满足了用户不断变化的需求。这种产品功能的延伸,使产品不再是一次性的消费品,而是能够随着时间的推移不断为用户创造新的价值,提高了产品的附加值和用户黏性。服务模式创新是基于平台的按需服务模式而兴起的,如 Saas(软件即服务)、共享经济等。这些模式将固定成本转化为可变成本,使得小微主体能够以轻资产模式参与供给。以 Saas 模式为例,企业无须再购买和安装昂贵的软件许可证和服务器设备,只需通过互联网订阅所需的软件服务,根据使用量支付费用。这种模式降低了企业的进入门槛和运营成本,使更多的小微主体能够参与到软件服务的供给中来。共享经济模式也是如此,通过将闲置的资源(如房屋、车辆等)进行整合和共享,提高了资源的利用效率,同时也为个人和小微企业提供了新的收入来源。这种服务模式的创新,不仅丰富了供给内容,还促进了市场的竞争和创新,推动了经济的发展。

（三）企业利用数据画像和社群效应精准匹配需求

数字化转型使企业能够通过数据画像技术和社群效应驱动，实现对需求偏好的精准匹配。数据画像技术是通过对用户行为数据的聚类分析与预测建模，识别潜在需求并构建个性化推荐系统。在数字经济时代，企业可以收集到海量的用户数据，包括用户的浏览记录、购买历史搜索关键词、社交行为等。通过对这些数据的分析，企业可以为每个用户构建详细的数据画像，了解用户的兴趣爱好、消费习惯、需求偏好等信息。基于这些数据画像，企业能够构建个性化推荐系统，为用户推荐符合其需求的商品和服务。例如，电商平台通过分析用户的购买历史和浏览记录，为用户推荐相关的商品；音乐平台根据用户的听歌习惯，推荐相似风格的歌曲。这种个性化推荐系统能够提高用户发现心仪商品和服务的效率，满足用户的个性化需求，提高用户满意度和忠诚度。

（四）数字产品特性激活长尾市场

数字经济的发展为长尾市场的激活提供了契机，主要通过边际成本趋零效应和平台聚合效应来实现。边际成本趋零效应是数字产品的重要特性。与传统产品不同，数字产品的复制与分发成本极低，几乎可以忽略不计。这使得企业能够以可忽略成本覆盖碎片化需求。例如，数字音乐、电子书等产品，一旦创作完成，其复制和传播的成本几乎为零。企业可以将这些产品推向市场，满足那些小众、个性化的需求，而无须担心因成本过高而无法盈利。这种边际成本趋零效应，使企业能够关注到长尾市场中那些分散的、少量的需求，将这些原本被忽视的市场潜力挖掘出来，为企业开辟新的利润增长点。

| 第十三章　"十五五"时期：数字经济高质量发展趋势前瞻

第四节　数字经济高质量发展的功能目标及未来导向

以政府为代表的第三方相关主体是影响数字经济高质量发展的重要环境因素，其主要通过政策制度的制定与资源配置的保障作用于数字经济的运作系统从而推动系统的演化。由于数字经济高质量发展所涉及的部分关键核心技术具备，研发风险高，收益难以预测，其准公共产品的性质与较高的经济外部性必然会催生出必须以政府为主导力量的破解思路和策略安排。党的十九届四中全会通过的《中共中央关于坚持和完善中国特色社会主义制度　推进国家治理体系和治理能力现代化若干重大问题的决定》提出，要强化国家战略科技力量，构建社会主义市场经济条件下关键核心技术攻关新型举国体制。举国体制的核心在于发挥社会主义体制集中力量办大事的优势，是实施创新驱动发展战略的必然要求，也是实现科技自立自强的现实需要。从国际实践经验来看，采取举国体制的措施同样广泛存在于西方发达国家数字经济高质量发展的过程中，如《2021年美国创新与竞争法案》承诺5年内投入2500亿美元，支持芯片、人工智能等关键技术研发，体现了美国对科技创新的决心，为数字经济持续创新提供保障。长期以来，美国基础研究预算从1978年的13.7亿美元激增至2020年的134.8亿美元，近十倍的增长为数字经济生态拓展提供了动力。战略规划上，美国具有前瞻性与系统性。通过《大数据研究与发展计划》等一系列顶层设计与法规，为数字经济指明方向、提供保障。同时，通过《域外数据合法使用澄清法案》等加强数据治理与保护，营造良好法治环境。数字生态建设方面，美国政府全方位支持民众与企业发展。为民众提供数字化技能培训，设专门机构助企业数字化转型。此外，还设立多个制造技术创新中心，提供技术支撑。教育方面，加大对 STEM（科学技术、工程和数学）教育投入，要求教育部门每年至少投入 2 亿美元，并将课程纳入中小学课程，储备人才资源。"十五五"时期，我国数字经济高质量发展的功能目标及未来导向主要体现在以下两方面。

一、新质生产力与数字经济协同共进

新质生产力为数字经济的创新发展提供了技术支撑并推动产业结构高级化，数字经济高质量发展是新质生产力的重要应用场景和实践载体，两者双向互动形成良性循环。

（1）新质生产力所蕴含的高科技元素为数字经济的创新发展提供了技术支撑，技术创新是推动经济发展的核心动力，新质生产力本质上是技术创新的集中体现。熊彼特的创新理论强调，创新是对生产要素的重新组合，包括引入新产品、采用新生产方法、开辟新市场、发现新原材料来源和实现新的企业组织形式等。在数字经济时代，新质生产力通过不断推动数字技术的创新和应用，实现了生产要素的数字化、智能化组合，创造出新的生产函数从而推动数字经济的高质量发展。例如，区块链技术的创新应用，改变了传统的信任机制和交易模式，催生了数字货币、数字资产交易等新兴业态，为数字经济发展注入新活力。

（2）新质生产力催生新兴产业和新业态，推动数字经济产业结构向高端化、智能化、绿色化方向升级。根据产业融合理论，不同产业或同一产业内的不同行业通过相互渗透、交叉，最终融为一体，逐步形成新产业的动态发展过程。新质生产力促进了数字技术与传统产业的深度融合,推动了产业数字化和数字产业化进程。数字技术的通用性和渗透性,使其能够与农业、工业、服务业等各个产业领域相结合,打破产业边界,催生新的产业形态和商业模式[33]。以人工智能产业为例,新质生产力使人工智能技术在图像识别、自然语言处理等领域取得突破,大量基于人工智能的创新企业涌现,形成了新的产业链条。这些新兴产业不仅自身具有高附加值,还能通过与其他数字经济产业如云计算、物联网的融合,带动传统数字经济产业的升级。例如,智能制造工厂利用人工智能和物联网技术,实现了生产设备的实时监控与智能调度,提升了制造业的数字化水平,推动数字经济向更高质量的产业形态发展。

(3)从经济增长理论的角度看,新质生产力通过提高全要素生产率,推动数字经济的高质量发展。传统经济增长理论主要关注资本、劳动等要素投入对经济增长的贡献,而新质生产力强调技术进步、创新能力和知识积累等因素对经济增长的作用。在数字经济时代,新质生产力通过促进数字技术创新、优化资源配置、提升生产效率等方式,提高了全要素生产率,从而实现数字经济的内涵式增长。例如,大数据和人工智能技术的应用,能够帮助企业更精准地预测市场需求、优化生产流程、降低生产成本,提高企业的生产效率和经济效益,进而推动数字经济的整体增长。

(4)新质生产力的形成也离不开数字经济高质量发展提供的先进数字技术支撑。大数据、云计算、物联网、人工智能等数字技术是新质生产力的关键要素,数字经济的发展使这些技术不断成熟和完善。例如,云计算技术在数字经济企业的广泛应用过程中,性能不断提升,成本不断降低,为企业提供了强大的计算能力支持,使企业能够处理海量数据,进行复杂的数据分析和模拟,从而推动生产方式的变革,形成新质生产力。

（5）数字经济高质量发展创造了多样化的应用场景，为新质生产力的落地提供了空间。数字经济涵盖了电子商务、数字金融、数字娱乐等多个领域，每个领域都有独特的业务需求。以数字娱乐领域为例，随着虚拟现实（VR）和增强现实（AR）技术在数字游戏、直播等场景的应用，新的生产方式和消费体验不断涌现。这些应用场景促使企业不断探索和创新，将新的技术与生产流程相结合，从而形成新质生产力。同时，数字经济的规模效应也使新质生产力在这些场景中的应用能够迅速扩大，实现产业化发展。

二、开放创新生态系统持续完善

"十五五"时期，通过创新主体多元化、技术创新加速化、创新场景丰富化、创新制度持续完善化，我国有望构建更具竞争力的开放创新生态。

（一）创新主体多元化，激活经济增长的多元引擎

从知识溢出理论来看，多元化的创新主体能够带来更广泛的知识溢出效应，促进资源的高效配置，从而推动经济增长。在企业层面，数字经济核心产业企业作为技术创新的先锋力量，将持续加大研发投入。以人工智能领域为例，字节跳动旗下的火山引擎通过不断投入研发，利用云雀模型的技术能力，为企业智能化转型提供支持，推动了行业的技术进步。半导体领域亦是如此，众多企业不断在芯片制程技术等方面寻求突破，以提升产品性能和竞争力。传统产业企业在数字化转型的浪潮中，亦紧跟时代步伐逐渐成为创新的重要主体。依据产业升级理论在高质量发展阶段，我国企业应持续提高产品质量，注重效益和质量的提高，使产品质量普遍达到世界先进水平[229]。制造业

第十三章 "十五五"时期：数字经济高质量发展趋势前瞻

企业借助数字技术实现生产流程创新，能够有效降低生产成本，提高生产效率。例如，海尔集团通过构建卡奥斯工业互联网平台，实现了大规模定制模式，提升了整个产业的协同效率，增强了企业的市场竞争力。科研机构与高校在创新生态中扮演着知识创造与人才培养的关键角色，与企业的紧密合作能加速科技成果转化。许多高校围绕数字经济设立了相关专业和科研项目，如清华大学的人工智能研究院，为企业提供了前沿的技术支持和大量专业人才，促进了企业的创新发展。个体开发者与创业者在数字经济时代也发挥着重要作用。借助开源平台、低代码开发等工具，他们的创新活力得到进一步释放。以低代码开发平台"简道云"为例，大量个体开发者利用其便捷的开发工具，开发出各种适用于不同场景的应用程序，催生了更多新的商业模式，为数字经济的发展注入了新的活力。

(二) 技术创新加速化

"十五五"时期，5G、人工智能、量子计算、区块链等数字技术将取得更大突破。以 5G 技术为例，根据技术扩散理论，随着基础设施的不断完善，其应用场景将更加广泛。在工业领域，"5G + 工业互联网"的应用将实现设备的实时监控与远程控制，提高生产的自动化水平，在智能交通领域，5G 技术支持下的车路协同系统，能够实现车辆之间、车辆与基础设施之间的高速通信，提升交通流量的优化效率。数字技术与生物技术、新能源技术等其他领域技术的融合也将不断深化。从产业融合理论角度看，这种融合创造出更多新的业态和应用场景。例如，数字技术与新能源的结合推动了智能电网和能源互联网的发展。国家电网利用大数据和人工智能技术，实现对电网的智能调度和能源的优化分配，提高了能源利用效率，降低了能源损耗。

（三）创新场景丰富化

在产业应用场景方面，数字技术在农业、工业、服务业等各个产业领域都将创造出更多创新应用场景。依据产业发展理论，数字技术能够推动传统产业升级，提升产业竞争力。在农业领域，贵州大力推动农业大模型应用，通过对土壤、气候、作物生长等数据的分析，实现精准农业生产，提高农产品产量和质量。在工业领域，广东省在电子信息、小家电等产业集群试点链式改造，以数字技术提升协同制造效率，增强产业集群的整体竞争力。在社会治理领域数字技术的应用将更加广泛和深入。以智能交通系统为例，根据城市治理理论，通过大数据分析和智能算法，能够实时监测和优化城市交通流量，减少拥堵，提高城市交通效率。在智慧医疗领域，利用区块链技术实现医疗数据的安全共享，人工智能辅助诊断技术提高疾病诊断的准确性，提升了医疗服务的质量和效率。

（四）创新制度持续完善化

从制度经济学角度来看，完善的制度能够降低交易成本，激励创新行为，促进经济发展。政府将出台更多鼓励数字经济创新的政策，包括税收优惠、财政补贴、科研项目支持等。例如，政府对从事数字技术研发的企业给予税收减免，降低企业的研发成本，提高企业的创新积极性。对一些关键数字技术科研项目给予财政补贴，引导资源向创新领域配置。随着数字经济创新成果的不断涌现，知识产权保护制度将更加完善。加强对数字技术专利、版权等的保护能够激励创新主体的积极性，确保创新者能够获得合理的回报。例如，通过完善专利审查制度，提高数字技术专利的审查效率和质量，保护创新者的权益。政府还将探索适应数字经济开放创新的监管方式，采用包容审慎的监管原则。这一原则既能有效激励创新，又能防范数字经济发展带来的风险。例如，在数字货币领域，监管部门在鼓励创新的同时，密切关注市场动态，防范金融风险，确保数字经济市场的健康稳定发展。

第五节 "十五五"时期数字经济高质量发展的十大趋势及对策建议

一、十大趋势

1. 数据要素规模与价值指数级倍增各行业数字化转型加速

人工智能等新技术催生多元数据来源，且其边际报酬递增特性促使市场规模持续扩张；同时，高质量数据供给和流通改善，在激烈市场竞争与政策引导下，价值不断攀升，政府积极推动数据共享开放。

2. 数字化基础设施全面升级

新型基础设施方面，5G网络深度覆盖与6G试点推进，物联网设备爆发式增长，数据中心大型化、绿色化、布局合理化，云计算与边缘计算融合协同；传统基础设施在交通智能化、能源融合与绿色低碳转型上成效显著，如智能交通系统涌现、智能电网发展及绿色数据中心将成主流。

3. 数字人才结构化且呈现全球化培养新趋势

数字人才结构深度调整，总体规模快速增长以满足行业需求；区域分布随战略推进与产业兴起渐趋均衡；跨行业流动使复合型人才备受青睐，人才培养注重跨学科与实践；全球化背景下国际化视野人才需求大增，相关培养活动增多。

4. "人工智能+"深化多模态跃迁与全域应用

"人工智能+"多领域深度赋能并实现规范发展，技术突破实现从单模态向多模态、具身智能转变；应用全域化，广泛赋能多行业全产业链；安全与伦理体系随应用深入而完善，法规标准健全，企业和机构强化安全与伦理投入。

5. 关键核心领域自主可控进程加速

未来芯片集成平台制程工艺有望突破，异构集成技术成主流；产业全链条协同发力，国家和企业加大投入，突破国外技术封锁，提升自主可控水平，保障供应链安全稳定。

6. 平台经济价值与生态跃升并实现全球拓展

平台经济核心驱动力向价值创造转变，重心从消费互联网向产业互联网延伸，赋能传统产业数字化转型；组织形态升级为生态协同，提升竞争力；加速国际化布局和技术输出，提升国际影响力并传播中华文化。

7. 传统产业数字化改造全面深化

农业生产、经营、服务借助数字技术向智能化、数字化、精准化发展；工业实现制造智能化、供应链协同化、生产绿色化；服务业模式创新与市场拓展加速，各产业借数字平台突破地域限制。

8. 供需动态平衡机制实现激活

物联网与云计算推动全域连接，打破信息壁垒；供给端产品功能延伸与服务模式创新，实现动态增值与小微主体参与；企业利用数据画像和社群效应精准匹配需求；数字产品特性激活长尾市场。

9. 新质生产力与数字经济协同共进

新质生产力为数字经济创新供技术、促产业升级、提生产效率，数字经济为其提供技术支撑与应用场景,两者循环互动推动发展。

10. 开放创新生态系统持续完善

创新主体多元化,各主体积极投入创新;数字技术加速创新与跨领域融合,催生新业态;多产业应用场景丰富创新实践;政府完善创新制度,出台激励政策、保护知识产权、探索监管方式。

二、对策建议

1. 根据发展趋势明晰阶段定位,强化竞合思维

中国数字经济处于"并联式发展"阶段,表现为传统产业数字化与新兴产业规模化并行的"双重赶超"特征。根据世界银行 2023 年的数据,中国数字经济规模达 7.1 万亿美元,占 GDP 比重 41.5%,与美国(45.3%)形成"两强竞合"格局。中美在数字经济领域各有优势,具备合作基础。通过合作,可实现技术互补与资源共享,共同推动技术创新。面对网络安全与数据隐私保护等全球性挑战,两国更需加强合作,构建安全可信的数字经济环境。在此背景下,我国应顺应全球化趋势,强化竞合思维。深入分析自身优势与短板,找准在全球数字经济格局中的定位与差距。加大对关键核心技术的研发投入,提高自主创新能力,降低对外部技术的依赖。积极与各国开展数字经济合作交流,拓展市场空间,提升国际影响力。同时,深度参与全球数字经济治理规则制定,推动建立公正合理透明的治理体系,维护自身权益,构建数字经济命运共同体,促进要素资源全球流动,增强我国数字经济国际竞争力。

2. 以国际科技创新中心建设为抓手,秉承开放创新思维,营造宽松包容的创新环境

在当前全球数字经济蓬勃发展的态势下,DeepSeek 公司凭借其卓

越的技术与创新能力，在国际舞台上崭露头角，引发广泛关注。该公司秉承开源共享的理念和策略，将 R1 模型的权重和训练公之于众，吸引了全球的开发者和研究人员共同参与。DeepSeek 的研发团队呈现出独特的地域分布，其中 70 余人位于北京，30 余人位于杭州。北京作为建设国际科技创新中心的城市，为 DeepSeek 这类数字科技企业的成长提供了科技创新人才资源，DeepSeek 作为人工智能领域的领军企业，在研发投入方面表现突出，其研发投入占比超过 60%。团队成员素质精良，70% 拥有全球 Top50 高校的教育背景，为企业的创新发展提供了坚实的人才支撑。同时 DeepSeek 积极开展国际国内科研合作，与 MIT、清华大学等知名高校共建 6 个联合实验室，实现了知识、技术与人才的深度交流与融合。其技术成果不仅在国内得到广泛应用，还扩散至 20 多个国家，充分彰显了企业的技术实力与国际影响力。2025 年 2 月 15～17 日，阿里巴巴、字节跳动等数字经济头部企业纷纷宣布，旗下社交、电商、教育等核心产品全线接入 DeepSeek 大模型，不仅彰显着中国 AI 技术的又一次飞跃，也预示着企业级智能应用将迎来更加广阔的发展前景。DeepSeek 的成功经验为其他企业提供了宝贵的示范与借鉴。其在技术研发、人才培养、产学研合作以及市场拓展等方面的实践，为推动数字经济发展提供了可借鉴的模式。在"十五五"时期，北京国际科技创新中心应充分发挥示范引领作用，借鉴 DeepSeek 等企业的经验，通过技术输出、模式推广等方式，将先进的数字技术和创新模式向其他地区辐射，助力全国数字经济产业的升级与发展。

3. 培育数字经济创新生态，提升可持续发展能力

鼓励创新主体多元化发展，营造良好的创新环境，鼓励企业、高校、科研机构和个人等多元主体参与数字经济创新。例如，政府设立创新创业孵化基地，为初创企业提供场地、资金技术等支持；鼓励高

校开设数字经济相关专业，培养创新型人才；支持科研机构与企业开展产学研合作，加速科技成果转化。建立健全创新激励政策，对在数字经济领域取得创新成果的企业和个人给予税收优惠、财政补贴、荣誉表彰等奖励。同时，加强知识产权保护，维护创新主体的合法权益，激发全社会的创新活力，为数字经济高质量发展提供持续动力。

4. 加强数字人才培养体系建设，注重人才的全面发展

首先，需强化数字经济教育根基，从基础教育阶段培育数字素养。在教育体系的各层级中，应显著加大数字经济相关课程的比重，将数字素养和创新思维的培养纳入基础教育阶段的核心内容。通过设计跨学科的教学方案，融合计算机科学、数据科学、经济学等多领域知识，使学生在早期阶段就能建立起对数字经济的基本认知与兴趣。其次，深化高等教育与职业教育改革，对接数字经济前沿技术。高等教育与职业教育机构应积极响应数字经济时代的召唤，开设更多与数字经济前沿技术紧密相关的专业和课程，如人工智能、区块链、量子计算等通过与行业领军企业合作建立实习基地，为学生提供真实的工作场景和项目实践机会，同时鼓励高校与职业院校加强产学研合作，共同推动数字经济领域的技术创新与成果转化。最后，在数字经济人才培养过程中，应注重人才的全面发展，特别是跨界融合能力的培养。不仅要培养学生在某一特定技术领域的专长，还要鼓励他们探索其他相关领域的知识与技能，如商业管理、法律伦理等，以构建综合性的知识体系。通过组织跨学科竞赛、项目合作等活动，促进学生之间的交流与合作，激发其创新思维与问题解决能力。同时，加强对学生国际视野的培养，鼓励他们参与国际交流项目，了解全球数字经济发展的最新动态与趋势。

5. 积极推动数字经济国际合作与交流，全面拓展国际市场

首先，深化技术研发合作，共筑数字经济创新高地。在数字经济领域，技术研发是核心驱动力。我国应继续加强与各国在技术研发方面的合作，通过共建联合实验室、开展跨国技术攻关项目等形式，促进技术交流与共享，共同推动数字经济技术的突破与创新。同时，国内外企业、科研机构和高校之间的合作，形成开放合作的创新生态，加速数字技术成果的转化与应用。其次，推动标准互认，积极参与国际标准制定。数字经济领域的标准互认是国际合作的基础。我国应积极推动与各国在数字经济标准方面的互认，消除技术壁垒，促进贸易便利化。同时，应积极参与国际数字经济标准的制定过程，发挥我国的技术优势和市场潜力，提高我国在国际数字经济领域的话语权和影响力。通过参与国际标准制定，我国可以更好地引导数字经济技术的发展方向，为全球数字经济的健康发展贡献中国智慧和中国方案。再次，鼓励企业"走出去"，提升国际竞争力。我国数字经济企业应积极响应国家"走出去"战略，在海外建立研发中心、生产基地和营销网络，形成全球化的业务布局。通过并购、投资等方式整合全球资源，获取先进技术、管理经验和市场渠道，提升企业的国际竞争力。政府应提供政策支持和金融服务，为企业"走出去"提供有力保障，同时加强海外风险预警和应对机制，确保企业在国际市场上的稳健发展。最后，构建国际合作平台，拓展合作广度与深度。为了进一步加强数字经济国际合作与交流，我国应积极构建多层次、多领域的国际合作平台。通过举办国际数字经济论坛、展览会和博览会等活动，为国内外企业搭建展示和交流的平台，促进信息共享和商机对接。同时，加强与国际组织和多边机制的合作，共同推动数字经济领域的国际规则制定和合作项目实施，拓展合作的广度和深度。

第十三章 "十五五"时期：数字经济高质量发展趋势前瞻

第六节 本章小结

本章系统展望"十五五"时期数字经济高质量发展十大趋势，提出对策建议。研究基于系统科学理论构建"要素—结构—功能"分析框架，结合趋势分析法与全球竞合视角，揭示数字经济演进规律。趋势包括：数据要素规模与质量双提升，新型与传统基建融合升级，数字人才结构深度调整，"人工智能+"全域赋能，关键核心技术自主可控，平台经济价值跃升，传统产业数字化改造深化，供需动态平衡机制形成，新质生产力协同互动，开放创新生态完善。建议强化竞合思维，建设国际科技创新中心，培育创新生态，优化人才培养，拓展国际合作，以政策引导、技术突破、生态构建推动数字经济全球竞争力提升，实现高质量发展目标。

附 录

附录1　北京市2017年数字经济非竞争型投入产出表

<table>
<tr><th colspan="2">分类</th><th>农、林、牧、渔业</th><th>采矿业</th><th>食品饮料与烟草</th><th>轻工业制造</th><th>资本密集型制造</th><th>装备制造</th><th>公用事业</th><th>建筑与房地产</th><th>传统服务</th><th>公共服务</th><th>现代服务</th></tr>
<tr><td rowspan="13">北京市生产品中间投入</td><td>农、林、牧、渔业</td><td>7.6549</td><td>0.0031</td><td>35.4630</td><td>0.2559</td><td>10.7819</td><td>0.0677</td><td>0.0077</td><td>8.0522</td><td>4.7735</td><td>0.6143</td><td>10.9684</td></tr>
<tr><td>采矿业</td><td>0.0044</td><td>1.5665</td><td>0.0100</td><td>0.0051</td><td>6.7859</td><td>0.0193</td><td>7.0333</td><td>2.6825</td><td>0.0024</td><td>0.0965</td><td>0.0520</td></tr>
<tr><td>食品饮料与烟草</td><td>14.1487</td><td>0.0295</td><td>45.7602</td><td>0.4599</td><td>3.0683</td><td>3.7980</td><td>0.1149</td><td>0.4172</td><td>66.5320</td><td>1.5017</td><td>5.9898</td></tr>
<tr><td>轻工业制造</td><td>0.1804</td><td>0.1265</td><td>6.5250</td><td>24.2399</td><td>6.3774</td><td>14.8649</td><td>0.2925</td><td>25.7945</td><td>6.0666</td><td>10.0502</td><td>91.7871</td></tr>
<tr><td>资本密集型制造</td><td>4.4107</td><td>3.5170</td><td>7.0248</td><td>10.2540</td><td>179.6368</td><td>143.9576</td><td>2.0189</td><td>344.4241</td><td>7.1528</td><td>16.3382</td><td>351.2646</td></tr>
<tr><td>装备制造</td><td>1.6900</td><td>12.6253</td><td>2.5996</td><td>5.4595</td><td>22.0452</td><td>1236.3194</td><td>24.7371</td><td>186.0655</td><td>20.1641</td><td>10.3736</td><td>384.3497</td></tr>
<tr><td>公用事业</td><td>3.9183</td><td>7.0023</td><td>11.2432</td><td>6.1575</td><td>51.1993</td><td>37.0646</td><td>2329.3282</td><td>99.5137</td><td>58.6436</td><td>68.4539</td><td>265.5135</td></tr>
<tr><td>建筑与房地产</td><td>0.9334</td><td>1.5748</td><td>2.1742</td><td>2.3711</td><td>6.3451</td><td>13.2992</td><td>9.1309</td><td>407.6098</td><td>228.5625</td><td>272.8486</td><td>920.1448</td></tr>
<tr><td>传统服务</td><td>2.7793</td><td>4.2492</td><td>32.4649</td><td>9.3834</td><td>53.5327</td><td>351.5257</td><td>1.8356</td><td>200.2733</td><td>132.7487</td><td>182.0203</td><td>489.1205</td></tr>
<tr><td>公共服务</td><td>1.5916</td><td>1.3795</td><td>4.1192</td><td>2.5279</td><td>13.6612</td><td>39.1648</td><td>3.6814</td><td>21.2504</td><td>23.5907</td><td>490.9231</td><td>357.8397</td></tr>
<tr><td>现代服务</td><td>18.2338</td><td>37.5306</td><td>75.9296</td><td>26.4243</td><td>221.9989</td><td>339.3245</td><td>127.0918</td><td>1055.7227</td><td>970.2944</td><td>511.6780</td><td>9360.9199</td></tr>
<tr><td>数字化赋能</td><td>1.3083</td><td>1.9311</td><td>9.6433</td><td>5.7965</td><td>20.9575</td><td>264.5848</td><td>1.6914</td><td>102.2289</td><td>130.5588</td><td>200.6406</td><td>623.9177</td></tr>
<tr><td>数字化内容</td><td>0.0000</td><td>0.0132</td><td>0.0308</td><td>0.0414</td><td>0.2491</td><td>0.2879</td><td>0.0407</td><td>0.7695</td><td>0.6739</td><td>10.3797</td><td>26.2730</td></tr>
</table>

续表

分类		农、林、牧、渔业	采矿业	食品饮料与烟草	轻工业制造	资本密集型制造	装备制造	公用事业	建筑与房地产	传统服务	公共服务	现代服务
北京市生产产品中间投入	数字化交易	0.2027	0.3827	2.2991	0.8257	3.6178	33.7205	0.1627	18.1320	11.9891	0.9298	16.4399
	总计	57.0565	71.9313	235.2869	94.2021	600.2568	2477.9990	2507.1670	2472.9363	1661.7532	1776.8486	12904.4806
	数字经济	1.5110	2.3270	11.9732	6.6636	24.8243	298.5932	1.8948	121.1303	143.2218	211.9501	666.6306
	农、林、牧、渔业	40.9594	0.0166	189.7547	1.3694	57.6917	0.3623	0.0414	43.0854	25.5418	3.2873	58.6897
	采矿业	0.1737	62.3705	0.3982	0.2028	270.1759	0.7690	280.0267	106.8029	0.0972	3.8440	2.0713
	食品饮料与烟草	39.7964	0.0831	128.7111	1.2934	8.6302	10.6828	0.3230	1.1733	187.1362	4.2239	16.8475
	轻工业制造	1.4850	1.0414	53.7250	199.5846	52.5093	122.3938	2.4081	212.3850	49.9510	82.7509	755.7488
	资本密集型制造	29.9935	23.9162	47.7693	69.7279	1221.5466	978.9252	13.7290	2342.1155	48.6399	111.1011	2388.6319
非北京市生产产品中间投入	装备制造	2.2173	16.5640	3.4106	7.1627	28.9228	1622.0220	32.4544	244.1136	26.4549	13.6099	504.1266
	公用事业	2.2028	3.9366	6.3209	3.4618	28.7840	20.8376	1309.5393	55.9462	32.9692	38.4845	149.2706
	建筑与房地产	0.1860	0.3138	0.4332	0.4725	1.2643	2.6500	1.8194	81.2218	45.5442	54.3688	183.3512
	传统服务	2.3419	3.5805	27.3560	7.9068	45.1084	296.2075	1.5468	168.7571	111.8585	153.3764	412.1495
	公共服务	0.2191	0.1889	0.5669	0.3479	1.8801	5.3901	0.5066	2.9246	3.2467	67.5635	49.2479
	现代服务	7.9319	16.3261	33.0299	11.4947	96.5711	147.6085	55.2859	459.2469	422.0849	222.5836	4072.0667
	数字化赋能	0.7823	1.1547	5.7666	3.4662	12.5323	158.2190	1.0115	61.1318	78.0729	119.9811	373.0965
	数字化内容	0.0000	0.0026	0.0060	0.0081	0.0484	0.0560	0.0079	0.1496	0.1310	2.0180	5.1081

续表

分类		农、林、牧、渔业	采矿业	食品饮料与烟草	轻工业制造	资本密集型制造	装备制造	公用事业	建筑与房地产	传统服务	公共服务	现代服务
非北京市生产产品中间投入	数字化交易	0.1821	0.3437	2.0649	0.7416	3.2493	30.2857	0.1462	16.2850	10.7679	0.8351	14.7653
	总计	128.4714	129.8397	499.3133	307.2404	1828.9147	3396.4094	1698.8463	3795.3387	1042.4962	878.0280	8985.1716
	数字经济	0.9252	1.4307	7.4042	4.0662	15.1945	182.0731	1.1438	74.2626	86.7820	125.1252	397.5448
增加值		122.5978	86.4559									
总投入		308.1257	288.2269	999.2797								

附录2　北京市2017年数字经济非竞争型投入产出表（虚表）

分类		数字化赋能	数字化内容	数字化交易	总计	数字经济	最终消费	资本形成	出口+国内省外流出	合计	进口+国内省外调入	总产出
北京市生产产品中间投入	农、林、牧、渔业	0.0958	0.0004	0.0006	78.7394	157.4788	125.9092	2.6031	100.8738	229.3861	0	308.1255
	采矿业	0.0003	0.0015	0.0000	18.2597	36.5194	0.0327	-0.2346	270.1692	269.9673	0	288.2270
	食品饮料与烟草	2.1838	0.1448	0.0243	144.1729	288.3458	385.3222	-0.3538	470.1385	855.1069	0	999.2798
	轻工业制造	46.6963	6.1995	0.2564	239.4572	478.9144	76.6169	8.7458	235.7315	321.0942	0	560.5514
	资本密集型制造	28.0691	0.8922	0.3581	1099.3191	2198.6382	80.7910	17.7711	2038.0288	2136.5909	0	3235.9100
	装备制造	55.5174	0.3984	1.9202	1964.1668	3928.3336	212.2420	380.3709	4938.3165	5530.9294	0	7495.0962

续表

分类		数字化赋能	数字化内容	数字化交易	总计	数字经济	最终消费	资本形成	出口+国内省外流出	合计	进口+国内省外调入	总产出
北京市生产产品中间投入	公用事业	70.4087	2.6413	1.6944	3012.7824	6025.5648	149.4847	0.0000	1937.3779	2086.8626	0	5099.6450
	建筑与房地产	178.6777	9.1616	10.9741	2063.8077	4127.6154	901.7953	3563.7176	2694.5926	7160.1055	0	9223.9132
	传统服务	290.3499	10.8132	10.2342	1771.3308	3542.6616	622.7799	133.2832	2253.0093	3009.0724	0	4780.4032
	公共服务	33.8706	10.4292	1.3872	1005.4166	2010.8332	3346.6467	0.0000	662.2092	4008.8559	0	5014.2725
	现代服务	1569.2836	52.2745	87.9313	14454.6379	28909.2758	3892.8146	802.5570	15175.2040	19870.5756	0	34325.2135
	数字化赋能	2690.6197	4.3199	11.2780	4069.4765	8138.9530	445.7586	2594.3062	5139.4088	8179.4736	0	12248.9501
	数字化内容	1.7398	4.3453	0.0431	44.8874	89.7748	104.8459	0.0000	150.3760	255.2219	0	300.1093
	数字化交易	23.3944	0.2152	0.9046	113.2163	226.4326	26.4230	13.2399	207.6643	247.3272	0	360.5435
	总计	4990.9070	101.8371	127.0082	30079.6707	60159.3414						
	数字经济	2715.7539	8.8804	12.2258	4227.5802	8455.1604						
非北京市生产产品中间投入	农、林、牧、渔业	0.5123	0.0024	0.0029	421.3173	0.5177	673.7129	13.9287	539.7541	1227.3957	1648.7130	0
	采矿业	0.0111	0.0582	0.0000	727.0015	0.0694	1.3019	-9.3422	10756.6586	10748.6183	11475.6198	0
	食品饮料与烟草	6.1426	0.4071	0.0682	405.5190	6.6179	1083.8057	-0.9952	1322.3711	2405.1816	2810.7006	0
	轻工业制造	384.4842	51.0453	2.1109	1971.6233	437.6404	630.8423	72.0103	1940.9474	2643.8000	4615.4233	0
	资本密集型制造	190.8722	6.0672	2.4355	7475.4708	199.3749	549.3865	120.8452	13858.7835	14529.0152	22004.4860	0
	装备制造	72.8375	0.5227	2.5216	2576.9406	75.8818	278.4566	499.0377	6478.9550	7256.4493	9833.3899	0

续表

分类		数字化赋能	数字化内容	数字化交易	总计	数字经济	最终消费	资本形成	出口+国内省外流出	合计	进口+国内省外调入	总产出
非北京市生产产品中间投入	公用事业	39.5835	1.4850	0.9526	1693.7747	42.0210	84.0397	0.0000	1089.1865	1173.2262	2867.0009	0
	建筑与房地产	35.6039	1.8256	2.1867	411.2415	39.6162	179.6949	710.1187	536.9338	1426.7474	1837.9889	0
	传统服务	244.6586	9.1116	8.6236	1492.5833	262..3939	524.7754	112.3089	1898.4619	2535.5462	4028.1295	0
	公共服务	4.6615	1.4353	0.1909	138.3709	6.2877	460.5838	0.0000	91.1369	551.7207	690.0916	0
	现代服务	682.6495	22.7398	38.2507	6287.8702	743.6400	1693.4020	349.1180	6601.3215	8643.8415	14931.7117	0
	数字化赋能	1608.9635	2.5833	6.7442	2433.5059	1618.2909	266.5592	1551.3689	3073.3147	4891.2428	7324.7487	0
	数字化内容	0.3382	0.8448	0.0084	8.7271	1.1914	20.3843	0.0000	29.2362	49.6205	58.3476	0
	数字化交易	21.0115	0.1933	0.8125	101.6840	22.0172	23.7315	11.8911	186.5113	222.1339	323.8179	0
	总计	3292.3302	98.3215	64.9088	26145.6301	3455.5605						
增加值	数字经济	1624.3363	4.6725	7.3968	2532.3580	1636.4057						
总投入												

参考文献

[1] 习近平. 中国国际数字经济博览会致信 [N/OL]. 人民日报, https://news.cnr.cn/native/gd/20191011/t20191011_524811203.shtml.

[2] CARL D, SAM M, MARTIN W. Harnessing the digital economy for developing countries [R/OL]. OECD Development Centre, 2016. https://doi.org/10.1787/4adffb24-en.

[3] 中国信息通信研究院. 全球数字经济白皮书（2024）[R]. 中国信息通信研究院, 2024.

[4] ZHANG W, LIU X, WANG D, et al. Digital economy and carbon emission performance: Evidence at China's city level [J/OL]. Energy Policy, 2022, 165: 112927 [2022-12-19]. https://linkinghub.elsevier.com/retrieve/pii/S0301421522001525.

[5] LANE N. Advancing the Digital Economy into the 21st Century [J]. Information Systems Frontiers, 1999, 1 (3): 317-320.

[6] DEPARTMENT OF BROADBAND, COMMUNICATIONS AND THE DIGITAL ECONOMY. Advancing Australia as a Digital Economy: An Update to the National Digital Economy Strategy [R]. Department of Broadband, Communications and the Digital Economy, 2013.

[7] BEA. Measuring the Digital Economy: An Update Incorporating

Data From the 2018 Comprehensive Update of the Industry Economic Accounts [R]. BEA, 2001.

[8] IMF. European Commission Expert Group on Taxation of the Digital Economy [R/OL]. International Monetary Fund, 2018. https://www.imf.org/en/Publications/Policy-Papers/Issues/2018/04/03/022818-measuring-the-digital-economy. European Commission Expert Group on Taxation of the Digital Economy.

[9] OECD. Measuring the Digital Economy: A New Perspective [R/OL]. OECD, 2014 [2024-12-10]. https://www.oecd-ilibrary.org/science-and-technology/measuring-the-digital-economy_9789264221796-en.

[10] UK PARLIAMENT. The digital economy inquiry [R]. House of Commons Business, Innovation and Skills Select Committee, 2015.

[11] G20 Digital Economy Development and Cooperation Initiative [R]. China, 2016.

[12] KNICKREHM M, BERTHON B, DAUGHERTY P. Digital disruption: The growth multiplier [R]. Accenture Strategy, 2016.

[13] BUKHT R, HEEKS R. Defining, Conceptualising and Measuring the Digital Economy [J]. International Organisations Research Journal, 2018, 13 (2): 143-172.

[14] BAREFOOT K, CURTIS D, JOLLIFF W, et al. Defining and Measuring the Digital Economy [R]. Bureau of Economic Analysis, 2018.

[15] 中国信息通信研究院. 中国数字经济发展白皮书（2020）[R]. 中国信息通信研究院，2020.

[16] BARBU A. Importance of Foreign Investments in the Development of the Digital Economy [J]. Research Jet Journal of Analysis and In-

ventions, 2021, 2 (3): 219-223.

[17] OECD. Measuring Digital Trade: Towards a Conceptual Framework [R]. Pairs: OECD Publishing, 2014.

[18] 康铁祥. 中国数字经济规模测算研究 [J]. 当代财经, 2008 (3): 118-121.

[19] 蔡跃洲, 牛新星. 中国数字经济增加值规模测算及结构分析 [J]. 中国社会科学, 2021 (11): 4-30, 204.

[20] 许宪春, 张美慧. 中国数字经济规模测算研究——基于国际比较的视角 [J]. 中国工业经济, 2020 (5): 23-41.

[21] 韩兆安, 赵景峰, 吴海珍. 中国省际数字经济规模测算、非均衡性与地区差异研究 [J]. 数量经济技术经济研究, 2021, 38 (8): 164-181.

[22] REN S, HAO Y, XU L, et al. Digitalization and energy: How does internet development affect China's energy consumption? [J/OL]. Energy Economics, 2021, 98: 105220 [2023-01-25]. https://linkinghub.elsevier.com/retrieve/pii/S0140988321001250.

[23] LI J, CHEN L, CHEN Y, et al. Digital economy, technological innovation, and green economic efficiency—Empirical evidence from 277 cities in China [J/OL]. Managerial and Decision Economics, 2022, 43 (3): 616-629 [2023-01-25]. https://onlinelibrary.wiley.com/doi/10.1002/mde.3406.

[24] DING Y, ZHANG H, TANG S. How Does the Digital Economy Affect the Domestic Value: Added Rate of Chinese Exports? [J/OL]. Journal of Global Information Management, 2021, 29 (5): 71-85 [2023-01-25]. https://services.igi-global.com/resolvedoi/resolve.aspx?doi=10.4018/JGIM.20210901.oa5.

[25] 张鸿, 董聚元, 王璐. 中国数字经济高质量发展: 内涵、现状及对策 [J]. 人文杂志, 2022 (10): 75-86.

[26] 朱福林. 后疫情时代我国数字经济高质量发展战略对策 [J]. 经济体制改革, 2021 (1): 27-34.

[27] 刘淑春. 中国数字经济高质量发展的靶向路径与政策供给 [J]. 经济学家, 2019 (6): 52-61.

[28] 王磊, 杨宜勇. 数字经济高质量发展的五大瓶颈及破解对策 [J]. 宏观经济研究, 2022 (2): 107-114.

[29] 张雪玲, 陈芳. 中国数字经济发展质量及其影响因素研究 [J]. 生产力研究, 2018 (6): 67-71.

[30] 焦勇. 中国数字经济高质量发展的地区差异及动态演进 [J]. 经济体制改革, 2021 (6): 34-40.

[31] 王方, 刘莉莉, 刘启明, 等. 数字经济高质量发展预警模型构建与实证 [J]. 统计与决策, 2022, 38 (13): 15-20.

[32] 史丹, 孙光林. 数字经济和实体经济融合对绿色创新的影响 [J]. 改革, 2023 (2): 1-13.

[33] 贾品荣, 杨雨萌. 准确把握加快形成新质生产力的十大关系 [J]. 技术经济与管理研究, 2024 (6): 1-8.

[34] 夏杰长, 李銮淏. 数实融合驱动经济高质量发展: 驱动机制与优化路径 [J]. 探索与争鸣, 2024: 1-13.

[35] 王定祥, 吴炜华, 李伶俐. 数字经济和实体经济融合发展的模式及机制分析 [J]. 改革, 2023 (7): 90-104.

[36] 周密, 王雷, 郭佳宏. 新质生产力背景下数实融合的测算与时空比较——基于专利共分类方法的研究 [J]. 数量经济技术经济研究, 2024, 41 (7): 5-27.

[37] 赵亮员, 吕鹏, 薛品, 等. 以小"建"大: 中小企业"数

实融合"的新趋势与新特点［J］. 山东大学学报（哲学社会科学版），2023，2023（2）：99-112.

［38］洪银兴，任保平. 数字经济与实体经济深度融合的内涵和途径［J］. 中国工业经济，2023（2）：5-16.

［39］李腾，孙国强，崔格格. 数字产业化与产业数字化：双向联动关系、产业网络特征与数字经济发展［J］. 产业经济研究，2021（5）：54-68.

［40］郭丽娟，赵春雨. 数字经济与实体经济深度融合：逻辑机理与实现路径［J］. 经济问题，2023（11）：33-39.

［41］李佳霖，董嘉昌. 以数字经济与实体经济深度融合推动高质量发展的理论逻辑及实现路径［J］. 陕西师范大学学报（哲学社会科学版），2024，53（4）：106-118.

［42］欧阳日辉，龚伟. 促进数字经济和实体经济深度融合：机理与路径［J］. 北京工商大学学报（社会科学版），2023，38（4）：10-22.

［43］LEE W S, HAN E J, SOHN S Y. Predicting the pattern of technology convergence using big-data technology on large-scale triadic patents［J］. Technological Forecasting and Social Change, 2015, 100: 317-329.

［44］郭晗，全勤慧. 数字经济与实体经济融合发展：测度评价与实现路径［J］. 经济纵横，2022（11）：72-82.

［45］陆敏，任潇洒，周雪含. 数实融合推进新质生产力发展的逻辑机理和传导路径研究［J］. 工业技术经济，2024，43（10）：32-41.

［46］边作为. 数实深度融合、新质生产力与经济高质量增长［J］. 技术经济与管理研究，2024（11）：47-52.

[47] 任保平，苗新宇. 数字经济与实体经济深度融合的微观内涵、发展机理和政策取向［J］. 中南大学学报（社会科学版），2024，30（3）：88-98.

[48] GUERRIERI P, MELICIANI V. International Competitiveness in Producer Services［J/OL］. SSRN Electronic Journal，2004［2024-12-26］. http://www.ssrn.com/abstract=521445.

[49] 陈晓峰. 生产性服务业与制造业互动融合：特征分析、程度测算及对策设计——基于南通投入产出表的实证分析［J］. 华东经济管理，2012，26（12）：9-13.

[50] 刘洁，李雪源，陈海波. 中国生产性服务业与制造业融合发展的行业差异［J］. 中国科技论坛，2015（2）：61-66.

[51] 李林汉，袁野，田卫民. 中国省域数字经济与实体经济耦合测度——基于灰色关联、耦合协调与空间关联网络的角度［J］. 工业技术经济，2022，41（8）：27-35.

[52] 任保平，何厚聪. 数字经济赋能高质量发展：理论逻辑、路径选择与政策取向［J］. 财经科学，2022（4）：61-75.

[53] 史宇鹏，曹爱家. 数字经济与实体经济深度融合：趋势、挑战及对策［J］. 经济学家，2023（6）：45-53.

[54] 郑琼洁，曹劲松. 数字经济与实体经济融合的基本逻辑及路径选择［J］. 江苏社会科学，2023（1）：95-102.

[55] 中国信息通信研究院. 中国数字经济发展研究报告（2024）［R］. 中国信通院，2024.

[56] 李海舰，李燕. 对经济新形态的认识：微观经济的视角［J］. 中国工业经济，2020（12）：159-177.

[57] 杜庆昊. 数字产业化和产业数字化的生成逻辑及主要路径［J］. 经济体制改革，2021（5）：85-91.

[58] 陈曦. 推动数字经济与实体经济深度融合：理论探析与实践创新[J]. 人民论坛·学术前沿, 2022（24）：64-76.

[59] 王琛伟. 数字经济和实体经济深度融合：核心动力、主要问题与趋势对策[J]. 人民论坛·学术前沿, 2022（18）：12-21.

[60] 曾宪聚, 曾凯. 新质生产力：复合概念、发展基础与系统创新路径[J]. 深圳大学学报（人文社会科学版）, 2024, 41（2）：5-15.

[61] 习近平总书记赴黑龙江考察并主持召开新时代推动东北全面振兴座谈会纪实[EB/OL]. https://www.gov.cn/govweb/yaowen/liebiao/202309/content_6903135.htm.

[62] 郭朝先, 方澳. 要素视角下新质生产力的内涵机理与跃升路径[J]. 广西社会科学, 2024（3）：11-20.

[63] 刘志彪, 凌永辉, 孙瑞东. 新质生产力下产业发展方向与战略——以江苏为例[J]. 南京社会科学, 2023（11）：59-66.

[64] 史丹. 数字经济条件下产业发展趋势的演变[J]. 中国工业经济, 2022（11）：26-42.

[65] 郭朝先. 数字经济时代产业组织演变：趋势、特征与效果[J]. 中国农村经济, 2023（10）：2-25.

[66] 周文, 许凌云. 论新质生产力：内涵特征与重要着力点[J]. 改革, 2023（10）：1-13.

[67] 王国成, 程振锋. 新质生产力与基本经济模态转换[J]. 当代经济科学, 2024, 46（3）：71-79.

[68] 张姣玉, 徐政, 丁守海. 数实深度融合与新质生产力交互的逻辑机理、战略价值与实践路径[J]. 北京工业大学学报（社会科学版）, 2024, 24（3）：114-124.

[69] LYNCH C. How do your data grow?[J]. Nature, 2008, 455

（7209）：28-29.

[70] GLAESER E L, KOMINERS S D, LUCA M, et al. Big Data and Big Cities: The Promises and Limitations of Improved Measures of Urban life [J]. Economic Inquiry, 2018, 56 (1): 114-137.

[71] 戴双兴. 数据要素：主要特征、推动效应及发展路径 [J]. 马克思主义与现实, 2020 (6): 171-177.

[72] 侯美樾, 张东祥. 数字经济赋能新质生产力：内在关联与实现路径 [J]. 重庆理工大学学报（社会科学）, 2024, 38 (12): 1-18.

[73] FARBOODI M, VELDKAMP L. Long-Run Growth of Financial Data Technology [J]. American Economic Review, 2020, 110 (8): 2485-2523.

[74] BOURREAU M, DE STREEL A, GRAEF I. Big Data and Competition Policy: Market Power, Personalised Pricing and Advertising [J/OL]. SSRN Electronic Journal, 2017 [2025-01-10]. https://www.ssrn.com/abstract=2920301.

[75] 张明, 路先锋, 吴雨桐. 数据要素经济学：特征、确权、定价与交易 [J]. 经济学家, 2024 (4): 35-44.

[76] 周鹏, 王卓, 谭常春, 等. 数字技术创新的价值——基于并购视角和机器学习方法的分析 [J]. 中国工业经济, 2024 (2): 137-154.

[77] 王开科, 吴国兵, 章贵军. 数字经济发展改善了生产效率吗 [J]. 经济学家, 2020 (10): 24-34.

[78] 肖旭, 戚聿东. 产业数字化转型的价值维度与理论逻辑 [J]. 改革, 2019 (8): 61-70.

[79] 崔云. 数字技术促进新质生产力发展探析 [J]. 世界社会

主义研究，2023，8（12）：97-109，120.

[80] 黄群慧，盛方富. 新质生产力系统：要素特质、结构承载与功能取向［J］. 改革，2024（2）：15-24.

[81] 石敏俊，张卓敏，等. 中国省区间投入产出模型与区际经济联系［M］. 北京：科学出版社，2012.

[82] 林卫斌，吴嘉仪，施发启. 构建新发展格局的科学内涵及理论逻辑——基于非竞争型投入产出法的分析［J］. 统计研究，2022，39（10）：19-33.

[83] 梁优彩，郭斌斌. 国际投入产出表简介［J］. 数量经济技术经济研究，1990（12）：60-66.

[84] TIMMER M P, ERUMBAN A A, LOS B, et al. Slicing Up Global Value Chains［J］. Journal of Economic Perspectives, 2014, 28(2): 99-118.

[85] HUMMELS D, ISHII J, YI K M. The nature and growth of vertical specialization in world trade［J］. Journal of International Economics, 2001, 54(1): 75-96.

[86] KOOPMAN R, WANG Z, WEI S J. Estimating domestic content in exports when processing trade is pervasive［J］. Journal of Development Economics, 2012, 99(1): 178-189.

[87] WANG D H M, YU T H K, LIU H Q. Heterogeneous effect of high-tech industrial R&D spending on economic growth［J］. Journal of Business Research, 2013, 66(10): 1990-1993.

[88] JOHNSON R C, NOGUERA G. Proximity and Production Fragmentation［J］. American Economic Review, 2012, 102(3): 407-411.

[89] UPWARD R, WANG Z, ZHENG J. Weighing China's export

basket: The domestic content and technology intensity of Chinese exports [J]. Journal of Comparative Economics, 2013, 41 (2): 527-543.

[90] LOS B, TIMMER M P, DE VRIES G J. How Global Are Global Value Chains? A New Approach to Measure International Fragmentation [J]. Journal of Regional Science, 2015, 55 (1): 66-92.

[91] KOOPMAN R, WANG Z, WEI S J. How Much of Chinese Exports is Really Made In China? Assessing Domestic Value-Added When Processing Trade is Pervasive: w14109 [R/OL]. Cambridge, MA: National Bureau of Economic Research, 2008: w14109 [2025-01-13]. http://www.nber.org/papers/w14109.pdf.

[92] 沈利生. 重新审视传统的影响力系数公式——评影响力系数公式的两个缺陷 [J]. 数量经济技术经济研究, 2010, 27 (2): 133-141.

[93] 刘瑞翔, 姜彩楼. 经济全球化背景下我国产业关联特征分析——基于1997—2007可比价非竞争型投入产出表的研究 [J]. 产业经济研究, 2010 (5): 17-26, 35.

[94] 杨茜淋, 张士运, 娄峰. 北京市科技服务业产业拉动作用研究——基于非竞争型投入产出表 [J]. 科技管理研究, 2019, 39 (14): 72-80.

[95] 徐久香, 方齐云. 基于非竞争型投入产出表的我国出口增加值核算 [J]. 国际贸易问题, 2013 (11): 34-44.

[96] 项莹, 赵静. 中国省际高技术产业非竞争型投入产出表编制及应用研究 [J]. 数量经济技术经济研究, 2020, 37 (1): 122-140.

[97] WEN L, ZHANG Y. A study on carbon transfer and carbon emission critical paths in China: I-O analysis with multidimensional ana-

lytical framework [J]. Environmental Science and Pollution Research, 2020, 27 (9): 9733-9747.

[98] 齐舒畅, 王飞, 张亚雄. 我国非竞争型投入产出表编制及其应用分析 [J]. 统计研究, 2008 (5): 79-83.

[99] 徐斌, 李燕芳. 生产要素理论的主要学派与最新发展 [J]. 北京交通大学学报 (社会科学版), 2006 (3): 20-24.

[100] 徐寿波. 生产要素六元理论 [J]. 北京交通大学学报 (社会科学版), 2006 (3): 15-19.

[101] 宋冬林, 孙尚斌, 范欣. 数据成为现代生产要素的政治经济学分析 [J]. 经济学家, 2021 (7): 35-44.

[102] 习近平经济文选: 第一卷 [M]. 北京: 中央文献出版社, 2025.

[103] 崔香姝. 从元宇宙到ChatGPT: 数字经济发展对价值分配的影响 [C]//新时代背景下社会与经济可持续发展研讨会论文集. 2024: 3.

[104] 马克思. 资本论: 第1卷 [M]. 北京: 人民出版社, 2001.

[105] RHUE L, SUNDARARAJAN A. Playing to the Crowd? Digital Visibility and the Social Dynamics of Purchase Disclosure [J]. MIS Quarterly, 2019, 43 (4): 1127-1142.

[106] 刘鹤. 必须实现高质量发展 [N]. 人民日报, 2021-11-24.

[107] 徐翔, 孙宝文, 李涛. 基于"技术—经济"分析框架的数字经济生产函数研究 [J]. 经济社会体制比较, 2022 (5): 38-48.

[108] 郭爱美. 新型生产函数框架下制造业数智化的新质度研究 [J]. 当代经济, 2024, 41 (11): 15-25.

[109] 郑磊. 数据重塑生产力——数据要素嵌入生产函数初探 [J]. 东北财经大学学报，2024（3）：86-97.

[110] 马路萌，余东华. 一个包含数据要素的经济增长模型：生产率效应与数据要素化 [J]. 科技进步与对策，2024，41（4）：12-22.

[111] 阿尔弗雷德·马歇尔. 经济学原理 [M]. 彭逸林，等译. 北京：人民日报出版社，2009.

[112] COASE R H. The problem of social cost [J]. Journal of Law and Economics，1960，56（4）：1-44.

[113] BAUMOL W J. Leontief's Great Leap Forward：Beyond Quesnay, Marx and von Bortkiewicz [J/OL]. Economic Systems Research，2000，12（2）：141-152 [2022-12-26]. http：//www.tandfonline.com/doi/full/10.1080/09535310050005662.

[114] AHMAD N, SCHREYER P. Are GDP and Productivity Measures Up to the Challenges of the Digital Economy？[J]. International Productivity Monitor，2016（30）.

[115] 黄浩，姚人方. 数字经济规模的核算——结合国民账户与增长核算的框架 [J]. 经济学动态，2024（1）：74-92.

[116] 张美慧，许宪春. 数字供给使用表研究的国际进展、挑战和建议 [J]. 当代经济科学，2025，47（1）：1-16.

[117] AHMAD N, RIBARSKY J. Towards a Framework for Measuring the Digital Economy [R]. 16th conference of IAOS, 2018.

[118] OECD. Measuring GDP in a Digitalised Economy：2016/07 [R]. OECD，2016.

[119] 陈晓红，李杨扬，宋丽洁，等. 数字经济理论体系与研究展望 [J]. 管理世界，2022，38（2）：208-224，13-16.

［120］中国信息通信研究院．数字经济治理白皮书（2019）［R］．中国信息通信研究院，2019．

［121］HOLMSTROM B R，TIROLE J. Handbook of Industrial Organization［M］. Elsevier，1989：61-133．

［122］KOVACIC W E，SHAPIRO C. Antitrust Policy：A Century of Economic and Legal Thinking［J］. Journal of Economic Perspectives，2000，14（1）：43-60．

［123］张文魁．数字经济的产业组织与反垄断 数字市场全球治理及中国政策［M］．北京：中国人民大学出版社，2023．

［124］金碚．关于"高质量发展"的经济学研究［J］．中国工业经济，2018（4）：5-18．

［125］关锋，刘卓红．生产力的三层维度与决定论的多种表现——马克思主义历史决定论新探［J］．马克思主义研究，2015（9）：88-96．

［126］黄静秋，邓伯军．数字经济时代马克思劳动价值论的延伸与发展［J］．理论月刊，2023（4）：85-92．

［127］胡莹，刘铿．新质生产力推动经济高质量发展的内在机制研究——基于马克思生产力理论的视角［J］．经济学家，2024（5）：5-14．

［128］张晋铭，徐艳玲．数字经济时代发展新质生产力的内在逻辑与现实启示——基于马克思生产力二维理论的分析［J］．兰州学刊，2024（9）：74-86．

［129］严金强，武艺扬．数字经济赋能高质量发展的理论机理与实践路径——基于马克思社会再生产"四环节"理论框架［J］．上海经济研究，2023（6）：53-67．

［130］王峰明．生产力："是什么"与"什么是"——从"系统

论"看马克思的"生产力"理论[J]. 上海财经大学学报, 2009 (6): 3-10.

[131] 甄学涛. 系统论视角下的马克思主义经济学——评《马克思经济学的现代系统范式》[J]. 当代财经, 2022 (1): 2, 149.

[132] 王娟. 数字经济驱动经济高质量发展: 要素配置和战略选择[J]. 宁夏社会科学, 2019 (5): 88-94.

[133] 任转转, 邓峰. 数字技术、要素结构转型与经济高质量发展[J]. 软科学, 2023, 37 (1): 9-14, 22.

[134] 彭影. 数字经济下创新要素综合配置与产业结构调整[J]. 当代经济管理, 2022, 44 (3): 48-58.

[135] 柏旭. 数字经济的共同富裕效果研究——基于城乡收入分配差距的视角[J]. 经济纵横, 2023 (12): 84-94.

[136] DON T. The Digital Economy: Promise and Peril in the Age of Networked Intelligence [M]. New York: McGraw-Hil, 1996.

[137] JIAO S, SUN Q. Digital Economic Development and Its Impact on Economic Growth in China: Research Based on the Perspective of Sustainability [J/OL]. Sustainability, 2021, 13 (18): 10245 [2023-01-24]. https://www.mdpi.com/2071-1050/13/18/10245.

[138] SARJANA S, NAJIB M A A, KHAYATI N. Bibliometric Analysis to Encourage the Development of Digital Economy Scientific Studies [J]. Business and Management Research, 2023, 198: 14-21.

[139] CARRIERE-SWALLOW Y, HAKSAR V. The Economics and Implications of Data: An Integrated Perspective [J/OL]. Departmental Papers/Policy Papers, 2019, 18 (12) [2025-01-14]. https://elibrary.imf.org/openurl?genre=journal&issn=2616-5333&volume=2019&issue=013.

［140］LEE M, YUN J J, PYKA A, et al. How to Respond to the Fourth Industrial Revolution, or the Second Information Technology Revolution? Dynamic New Combinations between Technology, Market, and Society through Open Innovation［J］. Journal of Open Innovation: Technology, Market, and Complexity, 2018, 4 (3): 21.

［141］FISCHER E, REUBER A R. Social interaction via new social media: (How) can interactions on Twitter affect effectual thinking and behavior?［J］. Journal of Business Venturing, 2011, 26 (1): 1-18.

［142］马玥. 数字经济赋能经济高质量发展的机理、挑战及政策建议［J］. 求是学刊, 2022, 49 (6): 74-83.

［143］李晓华. "新经济"与产业的颠覆性变革［J］. 财经问题研究, 2018 (3): 3-13.

［144］佟家栋, 张千. 数字经济内涵及其对未来经济发展的超常贡献［J］. 南开学报（哲学社会科学版）, 2022 (3): 19-33.

［145］卡佩塔·佩蕾兹. 技术革命与金融资本: 泡沫与黄金时代的动力学［M］. 田方萌, 译. 北京: 中国人民大学出版社, 2007.

［146］丁志帆. 数字经济驱动经济高质量发展的机制研究: 一个理论分析框架［J］. 现代经济探讨, 2020 (1): 85-92.

［147］MILTON MUELLER, KARL GRINDAL. Data flows and the digital economy: Information as a mobile factor of production［J］. Digital policy, regulation and governance, 2019, 21 (1): 71-87.

［148］裴长洪, 倪江飞, 李越. 数字经济的政治经济学分析［J］. 财贸经济, 2018, 39 (9): 5-22.

［149］孙德林, 王晓玲. 数字经济的本质与后发优势［J］. 当代财经, 2024 (12): 22-23.

［150］徐兰, 王凯风. 数字经济内涵及测度指标体系研究综述

[J]. 统计与决策, 2024, 40 (12): 5-11.

[151] STEPHEN F, LEIJUN L. Expanding the scope of prosumption: A framework for analysing potential contributions from advances in materials technologies, Technological Forecasting and Social Change [J]. Technological Forecasting and Social Change, 2012, 79 (4): 721-733.

[152] 任雪. 数字经济概念内涵界定与统计分类改进 [J]. 经济学家, 2024 (1): 45-55.

[153] AHMAD N. Issue paper on a proposed framework for a satellite account for measuring the digital economy [R]. OECD, 2017.

[154] OECD. OECD Guide to Measuring the Information Society 2011 [M/OL]. OECD, 2011 [2025-01-15]. https://www.oecd.org/en/publications/oecd-guide-to-measuring-the-information-society-2011_9789264113541-en.html.

[155] LI C, LIU J, LIU Y, et al. Can digitalization empowerment improve the efficiency of corporate capital allocation? —Evidence from China [J]. Economic Analysis and Policy, 2023, 80: 1794-1810.

[156] WU L, LOU B, HITT L. Data Analytics Supports Decentralized Innovation [J]. Management Science, 2019, 65 (10): 4863-4877.

[157] GANDINI A. Labour process theory and the gig economy [J]. Human Relations, 2019, 72 (6): 1039-1056.

[158] DI K, CHEN W, SHI Q, et al. Digital empowerment and win-win co-operation for green and low-carbon industrial development: Analysis of regional differences based on GMM-ANN intelligence models [J]. Journal of Cleaner Production, 2024, 445: 141332.

[159] ECKHARDT G M, HOUSTON M B, JIANG B, et al. Mar-

keting in the Sharing Economy [J]. Journal of Marketing, 2019, 83 (5): 5-27.

[160] RATTEN V, USMANIJ P. Entrepreneurship education: Time for a change in research direction? [J]. The International Journal of Management Education, 2021, 19 (1): 100367.

[161] LI F. The digital transformation of business models in the creative industries: A holistic framework and emerging trends [J]. Technovation, 2020, 92-93: 102012.

[162] DONG F, HU M, GAO Y, et al. How does digital economy affect carbon emissions? Evidence from global 60 countries [J]. Science of The Total Environment, 2022, 852: 158401.

[163] HU J. Synergistic effect of pollution reduction and carbon emission mitigation in the digital economy [J]. Journal of Environmental Management, 2023, 337: 117755.

[164] LI Z, WANG J. The Dynamic Impact of Digital Economy on Carbon Emission Reduction: Evidence City-level Empirical Data in China [J]. Journal of Cleaner Production, 2022, 351: 131570.

[165] LIU W, LONG S, WEI S, et al. Smart logistics ecological cooperation with data sharing and platform empowerment: an examination with evolutionary game model [J]. International Journal of Production Research, 2022, 60 (13): 4295-4315.

[166] XIAO D, KUANG X, CHEN K. E-commerce supply chain decisions under platform digital empowerment-induced demand [J]. Computers & Industrial Engineering, 2020, 150: 106876.

[167] LI L, SU F, ZHANG W, et al. Digital transformation by SME entrepreneurs: A capability perspective [J]. Information Systems Journal,

2018, 28 (6): 1129-1157.

[168] UNIVERSITY OF NEW SOUTH WALES, LEONG C, PAN S L, et al. The Emergence of Self-Organizing E-Commerce Ecosystems in Remote Villages of China: A Tale of Digital Empowerment for Rural Development [J]. MIS Quarterly, 2016, 40 (2): 475-484.

[169] HAO X, LI Y, REN S, et al. The role of digitalization on green economic growth: Does industrial structure optimization and green innovation matter? [J]. Journal of Environmental Management, 2023, 325: 116504.

[170] CHEN R, EL GHOUL S, GUEDHAMI O, et al. Do state and foreign ownership affect investment efficiency? Evidence from privatizations [J]. Journal of Corporate Finance, 2017, 42: 408-421.

[171] MCAFEE A, BRYNJOLFSSON E. Big Data: The Management Revolution [J]. Harvard Business Review, 2012: 1-9.

[172] 加里·戈茨. 概念界定：关于测量，个案和理论的讨论 [M]. 重庆：重庆大学出版社，2014.

[173] 贾品荣. 北京市数字经济高质量发展评价及影响因素分析 [J]. 科技智囊，2024 (1): 7-16.

[174] 朱丽霞，蒋辛. 中国共产党文化自觉的生成逻辑——以马克思主义基本原理同中华优秀传统文化相结合为中心 [J]. 江汉论坛，2023 (6): 55-60.

[175] 李媛. 数字经济与实体产业深度融合的战略重点与推进路径 [J]. 山东社会科学，2024 (1): 90-97.

[176] 史丹，聂新伟，齐飞. 数字经济全球化：技术竞争、规则博弈与中国选择 [J]. 管理世界，2023，39 (9): 1-15.

[177] 中商产业研究院. 2025-2030年中国数据要素市场调研及

发展趋势预测报告［R］. 中商产业研究院，2025.

［178］国家知识产权局. 国内数字经济核心产业发明专利有效量达127.3万件［EB/OL］.（2023-11-29）. https：//www. cnipa. gov. cn/art/2023/11/29/art_55_188773. html.

［179］国家统计局. 2023年全国专利密集型产业增加值数据公告［EB/OL］.（2024-12-31）. https：//www. gov. cn/lianbo/bumen/202501/content_6995740. htm.

［180］赛迪顾问. 首尔-仁川电子信息产业集群发展案例研究［EB/OL］.（2024-01-05）. https：//baijiahao. baidu. com/s？id=1787206080809644341&wfr=spider&for=pc.

［181］成都市经济和信息化局. 成都软件产业发展报告［R］. 成都市经济和信息化局，2022.

［182］宋林霖，陈志超. 创新性共生：数字产业集群营商环境治理的方向与进路［J］. 天津师范大学学报（社会科学版），2024（2）：60-69.

［183］中国信息通信研究院. 全球数字经济发展研究报告（2024）［R］. 中国信息通信研究院，2025.

［184］PEREZ C. Structural change and assimilation of new technologies in the economic and social systems［J］. Futures，1983，15（5）：357-375.

［185］戚聿东，肖旭. 数字经济时代的企业管理变革［J］. 管理世界，2020，36（6）：135-152，250.

［186］LI L B，HU J L. Ecological total-factor energy efficiency of regions in China［J/OL］. Energy Policy，2012，46：216-224［2021-02-17］. https：//linkinghub. elsevier. com/retrieve/pii/S0301421512002583.

［187］SHANNON C E. A mathematical theory of communication［J］.

Bell System Tech. J.，27（1948）：379－423.

［188］DAGUM C. A new approach to the decomposition of the Gini income inequality ratio［J］. Empirical Economics，1997，22：515－531.

［189］许恒，张一林，曹雨佳. 数字经济、技术溢出与动态竞合政策［J］. 管理世界，2020，36（11）：63－84.

［190］潘为华，贺正楚，潘红玉. 中国数字经济发展的时空演化和分布动态［J］. 中国软科学，2021（10）：137－147.

［191］聂昌腾，张帆. 中国数字经济发展的区域差异及驱动因素——基于空间面板模型的实证分析［J］. 技术经济与管理研究，2022（4）：105－110.

［192］杨慧梅，江璐. 数字经济、空间效应与全要素生产率［J］. 统计研究，2021，38（4）：3－15.

［193］张焱. 数字经济、溢出效应与全要素生产率提升［J］. 贵州社会科学，2021（3）：139－145.

［194］王军，朱杰，罗茜. 中国数字经济发展水平及演变测度［J］. 数量经济技术经济研究，2021，38（7）：26－42.

［195］孔晓瑞，朱贺，徐敏. 数字经济发展耦合协调及空间效应研究——以浙江省为例［J］. 统计理论与实践，2022（6）：3－11.

［196］钟春平，刘诚，李勇坚. 中美比较视角下我国数字经济发展的对策建议［J］. 经济纵横，2017（4）：35－41.

［197］逢健，朱欣民. 国外数字经济发展趋势与数字经济国家发展战略［J］. 科技进步与对策，2013，30（8）：124－128.

［198］何枭吟. 数字经济发展趋势及我国的战略抉择［J］. 现代经济探讨，2013（3）：39－43.

［199］HANSEN B E. Threshold effects in non-dynamic panels：Estimation，testing，and inference［J］. Journal of Econometrics，1999，93

（2）：345-368.

［200］王珏，王荣基．新质生产力：指标构建与时空演进［J］．西安财经大学学报，2024，37（1）：31-47.

［201］罗爽，肖韵．数字经济核心产业集聚赋能新质生产力发展：理论机制与实证检验［J］．新疆社会科学，2024，2（2）：29-40，148.

［202］朱富显，李瑞雪，徐晓莉，等．中国新质生产力指标构建与时空演进［J］．工业技术经济，2024，43（3）：44-53.

［203］韩文龙，张瑞生，赵峰．新质生产力水平测算与中国经济增长新动能［J］．数量经济技术经济研究，2024，41（6）：5-25.

［204］卢江，郭子昂．市域新质生产力：水平测度、时空演化与影响因素——基于2012—2021年全国277个城市面板数据的研究［J］．社会科学辑刊，2024（4）：124-133.

［205］李松霞，吴福象．我国新质生产力发展潜力及驱动因素［J］．技术经济与管理研究，2024（3）：7-12.

［206］ARELLANO M，BOND S. Some Tests of Specification for Panel Data：Monte Carlo Evidence and an Application to Employment Equations［J］. The Review of Economic Studies，1991，58（2）：277.

［207］肖皓，朱俏．影响力系数与感应度系数的评价与改进——考虑增加值和节能减排效果［J］．管理评论，2015，27（3）：57-66.

［208］COOREN F，SEIDL D. Niklas Luhmann's Radical Communication Approach and Its Implications for Research on Organizational Communication［J］. Academy of Management Review，2020，45（2）：479-497.

［209］张建清，陈果．基于竞合理论视角的中美贸易摩擦研究

［J］. 经济问题探索, 2019（10）: 100 - 107, 164.

［210］ ZELENY M. Human Systems Management: Integrating Knowledge, Management and Systems［M］. Singapore: World Scientific Publishing, 2005.

［211］ GRINNELL J. The Origin and Distribution of the Chest-Nut-Backed Chickadee［J］. The Auk, 1904, 21（3）: 364 - 382.

［212］ HANNAN M T, FREEMAN J. The Population Ecology of Organizations［J］. American Journal of Sociology, 1977, 82（5）: 929 - 964.

［213］ MCPHERSON M. An Ecology of Affiliation［J］. American Sociological Review, 1983: 519 - 532.

［214］ 李括, 余南平. 美国数字经济治理的特点与中美竞争［J］. 国际观察, 2021（6）: 27 - 54.

［215］ 毕世鸿, 李根, 申帅霞. 美国—东盟数字经济合作: 安全与发展的冲突［J］. 南洋问题研究, 2024（1）: 85 - 99.

［216］ 丁纯, 陈芊凝. 德国经济数字化: 战略演进、政策和实施重点、进展及问题［J］. 江苏行政学院学报, 2024（2）: 42 - 48.

［217］ 廖益新, 宫廷. 英国数字服务税: 规则分析与制度反思［J］. 税务研究, 2019（5）: 74 - 80.

［218］ 沈丁心, 李永强. 中日数字经济合作的困境与前景分析［J］. 现代日本经济, 2020, 39（2）: 58 - 71.

［219］ BRANDENBURGER A M N B J. Coopetition: A revolutionary mindset that combines competition and cooperation in the marketplace［M］. Boston: Harvard Business School Press, 1996.

［220］ 习近平. 经济工作必须统筹好几对重要关系［J］. 求是, 2025（5）.

[221] 杨虎涛，胡乐明. 不确定性、信息生产与数字经济发展 [J]. 中国工业经济，2023（4）：24-41.

[222] 邢海晶. 数字劳动的新变数及对中国的启示 [J]. 人民论坛，2021（23）：66-68.

[223] 丁从明，陈致远，李阳阳，等. 新旧动能转换背景下数字经济与南北经济平衡发展 [J]. 财贸经济，2024，45（10）：98-115.

[224] 徐兰，吴超林. 数字经济赋能制造业价值链攀升：影响机理、现实因素与靶向路径 [J]. 经济学家，2022（7）：76-86.

[225] DENT E B. The Interactional Model：An Alternative to the Direct Cause and Effect Construct for Mutually Causal Organizational Phenomena [J]. Foundations of Science，2003，8（3）：295-314.

[226] 黄群慧，盛方富. 新质生产力系统：要素特质、结构承载与功能取向 [J]. 社会科学文摘，2024（5）：88-90.

[227] 辛向阳. 马克思主义的趋势分析法及其运用的着力点 [J]. 马克思主义理论学科研究，2021，7（9）：37-48.

[228] 胥思齐，席酉民. 社会企业竞合活动及其合法性演进研究 [J]. 南开管理评论，2018，21（6）：156-170.

[229] 贾品荣. 找准产业高质量发展的着力点 [N]. 光明日报，2023-07-05.